STARK

Französisch im 3. Lernjahr

Thoböll · Thoböll · Wußler

Bildnachweis
Umschlag: Walter Bibikow

© 2016 Stark Verlagsgesellschaft mbH & Co. KG
www.stark-verlag.de
1. Auflage 2007

Inhalt

Vorwort

Fortsetzung siehe nächste Seite

Autoren: Georg Thoböll/Martin Thoböll (Kapitel 1–4, 6–8, 10–13)
               Werner Wußler (Bilans)
Illustratorin: Rebecca Meyer

Vorwort

Liebe Schülerin, lieber Schüler,

mit diesem Buch kannst du selbstständig den grundlegenden **Stoff des dritten Lernjahres in Französisch** wiederholen und einüben.

- Die Kapitel dieses Buches decken die wichtigsten Grammatikthemen des dritten Lernjahres ab. Du musst sie nicht der Reihe nach bearbeiten, sondern kannst selbst bestimmen, mit welchem du dich befassen möchtest. In jedem Kapitel wird dir die **Grammatik** in kleinen Häppchen und **leicht verständlich erklärt**.

- Die **zahlreichen und abwechslungsreichen Aufgaben** zu jedem Kapitel geben dir die Möglichkeit, ausgiebig zu üben. Sie sind so angelegt, dass du mit ihnen nicht nur die **Grammatik** einüben, sondern auch deinen **Wortschatz** wiederholen und erweitern, dein **Leseverstehen** verbessern und deine **Schreibfähigkeit** ausbauen kannst. Die anspruchsvolleren Aufgaben sind mit einem Sternchen * gekennzeichnet.

- Am Ende der drei Großkapitel findest du jeweils einen **Bilan** mit weiteren, gemischten Aufgaben zur Vertiefung.

- Am Ende des Buches sind die **vollständigen Lösungen** und Lösungsvorschläge zu den Aufgaben abgedruckt. Zusätzliche **Hinweise** machen dich auf bestimmte Strukturen in den Aufgaben und Texten aufmerksam. Am schnellsten lernst du, wenn du die Aufgaben selbstständig bearbeitest und erst in der Lösung nachschlägst, wenn du fertig bist oder wenn du auch nach längerem Nachdenken auf keine Lösung kommst.

Über die beiliegende CD und den Online-Code erhältst du außerdem Zugang zu einer **digitalen Ausgabe** dieses Trainingsbuchs:

Interaktives eBook

- Damit stehen dir die Inhalte als **komfortabler e-Text** mit vielen Zusatzfunktionen (z. B. Navigation, Zoom, Markierungswerkzeuge) zur Verfügung.
- Zusätzlich findest du hier **interaktive Übungen**. Ein Klick genügt.

Viel Erfolg bei der Arbeit mit diesem Buch!

Martin Thoböll   Werner Wußler

Hinweise zum ActiveBook

So schreibst du die Akzente, den Apostroph und die Cedille:

- é *(accent aigu):*   Drücke zuerst ⌨, dann die Taste des Vokals, auf dem du den Akzent platzieren möchtest.

- è *(accent grave):*   Drücke gleichzeitig ⇧ und ⌨, dann die Taste des Vokals, auf dem du den Akzent platzieren möchtest.

- ê *(accent circonflexe):*   Drücke zuerst ⌨, dann die Taste des Vokals, auf dem du den Akzent platzieren möchtest.

- l'heure *(apostrophe):*   Drücke gleichzeitig ⇧ und #⌨.

- ç *(cédille):*   Die Cedille findest du, wenn du im ActiveBook auf den Σ-Button neben einer Lücke klickst.

Achte außerdem darauf, dass du zwischen zwei Wörtern immer nur ein **Leerzeichen** setzt und nicht aus Versehen zwei oder mehr.

… rund ums Nomen

1 Demonstrativa

Demonstrativa sind Wörter, die auf etwas hinweisen. Man unterscheidet zwischen
- **Demonstrativbegleitern** (*ce, cet, cette, ces*), die adjektivisch verwendet werden, und
- **Demonstrativpronomen** (*celui, celle, ceux, celles*), die ein Nomen ersetzen.

1.1 Demonstrativpronomen

Wie lauten die Formen des Demonstrativpronomens?
Die Formen des französischen Demonstrativpronomens lauten:

	Singular	Plural
maskulin	*celui*	*ceux*
feminin	*celle*	*celles*

Aufgabe 1   Lie les formes de *ce* aux formes correspondantes *(entsprechenden)* de *celui*.

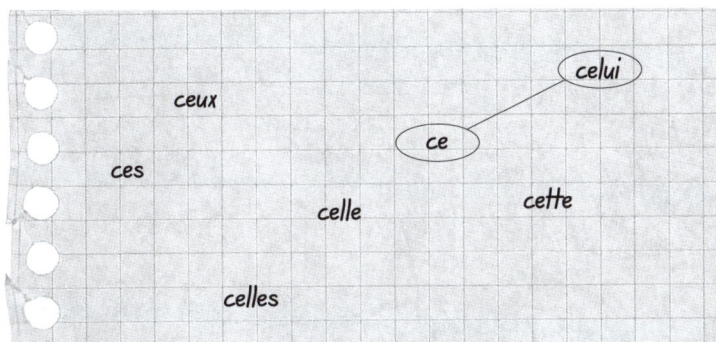

Et quelle est la forme correspondante de *cet* ? _____

Wie kannst du die französischen Demonstrativpronomen „stützen"?
Obwohl die Demonstrativpronomen wie Nomen verwendet werden, können sie nie allein
stehen, sondern brauchen immer eine **Stütze**. Solche Stützen können sein
- die Partikel *-ci* und *-là*,
- **Relativsätze**,
- **präpositionale Ergänzungen**.

Wann werden die Partikel -ci und -là verwendet?

Die Partikel -ci und -là werden direkt **an das Demonstrativpronomen angehängt.**
Sie werden vor allem dann verwendet, wenn du zwei Dinge einander gegenüberstellen
möchtest.

Die beiden Partikel unterscheiden sich darin, dass
- -ci auf etwas in der **Nähe**,
- -là auf etwas in der **Ferne** verweist.

Beispiele:

ce garçon :	celui-ci	(dieser hier)	celui-là	(dieser dort/jener)
cette étudiante :	celle-ci	⎱	celle-là	⎱
ces élèves :	ceux-ci	⎰ (diese hier)	ceux-là	⎰ (diese dort/jene)
ces filles :	celles-ci		celles-là	

Aufgabe 2 Complète le tableau suivant avec les formes de *celui-ci* und *celui-là*.

cette auberge	celle-ci	celle-là	ces maisons		
cet appartement			ces restaurants		
ce bar			cet hôtel		

Aufgabe 3 Complète les brefs dialogues avec les formes correctes de *celui-ci* und *celui-là*.

a)

C'est le train pour Lille ?

Le train pour Lille ?
C'est _____ .

_____ va à Marseille, madame.

b)

Est-ce que vous pourriez promener (Gassi führen) ma chienne?

Votre chienne!?!
_____ ou
_____ ?

c)

Oui, _____ sont à moi. Papa a pêché _____.

Tu as réussi à pêcher quelques poissons?

Wann werden Relativsätze als „Stütze" des Demonstrativpronomens verwendet?
Mit einem Relativsatz kannst du näher beschreiben, wer oder was mit dem Demonstrativpronomen gemeint ist.

- Es ist wichtig, dass du das **Relativpronomen** (z. B. *qui, que, dont* oder *où*) **unmittelbar an das Demonstrativpronomen anschließt.**

    Beispiele: Au voleur ! Voilà <u>celui</u> <u>qui</u> a volé mon sac à dos !
    Monique ! Tu es <u>celle</u> <u>que</u> j'aimerai toujours !
    Des clowns ? <u>Ceux</u> <u>dont</u> vous parlez sont mes copains !
    Les grottes de Lascaux I et II ? Ce sont <u>celles</u> <u>où</u> il y a des peintures *(Malereien)* préhistoriques.

Aufgabe 4 Complète le dialogue par des pronoms démonstratifs *(celui, celle, ceux, celles)* et relatifs *(qui, que, dont).*

À la FNAC (un grand magasin de hi-fi et de livres) :

CÉLINE : « Je voudrais compléter ma collection de MC Solaar, mais je ne trouve pas le CD qui me manque. »

MARIE : « Lequel ? _____ _____ tu as perdu dans le bus ? »

CÉLINE : « Oui, _____ _____ a paru *(erschienen)* en 2001. C'est mon album préféré. Tu l'aimes aussi ? »

MARIE : « Non, je préfère _____ _____ se trouve là-bas. C'est son CD actuel. »

CÉLINE : « Tu te souviens de son dernier concert ? »

MARIE : « Bien sûr, c'est _____ _____ je me souviens le mieux. Et cela à cause de ces deux garçons ! »

CÉLINE : « Tu parles de _____ _____ nous ont invitées à boire des cock-tails ? »

MARIE : « Non, non, je parle de _____ _____ m'ont draguée quand j'ai voulu nous acheter deux coca. En plus, j'ai raté l'interprétation de deux nouvelles chansons. »

CÉLINE : « Ah oui, je m'en souviens. Ce sont _____ _____ n'avaient pas encore été publiées. »

MARIE : « Exactement. Tiens, voilà une vendeuse ! Demande-lui où se trouve l'album que tu recherches. »

> • Der Relativsatz kann natürlich auch **durch eine Präposition eingeleitet** werden.
>
> *Beispiel:* Celle <u>avec qui</u> le ministre se promène n'est pas sa femme.

Aufgabe 5* Est-ce que tu connais ces personnages français célèbres ? Écris les noms corrects dans les cases *(Felder)* de gauche et complète les explications de droite avec des pronoms démonstratifs et des pronoms relatifs (avec ou sans préposition).

François Champollion

Jean-Baptiste Poquelin

Albert Uderzo et René Goscinny

Louis Braille

les frères Lumière

Pierre de Coubertin

Marie Curie

Gustave Eiffel

Charles de Gaulle

Jeanne d'Arc

_____ _____	C'est _____ _____ a créé *(geschaffen)* les Jeux Olympiques modernes.
_____ _____	C'est _____ _____ _____ le chancelier allemand Adenauer a fondé l'amitié franco-allemande.
_____ _____	C'est _____ _____ tout le monde connaît sous le nom de Molière.
_____	C'est _____ _____ a sauvé les Français des Anglais.
_____ _____	C'est _____ _____ a déchiffré les hiéroglyphes égyptiens.
_____ _____	Ce sont _____ _____ _____ nous devons *(verdanken)* le cinéma.
_____ _____	C'est _____ _____ _____ on a donné au début du XXème siècle deux fois un prix Nobel (physique et chimie).
_____ _____	C'est _____ _____ le monument est le plus célèbre de Paris.
_____ _____	Ce sont _____ _____ ont créé les personnages d'Astérix et d'Obélix.
_____ _____	C'est _____ _____ a inventé l'écriture pour les aveugles *(Blinde)*.

Was sind präpositionale Ergänzungen?

Eine weitere Möglichkeit, Demonstrativpronomen zu „stützen", sind präpositionale Ergänzungen. Das sind Ergänzungen, die mit einer **Präposition** angeschlossen werden, aber im Gegensatz zu Nebensätzen **kein eigenes Verb** besitzen.

Wie die Relativsätze erklären sie genauer, wer oder was mit dem Demonstrativpronomen gemeint ist.

Beispiele: Voici mes copains. Et voilà ceux de mon frère.

Regarde ! Voilà Jean, celui aux cheveux noirs.

J'ai fait les courses en ville. Celles pour demain et celles pour après-demain.

Aufgabe 6* Louis et Marc regardent le Tour de France à la télé. Marc ne comprend rien. Il pose des questions à son copain.

Complète les réponses de Louis par les pronoms démonstratifs et les prépositions correctes.

a)   MARC : « Qui est le coureur *(Fahrer)* au maillot *(Trikot)* jaune ? »

LOUIS : « C'est _____ _____ tête du classement général. »

b)   MARC : « Est-ce qu'on peut aussi re-connaître le dernier du classement ? »

LOUIS : « Non. Autrefois, c'était

_____ _____ la lanterne rouge. Mais aujourd'hui, elle n'existe plus. »

c)   MARC : « Et qui est le meilleur sprinter du peloton *(Fahrerfeld)* ? »

LOUIS : « C'est _____ _____ maillot vert. »

d)   MARC : « Qui sont les coureurs qui apportent des bouteilles d'eau au maillot jaune ? »

LOUIS : « Ce sont _____ _____ son équipe. »

e)   MARC : « Quelles sont les étapes les plus dangereuses ? »

LOUIS : « Ce sont _____ _____ montagne. »

f)   MARC : « Dans quelle voiture se trouve le chef du Tour de France ? »

LOUIS : « Dans _____ _____ le peloton. »

Aufgabe 7 **Exercice combiné :** Marie ne connaît pas les noms français des fruits. Elle essaie donc de les décrire. Quelle définition correspond à quelle image ?

1 ☐ Je parle de ceux qu'aiment les singes.

2 ☐ J'aime bien celui qu'Adam et Ève ont mangé.

3 ☐ Comment s'appellent ceux qui se trouvent dans les chocolats *mon chéri* ?

4 ☐ Je déteste celui dont la traduction allemande est *Pflaume*.

5 ☐ Celui à la forme ovale et de couleur verte te plaît ?

6 ☐ Dans notre jardin, nous avons aussi ceux avec des points jaunes.

A

des fraises

B

une prune

C

des bananes

D

une pomme

E

un kiwi

F

des cerises

Aufgabe 8* **Exercice combiné :** À quoi/à qui est-ce que tu penses quand tu lis les expressions suivantes ? Décris-le par une phrase avec un pronom démonstratif. N'oublie pas de mettre un complément adapté.

la matière la plus détestée
C'est celle que …
_____

tes chaussures les plus vieilles
_____

la fille la plus sympathique de ta classe
_____

ton sport préféré
_____

le prof idéal
_____

les meilleures places dans la salle de classe
_____

1.2 Die « mise en relief »

Was versteht man unter « mise en relief » ?
Die *mise en relief* ist eine Konstruktion im Französischen, mit der du einzelne Satzglieder besonders hervorheben kannst.

Beispiel: Aussagesatz: Une équipe française a gagné le championnat.
                mise en relief: <u>C'est</u> une équipe française <u>qui</u> a gagné le championnat.

Wie wird die « mise en relief » gebildet ?
Die *mise en relief* wird nach folgendem Schema gebildet:
C'est/Ce sont + betontes Satzglied + *qui/que* + Verb

In der geschriebenen Sprache wird
- *ce sont ...* nur bei Subjekten oder direkten Objekten im Plural,
- *c'est ...* in allen übrigen Fällen (auch bei den Pronomen *nous* und *vous* sowie bei den präpositionalen Objekten) verwendet.

Beispiele: <u>Ce sont</u> <u>les Allemands</u> qui en sont tristes./qu'on doit consoler.
                <u>C'est</u> <u>nous</u> qui avons dit qu'une équipe allemande gagnera la prochaine fois.
                <u>C'est</u> <u>chez moi</u> que nous nous sommes rencontrés.

Aufgabe 9   *C'est* ou *ce sont* ? Complète les phrases par les formes qui conviennent *(passen)*.

a) _____ <u>vous</u> qui avez des vacances.

b) _____ <u>nous</u> qui devons aller à l'école.

c) _____ <u>au Québec</u> que vous allez.

d) _____ <u>des cartes postales</u> que vous écrivez.

e) _____ <u>le paysage</u> qui vous plaît le plus.

f) _____ <u>des caribous</u> que vous voyez.

g) _____ <u>un beau séjour</u> que vous passez.

h) _____ <u>de bons souvenirs</u> que vous avez.

Wie wird das Subjekt in die « mise en relief » gesetzt?
Steht das Subjekt des Satzes in der *mise en relief*, so ist Folgendes zu beachten:
- Das Relativpronomen lautet *qui*.
- Das **Verb des Relativsatzes** sowie **die Reflexivpronomen stimmen in Genus und Numerus mit dem Subjekt überein**.

Beispiele: C'est <u>nous</u> qui <u>avons</u> vu la course finale.
                C'est <u>un pilote espagnol</u> qui <u>a</u> gagné.
                Ce sont <u>les spectateurs allemands</u> qui <u>sont</u> déçus.

Aufgabe 10 Mme Cheverry en a assez d'être toujours la seule à faire les travaux do-
mestiques. Un jour, elle veut rassembler toute la famille pour en parler. Son
mari Jean est le seul à venir. Elle se met en colère. Emploie la *mise en relief*.

Mme Cheverry : « J'en ai vraiment marre *(mir reicht es wirklich)*. _____

_____ (moi, faire tout). Je vais donc faire une liste sur laquelle vous

allez trouver tous les travaux que vous avez à faire. » Elle écrit : « _____

_____ (toi, promener le chien). _____

_____ (Paul, mettre la table). _____

_____ (Sylvie, faire la vaisselle, *Geschirr spülen*). En plus, _____

_____ (eux, donner à manger au chien). _____

_____ (nous deux, faire les courses) … »

Paul et Sylvie entrent dans la cuisine, des rollers et un skate à la main. « Maman,

quand nous sommes rentrés de l'école, nous avons renversé *(umschütten)* le

coca dans le frigo. Est-ce que tu l'as déjà nettoyé ? » « Moi ? _____

_____ (toi, le nettoyer). Et à partir de maintenant, _____

_____ (vous, s'occuper de

tous les appareils de cuisine). Et en plus, _____

_____ (vous, faire la cuisine). Et _____

_____ (moi, se reposer, faire du skateboard). »

Aufgabe 11 Décris qui fait quoi dans ta famille. Emploie la *mise en relief*.

faire la vaisselle	*C'est mon frère qui fait la vaisselle.* _____
mettre la table	_____
faire les courses	_____
faire la cuisine	_____
préparer le petit déjeuner	_____
passer l'aspirateur	_____
faire la lessive	_____
sortir les ordures	_____
laver la voiture	_____
…	_____

gabe 12* Décris la scène suivante. Emploie la *mise en relief*.

Après son cours, M. Boule va dans la salle des profs. Il se plaint : « Quand je suis entré dans la salle de classe, les élèves n'étaient pas à leurs places et ils ont fait beaucoup de bruit. » Il veut raconter ce qu'il a vu, mais M. Suif, son collègue l'interrompt : « Ne continue pas. Je connais très bien ces élèves et je peux bien imaginer la scène :

C'est Pierre qui lit une BD. C'est Nicolas qui ... _____

_____

_____

_____

M. Boule : « C'est incroyable ! C'est exactement comme ça que tout s'est passé. »

Wie wird die « mise en relief » bei Objekten und adverbialen Bestimmungen gebildet?
Mit der *mise en relief* kannst du nicht nur Subjekte, sondern auch folgende Satzglieder hervorheben:

- **direkte Objekte**
  Beispiel: C'est un pilote allemand que les spectateurs aiment beaucoup.
- **indirekte Objekte**
  Beispiel: C'est à lui qu'ils souhaitent la victoire.
- **Präpositionalobjekte**
  Beispiel: C'est de lui qu'ils désirent un autographe.
- **adverbiale Bestimmungen**
  Beispiel: C'est en automne 2006 qu'il a fait sa dernière course.

Die *mise en relief* wird in diesen Fällen mit ***c'est … que*** gebildet. Das Verb richtet sich nun nach dem Subjekt des Nebensatzes.

Aufgabe 13* Tu passes tes vacances en France. Sur le terrain de camping, tu rencontres une femme dont on a volé le sac à main. Comme elle ne parle pas un mot de français, elle te prie *(bitten)* de l'accompagner à la station de police pour faire une déclaration de vol. Fais l'interprète ! Mets les mots soulignés en relief.

L'AGENT : Est-ce que je peux vous aider ?

TOI : _____

LA FEMME : Ich will einen Diebstahl zur Anzeige bringen *(faire une déclaration de vol).*

TOI : _____

L'AGENT : Qu'est-ce qu'on vous a volé ?

TOI : _____

LA FEMME : Man hat mir die Handtasche geklaut.

TOI : _____

_____

L'AGENT : Est-ce que le sac à main a une
particuliarité ?

TOI : _____

_____

LA FEMME : Wenn man sie ansieht, springt
eine Blume ins Auge *(sauter aux yeux)*.

TOI : _____

_____

L'AGENT : Vous aviez de l'argent dedans ?

TOI : _____

LA FEMME : Nein, aber meine Ausweise und mein Handy befanden sich in der
Tasche.

TOI : _____

_____

L'AGENT : Où est-ce qu'on vous a volé votre sac ?

TOI : _____

LA FEMME : In einer Bar am Strand.

TOI : _____

L'AGENT : Est-ce que c'est le bar qui s'appelle *Chez l'ogre* ?

TOI : _____

LA FEMME : Nein, es war die Bar, die sich rechts von dieser befindet.

TOI : _____

_____

L'AGENT : D'accord. Je le connais. Le vol s'est passé aujourd'hui ?

TOI : _____

LA FEMME : Nein, er hat sich bereits gestern Abend ereignet.

TOI : _____

L'AGENT : À quelle heure ?

TOI : _____

LA FEMME : <u>Um halb neun</u> habe ich bemerkt, dass meine Tasche nicht mehr da war.

TOI : _____

_____

L'AGENT : Pourquoi n'avez-vous pas déclaré le vol tout de suite ?

TOI : _____

LA FEMME : Habe ich doch gemacht. <u>An der Telefonzelle</u> habe ich einen Ihrer Kollegen getroffen. <u>An ihn</u> habe ich mich gewandt. Aber leider verstand er kein Deutsch.

TOI : _____

_____

_____

_____

L'AGENT : Vous avez remarqué une personne qui pourrait être le voleur ?

TOI : _____

LA FEMME : Ja, ich habe <u>zwei Jugendliche</u> gesehen. Sie haben mich nach der Uhrzeit gefragt. <u>Ohne auf eine Antwort zu warten</u> haben sie sich plötzlich umgedreht und sind weggelaufen (*avoir filé*).

TOI : _____

_____

_____

_____

L'AGENT : Qu'est-ce qu'ils portaient comme vêtements ?

TOI : _____

LA FEMME : Sie hatten <u>blaue Jeans und schwarze Jacken</u> an. Bei diesem Wetter!

TOI : _____

_____

_____

L'AGENT : J'ai pris des notes et je vais m'en occuper. Pour être sincère, je ne crois pas que nous trouvions ces deux jeunes. Mais peut-être qu'ils ont jeté le sac à main et qu'ils ont laissé au moins les papiers dedans. Si ceux-ci réapparaissent, nous vous informerons.

2 Relativpronomen

Relativsätze sind Nebensätze, die ein Nomen oder einen Sachverhalt näher erklären. Sie werden von bestimmten Pronomen (z. B. *qui, que, où*) eingeleitet.

2.1 Relativsätze mit *ce qui* und *ce que*

Welche Funktionen übernehmen *ce qui* und *ce que*?
Ce qui und *ce que* übernehmen im Relativsatz folgende Funktionen:
- *ce qui* ist **Subjekt** des Relativsatzes,
- *ce que* ist **Objekt**.

Beispiele: Il efface ce qui est écrit au tableau.
 Il efface ce que son copain a écrit au tableau.

Aufgabe 14 Quelle image se réfère à quelle définition? Écris la lettre juste dans les cases *(Kästchen)* et ajoute les pronoms relatifs (*ce qui* ou *ce que*).

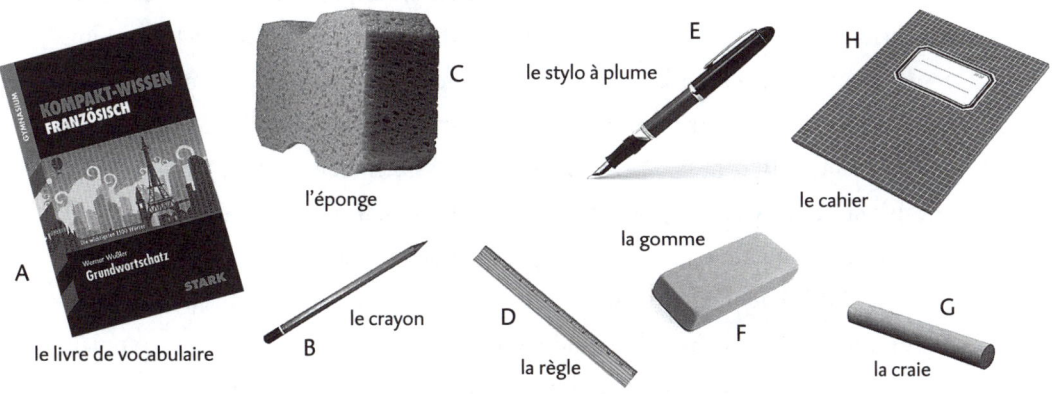

E le stylo à plume
H
C
l'éponge
le cahier
A
la gomme
le crayon
D B
G
le livre de vocabulaire
F
la règle
la craie

F	C'est _ce qui_ sert à effacer *(löschen)* des fautes écrites avec un crayon.
	C'est _____ le prof prend pour écrire au tableau.
	C'est _____ est nécessaire pour tracer *(ziehen)* des lignes.
	C'est _____ tu prends pour faire tes devoirs.
	C'est _____ sert à nettoyer le tableau.
	C'est _____ on utilise pour dessiner.
	C'est _____ tu peux employer pour réviser *(wiederholen)* le vocabulaire.
	C'est _____ on utilise pour écrire une lettre.

> **Was ist der Unterschied zwischen *qui/que* und *ce qui/ce que*?**
> Die Relativpronomen
> - *qui* und *que* beziehen sich direkt auf ein vorausgehendes **Nomen,**
>   *Beispiele:* Tous les matins, il va dans <u>le café</u> qui se trouve près de l'école.
>   Il ne fait pas <u>les devoirs</u> que le prof lui donne.
> - *ce qui* und *ce que* beziehen sich auf **ganze Sätze oder Satzteile** (dt. ‚was').
>   Da ein Nomen fehlt, an das sich *qui* und *que* anlehnen könnten, ist das Demonstrativum *ce* also nichts anderes als eine künstliche Stütze.
>   *Beispiele:* Il fait <u>ce qui</u> lui plaît./Il ne fait pas <u>ce que</u> son prof veut.

Aufgabe 15*   Quelle histoire bizarre ! Complète les phrases par les pronoms relatifs *(qui/que, ce qui/ce que)*.

CHANTAL : « C'est terrible _____ s'est passé ce matin. J'étais au lit et dormais quand j'ai entendu sonner mon réveil _____ se trouve à côté de mon lit. Tu sais, c'est un vieux truc _____ fait beaucoup de bruit et _____, jusqu'à maintenant, j'ai toujours très bien entendu. J'étais encore couchée quand la porte _____ donne sur la terrasse s'est ouverte lentement. _____ j'ai vu m'a fait peur : un grand chien noir aux yeux bleus venait d'entrer dans ma chambre. Je voulais crier mais je ne pouvais pas. Après, j'ai voulu bouger _____ m'était impossible. Mais le chien _____ m'avait tourné le dos ne s'intéressait plus à moi. Il avait trouvé _____ il cherchait : quelque chose à manger. Près de la fenêtre se trouve en effet la cage *(Käfig)* de mon hamster _____ mes parents m'ont acheté le mois dernier. Le chien s'est approché lentement de mon chéri _____ voulait se cacher. Là, le chien s'est apprêté à sauter *(zum Sprung ansetzen)* …

MARIE : « Et après ? »

CHANTAL : « Rien. Quand le chien s'est apprêté à sauter, moi _____ étais toujours au lit, je suis arrivée finalement à crier. Et alors que je criais … je me suis réveillée. _____ je t'ai raconté, je l'ai rêvé ! Le réveil _____ j'ai entendu dans mon rêve a vraiment sonné mais j'ai continué à dormir … La porte _____ s'était ouverte dans mon rêve était bien fermée. Le hamster, lui, courait tranquillement sur la roue *(Rad)* dans sa cage _____ m'a beaucoup rassuré. Je déteste faire des rêves si *(so)* réalistes ! »

Wie übersetzt man ,alles, was' und ,alle, die'?
Möchtest du im Französischen an eine Form von *tout* einen **Relativsatz** anschließen, musst du immer ein passendes **Demonstrativum** dazwischenstellen.

Beispiele:	J'achète <u>tout</u> <u>ce qui</u> me plaît.	(... alles, was ...)
	<u>Tout</u> <u>ce que</u> je veux, c'est dormir tranquillement.	(Alles, was ...)
	J'invite <u>toutes</u> <u>celles</u> qui m'ont invité aussi.	(... alle, die ...)
	<u>Tous</u> <u>ceux</u> que tu vois jouent dans la même équipe.	(Alle, die ...)
	<u>Tous</u> <u>ceux</u> à qui j'ai envoyé une lettre m'ont répondu.	(Alle, denen ...)

fgabe 16   Michel est tombé amoureux de Jeanne.
Complète ses paroles avec *tout + pronom relatif* (avec ou sans préposition).

Je fais _____ tu me demandes.

_____ m'intéresse, c'est toi.

Je suis jaloux de _____ _____ tu souris.

J'ai oublié _____ _____ j'ai déclaré mon amour avant de te connaître.

Je vais me battre avec _____ te draguent.

Beachte: *Ce qui* und *ce que* werden nicht nur in **Relativsätzen** verwendet, sie können auch **indirekte Sachfragen** einleiten. Siehe dazu S. 166.

2.2 Das Relativpronomen *dont*

Wann verwendest du das Relativpronomen *dont*?
Das Relativpronomen *dont*, das im Singular und Plural dieselbe Form aufweist, kannst du sowohl bei **Personen** als auch bei **Sachen** verwenden.
Es ersetzt im Relativsatz die **Präposition** *de*, etwa bei
- Verben,
- Adjektiven,
- Substantiven,
- Zahlenangaben.

Das Relativpronomen *dont* bei Verben
- Es gibt im Französischen Verben, bei denen das Objekt mit *de* angeschlossen wird. Soll dieses Objekt als Pronomen einen Relativsatz einleiten, musst du *dont* verwenden.

  Beispiel: Le livre est intéressant. Je parle de ce livre.
  Le livre dont je parle est intéressant.

- Auch einige reflexive Verben werden mit *de* gebildet:

se plaindre de qc/qn	sich über jdn./etw. beklagen
s'occuper de qc/qn	sich um jdn./etw. kümmern
se protéger de qn/qc	sich vor jdm./etw. schützen
se réjouir de qc	sich über etw. freuen
se souvenir de qn/qc	sich an jdn./etw. erinnern

  Beispiel: Le cadeau est un portable. Je me réjouis de ce cadeau.
  Le cadeau dont je me réjouis est un portable.

Aufgabe 17   Relie les phrases par des propositions relatives. Emploie le pronom *dont*.

a)   *Mon premier match de volley* a fini par une victoire de mon équipe.
Je me souviens volontiers de ce match.

  Mon premier match de volley dont je me souviens volontiers a fini par une
  victoire de mon équipe.

b)   En 1783, les frères Montgolfier ont fait *une découverte.*
On parle encore beaucoup de cette découverte.

  _____

  _____

c)   Mon père aime parler de *nos vacances d'il y a huit ans sur la Côte d'Azur.*
Je me souviens encore très bien de ces vacances.

  _____

  _____

d) *Le bruit* vient de la fête de Thomas. Les voisins se plaignent <u>de ce bruit</u>.

_____

_____

e) *Le bébé* crie de toutes ses forces. Marius s'occupe <u>du bébé</u>.

_____

gabe 18* **Exercice combiné :** Complète le texte avec les pronoms relatifs *qui, que* ou *dont.*

Kéwan est heureux. Ses parents lui ont fait un cadeau _____ il se réjouit vraiment : un billet d'avion pour la Guadeloupe. Cette île _____ Kéwan et ses parents ont quittée quand il avait cinq ans se trouve dans les Caraïbes. Kéwan _____ y est né ne se la rappelle plus bien. Ce _____ il se souvient le mieux, ce sont les longues plages de sable et les vieux pêcheurs _____ savaient raconter beaucoup d'histoires intéressantes. Mais Kéwan sait aussi que la vie n'y avait pas été facile. Ses parents _____ travaillaient dur n'arrivaient presque pas à gagner leur vie. C'est pourquoi ils ont quitté la Guadeloupe pour la France.

Après des années difficiles, son père a trouvé un bon travail _____ un ami lui a donné. Sa mère, elle aussi, est contente parce que les enfants _____ elle s'occupe pour gagner aussi un peu d'argent l'aiment beaucoup. Il y a tout de même des choses _____ ses parents se plaignent, surtout le racisme _____ on peut parfois rencontrer dans les banlieues de Paris, mais aussi en province.

Mais Kéwan _____ les professeurs disent qu'il est un garçon gentil et drôle est content de vivre en France métropolitaine _____ est devenue sa patrie. Mais la Guadeloupe _____ ses parents parlent souvent est aussi une partie de sa vie. C'est pourquoi il est si *(so)* content de pouvoir revoir cette île _____ il n'a plus vu depuis presque dix ans.

> **Das Relativpronomen *dont* bei Adjektiven**
> Im Französischen gibt es einige häufig gebrauchte Adjektive, die mit *de* gebildet werden:
>
> *amoureux, se de qc/qn* verliebt in etw./jdn.
> *content, e de qc/qn*   zufrieden mit etw./jdm.
> *convaincu, e de qc/qn* überzeugt von etw./jdm.
> *déçu, e de qc/qn*   enttäuscht von etw./jdm.
> *fier, fière de qc/qn*   stolz auf etw./jdn.
> *heureux, se de qc*   glücklich über etw.
>
> Soll das von diesen Adjektiven abhängige Objekt als Pronomen einen Relativsatz einleiten, musst du *dont* verwenden.
>
> *Beispiel:*   La créatrice regarde sa nouvelle collection. Elle est très <u>fière</u> <u>de</u> sa collection.
>   La créatrice regarde sa nouvelle collection <u>dont</u> elle est très <u>fière</u>.

Aufgabe 19*   Ajoute aux phrases en italique *(kursiv)* des propositions relatives qui contiennent les verbes entre parenthèses *(in Klammern)*. Mets la proposition relative à la bonne place.

Après la prise de la Bastille en 1789 suivent des années de terreur dont l'avocat Robespierre est un des personnages principaux.

L'exécution de Robespierre le 10 thermidor an II (28 juillet 1794)

a)   Robespierre et le roi Louis XVI sont des adversaires *(Gegner)*. Au début de l'année 1793, le roi est exécuté. *Robespierre apprend la nouvelle.* (être très content)

    Robespierre apprend la nouvelle dont il est très content.

b) Quelques mois plus tard, il installe son régime qui dure jusqu'en 1794. *Il veut imposer (durchsetzen) tous ses principes.* (être convaincu)

_____

_____

c) Ses décisions sont souvent cruelles *(grausam)*. *Il vote (stimmen für) même la mort de son ancien ami Danton.* (être mécontent)

_____

_____

d) *Les Jacobins, le groupe dont il fait partie, envoient des milliers de victimes à la guillotine.* (être fier)

_____

_____

e) *Peu à peu les Français détestent les méthodes du gouvernement.* (être déçu)

_____

_____

f) *C'est pourquoi un groupe de révolutionnaires modérés renverse (stürzen) Robespierre.* (ne plus être content)

_____

_____

g) *Après sa mort en 1794, les Parisiens fêtent la fin de la terreur.* (être très soulagé)

_____

_____

Das Relativpronomen *dont* bei Substantiven

Das Relativpronomen *dont* kann auch als Ergänzung zu Substantiven stehen. Dieser Gebrauch entspricht dem deutschen Relativpronomen im Genitiv (= ‚deren‘, ‚dessen‘).

Beispiele: Mon amie s'appelle Christine. <u>La famille de</u> mon amie habite à Paris.
Mon amie <u>dont la famille</u> habite à Paris, s'appelle Christine.
Meine Freundin, deren Familie in Paris wohnt, heißt Christine.

Mon ami s'appelle Christian. <u>La famille de</u> mon ami habite à Lyon.
Mon ami <u>dont la famille</u> habite à Lyon, s'appelle Christian.
Mein Freund, dessen Familie in Lyon wohnt, heißt Christian.

> *Dont* drückt ein Besitzverhältnis aus. Deshalb entfällt auch das Possessivpronomen und
> wird durch den bestimmten Artikel ersetzt:
>
> *Beispiel:*   Mon amie s'appelle Christine. <u>Sa</u> famille habite à Paris.
>   Mon amie <u>dont la</u> famille habite à Paris, s'appelle Christine.

Aufgabe 20   Relie les phrases de gauche aux bonnes propositions relatives.

1 Notre voisin a deux filles	A dont le logiciel est tout neuf.
2 Voilà la pauvre fille	B dont le chien est mort.
3 Pour pouvoir préparer le « kouglof », un gâteau alsacien, ma grand-mère cherche la recette	C dont j'ai oublié les noms.
4 À la discothèque, je vois sortir cette jolie fille	D dont le chef a licencié *(entlassen)* sa femme.
5 Mon père m'a acheté un nouveau portable	E dont elle ne se souvient plus.
6 J'ai écrit un long mail à ma corres	F dont j'ai fait la connaissance il y a un an.
7 Voilà l'homme	G dont je n'ai même pas pris le numéro de téléphone.

Aufgabe 21*   Transforme les phrases en italiques *(kursiv)* en relatives avec *dont*.

a)   Amélie Nothomb est un écrivain français. *J'aime beaucoup son roman*
« Robert des noms propres. »

_____

_____

b)   Le personnage principal de ce roman est une jeune fille. *Sa vie est assez*
bizarre.

_____

_____

c)   Elle porte aussi un prénom extraordinaire (Plectrude). *Peu de gens com-*
prennent sa signification.

_____

_____

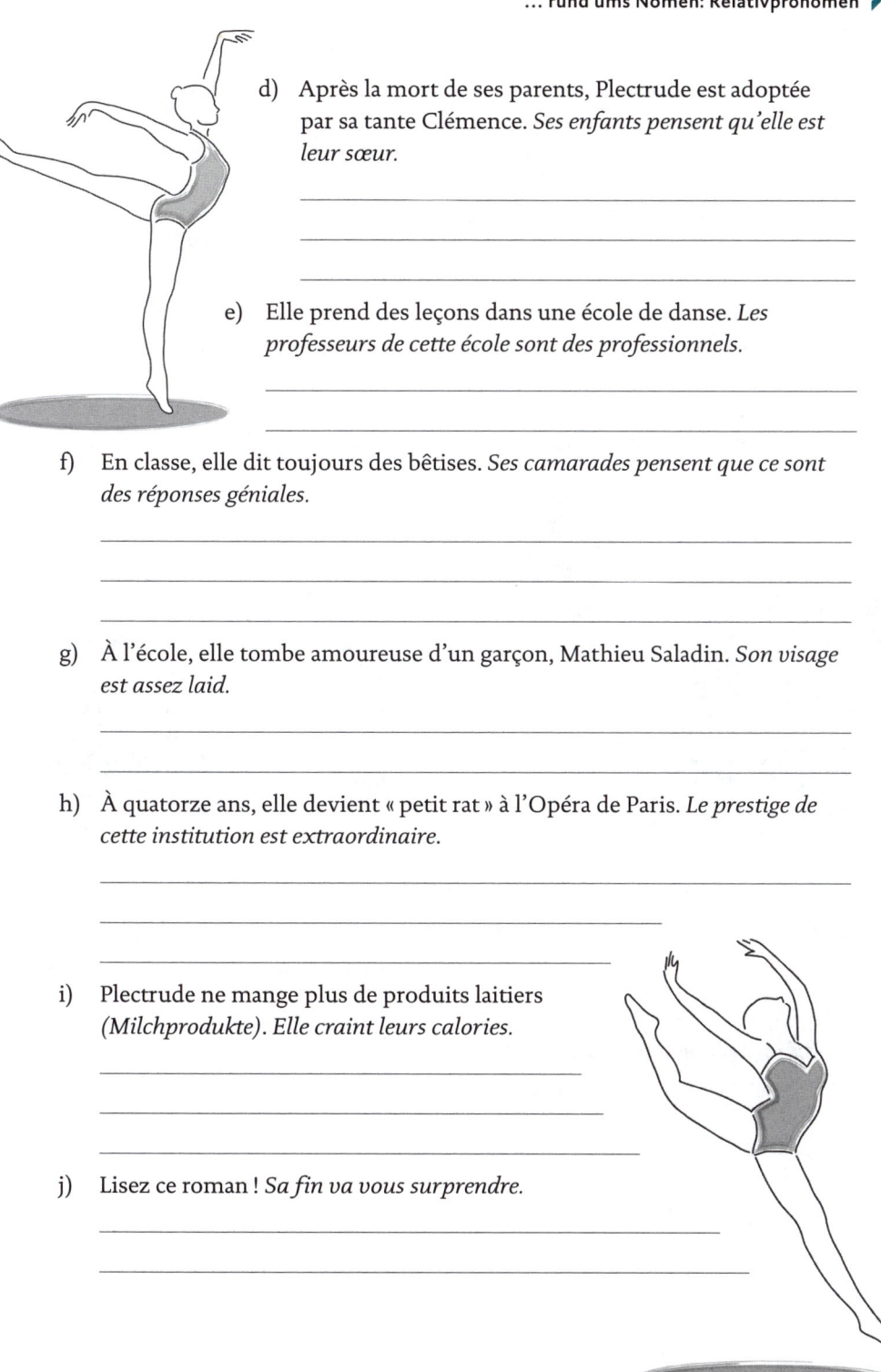

d) Après la mort de ses parents, Plectrude est adoptée par sa tante Clémence. *Ses enfants pensent qu'elle est leur sœur.*

_____

_____

_____

e) Elle prend des leçons dans une école de danse. *Les professeurs de cette école sont des professionnels.*

_____

_____

f) En classe, elle dit toujours des bêtises. *Ses camarades pensent que ce sont des réponses géniales.*

_____

_____

_____

g) À l'école, elle tombe amoureuse d'un garçon, Mathieu Saladin. *Son visage est assez laid.*

_____

_____

h) À quatorze ans, elle devient « petit rat » à l'Opéra de Paris. *Le prestige de cette institution est extraordinaire.*

_____

_____

_____

i) Plectrude ne mange plus de produits laitiers (Milchprodukte). *Elle craint leurs calories.*

_____

_____

_____

j) Lisez ce roman ! *Sa fin va vous surprendre.*

_____

_____

> Auch bei der häufig gebrauchten Wendung *avoir besoin de* hängt *de* – genau betrachtet –
> von einem Substantiv ab. Daher musst du auch hier das Relativpronomen *dont* setzen.
> Du vermeidest Fehler, wenn du dir *avoir besoin de* nicht mit ,etwas brauchen', sondern mit
> der wörtlichen Übersetzung ,Bedarf haben <u>an</u>' merkst.
>
> *Beispiel:*   Sylvie cherche le cahier. Elle <u>a besoin du</u> cahier pour faire ses devoirs.
>   Sylvie cherche le cahier <u>dont</u> elle a <u>besoin</u> pour faire ses devoirs.

Aufgabe 22   Aujourd'hui, c'est le 24 décembre. Muriel veut faire un cadeau à tous les membres de sa famille. Mais jusqu'à maintenant, elle n'en a encore aucun parce qu'il y a toujours un problème.

Complète les phrases avec le mot du cadeau (ils sont tous représentés par une photo) et ajoute une proposition relative avec *dont* pour expliquer pour qui elle en a besoin.

a)   Elle ne trouve pas ___le CD___ ___dont elle a besoin pour sa mère___ (mère).

b)   Dans la librairie, la vendeuse lui dit que _____ _____

      _____ (sœur) est épuisé *(vergriffen)*.

c)   _____ _____

      (frère) sont beaucoup trop chers.

d)   Dans l'animalerie *(Tierhandlung)*, quand elle veut payer _____

      _____ (chat), elle n'a pas d'argent sur elle.

e)   _____ _____ (père) s'est cassée.

f)   Dans sa chambre, elle cherche partout _____ _____

      _____ (chien) mais elle ne la trouve pas.

> **Das Relativpronomen *dont* bei bestimmten und unbestimmten Zahlenangaben**
> Auch Ergänzungen zu **bestimmten oder unbestimmten Zahlenangaben** können
> durch *dont* ersetzt werden.
>
> *Beispiele:*   J'ai deux vélos. <u>Un</u> vélo est trop petit pour moi.
>   J'ai deux vélos <u>dont un</u> est trop petit pour moi.
>
>   J'ai quinze cartes routières. <u>Plusieurs</u> cartes routières sont vieilles.
>   J'ai quinze cartes routières <u>dont plusieurs</u> sont vieilles.

Aufgabe 23   Tu ranges ta chambre et tu trouves plusieurs choses qui ne sont pas à toi.
Mets une proposition avec *dont* dans laquelle tu dis combien d'objets appartiennent à quelqu'un d'autre.

J'ai trouvé

- cinq jeux vidéo _____*dont trois sont à mon copain.*_____ (trois, mon copain)

- des BD _____ (plusieurs, à mon frère aîné)

- du chocolat _____ (deux tablettes, à ma sœur)

- des timbres _____ (quelques-uns, à mon père)

- dix cahiers _____ (huit, à ma copine)

- des livres _____ (plusieurs, à mon voisin)

- trois ours en peluche _____ (un, à mon petit frère)

Aufgabe 24*   **Exercice combiné :** Lis le texte et dis si les énoncés sont vrais ou faux. Essaie
de comprendre le texte même si tu n'as pas encore appris tous les mots.

La Bretagne est étroitement liée à la légende autour du roi Arthur. Au XIIe
siècle, Geoffroy de Monmouth dont les ancêtres étaient bretons a écrit un bestseller du Moyen Age dont le titre est *Historia regum Britanniae* et qui a été une
source pour beaucoup d'autres écrivains. Mais qui était le roi Arthur dont
parlent ces histoires ? Arthur dont on ne sait pas s'il a vraiment vécu avait réuni
autour de lui plusieurs chevaliers. On dit qu'il a eu une épée *(Schwert)*, dont le
nom était Excalibur et dont il était très heureux parce qu'elle lui avait donné
son pouvoir. Ses Chevaliers de la Table Ronde dont les plus célèbres sont Lancelot et Gauvain ont vécu beaucoup d'aventures. Entre autres, ils ont cherché le
Graal dont on dit qu'il pourrait être la coupe de vin dont Jésus s'est servi lors
de la Cène. La mort du roi Arthur dont il y a plusieurs versions dans la littérature reste mystérieuse.

	vrai	faux
a) La légende autour du roi Arthur est une légende romaine.	☐	☐
b) Le roi Arthur n'a jamais vécu.	☐	☐
c) Une épée donnait du pouvoir au roi Arthur.	☐	☐
d) Lancelot était un des Chevaliers de la Table Ronde.	☐	☐
e) Le Graal est un objet tiré de l'Ancien Testament.	☐	☐
f) On ne sait pas comment le roi Arthur est mort.	☐	☐

Aufgabe 25* **Exercice combiné :** Traduis le message suivant en français. Il y de nombreuses phrases avec *dont*.

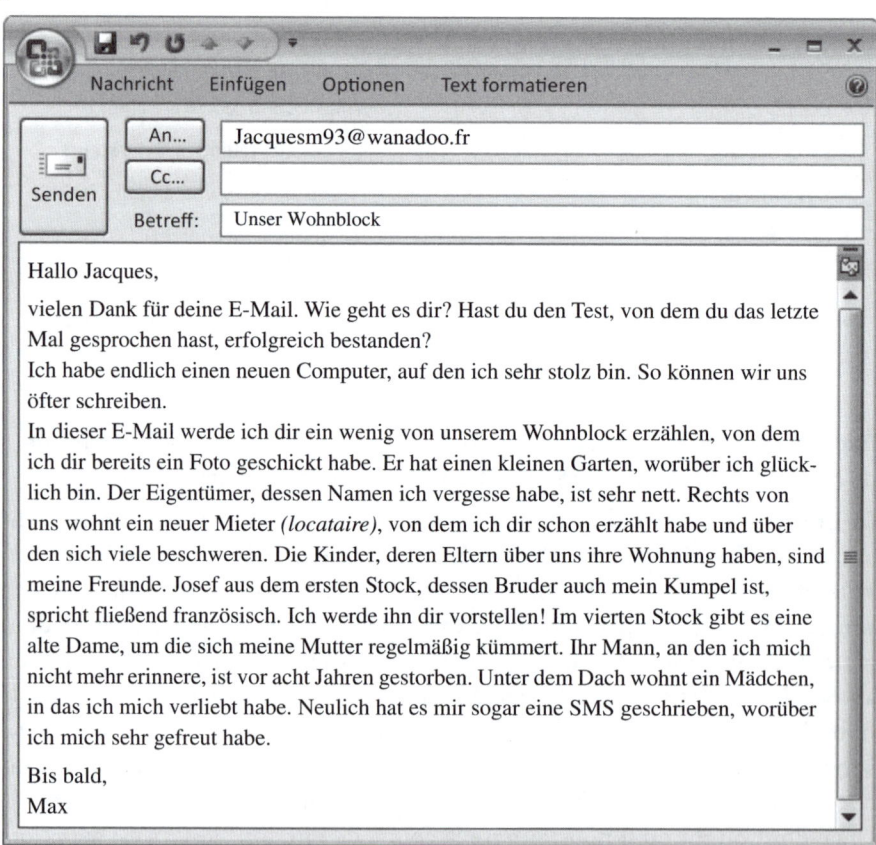

Nachricht   Einfügen   Optionen   Text formatieren

An... Jacquesm93@wanadoo.fr

Cc...

Senden

Betreff: Unser Wohnblock

Hallo Jacques,

vielen Dank für deine E-Mail. Wie geht es dir? Hast du den Test, von dem du das letzte Mal gesprochen hast, erfolgreich bestanden?

Ich habe endlich einen neuen Computer, auf den ich sehr stolz bin. So können wir uns öfter schreiben.

In dieser E-Mail werde ich dir ein wenig von unserem Wohnblock erzählen, von dem ich dir bereits ein Foto geschickt habe. Er hat einen kleinen Garten, worüber ich glücklich bin. Der Eigentümer, dessen Namen ich vergesse habe, ist sehr nett. Rechts von uns wohnt ein neuer Mieter *(locataire)*, von dem ich dir schon erzählt habe und über den sich viele beschweren. Die Kinder, deren Eltern über uns ihre Wohnung haben, sind meine Freunde. Josef aus dem ersten Stock, dessen Bruder auch mein Kumpel ist, spricht fließend französisch. Ich werde ihn dir vorstellen! Im vierten Stock gibt es eine alte Dame, um die sich meine Mutter regelmäßig kümmert. Ihr Mann, an den ich mich nicht mehr erinnere, ist vor acht Jahren gestorben. Unter dem Dach wohnt ein Mädchen, in das ich mich verliebt habe. Neulich hat es mir sogar eine SMS geschrieben, worüber ich mich sehr gefreut habe.

Bis bald,
Max

2.3 Das Relativpronomen *lequel*

Wie wird das Relativpronomen *lequel* dekliniert?

Das Relativpronomen *lequel* ist das einzige Relativpronomen, das sich in Genus (maskulin/feminin) und Numerus (Singular/Plural) unterscheidet:

	Singular	Plural
maskulin	*lequel*	*lesquels*
feminin	*laquelle*	*lesquelles*

Die **Präpositionen *de* und *à*** verschmelzen mit *lequel*:

	Singular	Plural	Singular	Plural
maskulin	*duquel*	*desquels*	*auquel*	*auxquels*
feminin	*de laquelle*	*desquelles*	*à laquelle*	*auxquelles*

fgabe 26 Complète le tableau suivant avec les formes correspondantes de *lequel*.

à l'ordinateur	*auquel*	le forum de discussion	
le logiciel		aux touches	
de la souris		du clavier	
des écrans		à l'informatique	
au message		des e-mails	
aux sites		les programmes	

Wann wird *lequel* verwendet?

Das Relativpronomen *lequel* steht meist nur in Verbindung **mit** einer **Präposition oder einem präpositionalen Ausdruck**.

- *Lequel* **muss** in Relativsätzen stehen, die mit einer Präposition oder einem präpositionalen Ausdruck verbunden sind und sich auf eine **Sache** beziehen.

  Solche Präpositionen bzw. präpositionale Ausdrücke können sein:

pendant	während	*derrière*	hinter	*grâce à*	dank
avec	mit	*devant*	vor	*à côté de*	neben
sans	ohne	*parmi*	zwischen, unter	*près de*	nahe bei
sous	unter	*entre*	zwischen	*en face de*	gegenüber
sur	auf			*au milieu de*	inmitten
pour	für			*au centre de*	im Zentrum von

  Beispiele: C'est une BD <u>pour laquelle</u> j'ai peu payé.

  Le café <u>à côté duquel</u> se trouve une terrasse me plaît beaucoup.

  Martina a passé de belles vacances à Paris <u>auxquelles</u> elle pense souvent.

Aufgabe 27 Remplace la deuxième phrase par une proposition relative. Mets la proposition relative à la bonne place.

a) Je cherche mes clés de voiture. Je ne peux pas partir *sans mes clés*.

Je cherche mes clés de voiture sans lesquelles je ne peux pas partir.

b) La finale du championnat du monde était magnifique. Nous avons assisté *à la finale*.

c) L'avion est vieux. Tu voles *avec cet avion*.

d) Nicolas adore Internet. *Grâce à Internet*, il a découvert le monde.

e) Luc attend son amie au parc central. *Au milieu du parc*, il y a un banc pour les amoureux.

f) Sylvie regarde le rocher. *Sur le rocher*, quelqu'un a construit sa maison.

g) Monique cherche son hamster dans le lit. Il se cache *sous le lit*.

h) Pour devenir vétérinaire, il faut passer un concours très difficile. Beaucoup de candidats échouent *au concours*.

> **Beachte:** Die Formen von *duquel* stehen nur in Verbindung mit einem präpositionalen Ausdruck. Ansonsten wird *dont* verwendet.
>
> *Beispiele:* J'habite dans une grande ville <u>au milieu de laquelle</u> se trouve une cathédrale.
> J'habite dans une ville <u>dont</u> la cathédrale est très connue.

Aufgabe 28 *Duquel* ou *dont* ? Remplis les trous avec les formes correctes.

a) Au milieu de la photo se trouve une église _____ tu connais sûrement le nom : Notre-Dame de Paris.

b) L'église autour _____ coule la Seine a été construite sur une des deux îles de Paris _____ l'île de la Cité est la plus grande.

c) Le fleuve au milieu _____ on peut reconnaître un bateau traverse toute la capitale.

d) Ce bateau près _____ tu vois une partie d'un pont transporte quelques-uns des milliers de touristes _____ la ville de Paris est très fière.

e) Mais la richesse culturelle de la ville _____ les maires s'occupent particulièrement *(besonders)* n'attirent *(anziehen)* pas seulement des étrangers.

f) Cependant *(doch)*, le tourisme n'est pas la seule chose _____ il faut parler.

g) La capitale de la France a beaucoup de problèmes comme le chômage, les prix des logements et la violence dans les banlieues en face _____ plusieurs hommes politiques ont déjà capitulé.

- Das Relativpronomen *lequel* **kann** für **Personen** anstelle von **Präposition +** *qui* verwenden werden, wirkt aber schwerfällig und wird in der gesprochenen Sprache gemieden.

  Beispiel: C'est une copine <u>avec qui</u> (<u>avec laquelle</u>) j'aime bien rigoler.

  Beachte: Nach den **Präpositionen** *parmi* und *entre* muss jedoch auch bei Personen eine **Form von** *lequel* verwendet werden.

  Beispiele: Un groupe d'élèves <u>parmi lesquels</u> il y a mon corres René.

  Jeanne et Marie sont de grandes amies <u>entre lesquelles</u> il n'y a jamais de problèmes.

Aufgabe 29* Décris les personnes sur l'illustration suivante.

Forme des phrases avec des prépositions relatives (préposition + pronom relatif). Utilise chaque préposition au moins une fois.

devant, derrière, à côté de, parmi, entre, au-dessus de

abe 30* **Exercice combiné :** Complète les phrases suivantes par les pronoms relatifs corrects (avec ou sans préposition).

a) Le film « Les Choristes » _____ le titre allemand est « Die Kinder des Monsieur Mathieu » a été un grand succès en Allemagne et en France.

b) Au centre du film se trouvent les garçons de l'internat « Fond de l'Etang » _____ M. Mathieu enseigne le chant.

c) Avec sa musique, M. Mathieu a trouvé _____ intéresse ses élèves.

d) M. Rachin _____ est le directeur de l'école n'aime pas que M. Mathieu enseigne le chant aux garçons.

e) Rachin et Mathieu sont des profs _____ il y a beaucoup de problèmes.

f) La discipline autoritaire est tout _____ le directeur aime.

g) Clément Mathieu est un pédagogue _____ les garçons de l'internat ont confiance.

h) Morhange _____ M. Mathieu est très fier est le meilleur chanteur.

i) Pépinot est le petit garçon _____ M. Mathieu quitte l'internat.

abe 31* **Exercice combiné :** Relie les phrases avec le pronom relatif qui convient.

a) Jean-Baptiste Colbert est devenu un des hommes politiques français les plus importants de son époque. *Son père* était un simple marchand.

_____

_____

b) Colbert a développé ses activités commerciales. *Ces activités* ont prouvé son talent pour l'organisation et les finances.

_____

_____

c) Colbert était l'homme de confiance du cardinal Mazarin. Mazarin estimait *(schätzen)* beaucoup *son travail*.

_____

_____

d) Colbert est entré au service du roi Louis XIV. Le cardinal Mazarin l'avait recommandé *(empfehlen) au roi*.

_____

_____

e) À la cour du roi, il y avait beaucoup d'intrigues entre les ministres. *Parmi ces ministres* se trouvaient Fouquet, Le Tellier et Louvois.

_____

_____

f) Réduire les importations, soutenir *(fördern)* les manufactures, augmenter les exportations, voilà sa méthode commerciale. On appelle *cette méthode* « le mercantilisme ».

_____

_____

g) Colbert savait qu'il y avait des dépenses élevées *(hoch)* à la cour royale ainsi que pour financer les guerres que Louis XIV menait. *Tout cela* provoquait un déficit budgétaire dangereux pour la stabilité de la France.

_____

_____

h) Colbert a travaillé pour renforcer l'autorité du roi. Les buts *du roi* étaient le pouvoir absolu et la centralisation de la France.

_____

_____

3 Adverbialpronomen

3.1 Das Adverbialpronomen y

Was kannst du durch das Adverbialpronomen y ersetzen?
- Das Adverbialpronomen y ersetzt **Ortsangaben**. Diese können **mit unterschied-lichen Präpositionen** eingeleitet sein (z. B. *à, dans, en, entre, sous, sur*). Y hat in diesem Fall die Bedeutung ‚dort' (Frage: ‚wo?') oder ‚dorthin' (Frage: ‚wohin?').

  Beispiel: J'achète mes vêtements <u>dans un magasin très à la mode</u>.
  J'<u>y</u> achète mes vêtements. J'<u>y</u> vais souvent.

  Beachte: Ortsangaben mit *de* können jedoch nicht durch y ersetzt werden. Dafür benötigst du das Adverbialpronomen *en*.

Aufgabe 32   Trouve les solutions avec les prépositions qui conviennent.

a) La Tour Eiffel s'y trouve.
b) Jeanne d'Arc y a battu les Anglais.
c) Une chanson connue dit
   qu'on y danse à Avignon.
d) Les touristes y visitent la Joconde.
e) Tu y trouves le Mont Blanc.
f) En 1944, les Alliés y ont débarqué
   (sind gelandet).
g) La Seine y finit sa course.
h) Le 14 juillet, les troupes françaises y défilent *(aufmarschieren)*.

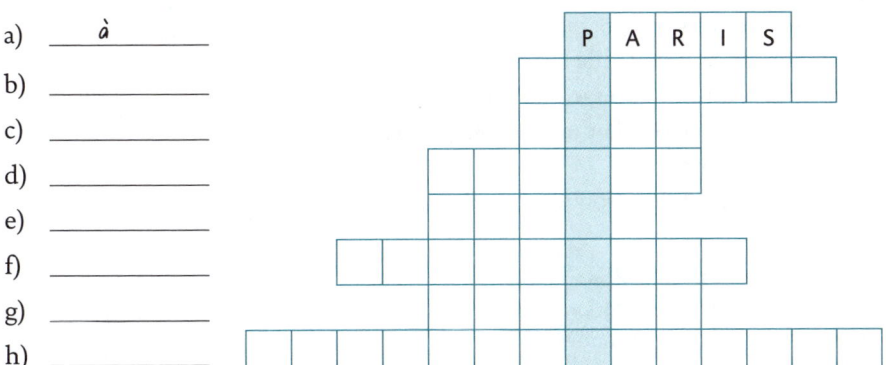

a) _____à_____
b) _____
c) _____
d) _____
e) _____
f) _____
g) _____
h) _____

Mot à trouver : Cézanne y a peint beaucoup de tableaux.

- Das Adverbialpronomen y ersetzt zudem alle **Ergänzungen mit** *à*. Die deutsche Übersetzung für y kann dabei sehr unterschiedlich sein. Im Französischen gibt es viele Verben, die solche Ergänzungen mit *à* anschließen.

commencer à faire qc	beginnen, etw zu tun
jouer à (un jeu)	etw. spielen
penser à qc	an etw. denken
réagir à qc	auf etw. reagieren
réfléchir à qc	über etw. nachdenken
renoncer à qc	auf etw. verzichten
s'identifier à qc	sich mit etw. identifizieren
s'intéresser à qc	sich für etw. interessieren

  Beispiele: Le prof réagit tout de suite <u>aux bêtises des élèves</u>.
  Le prof y réagit tout de suite. *(darauf)*

  Robespierre s'identifiait <u>aux vertus de la république</u>.
  Robespierre s'y identifiait. *(damit)*

  Beachte: Y kann sich nicht auf Personen beziehen. Hier musst du je nach Fall *à* + Personalpronomen oder die Objektpronomen *lui* und *leur* setzen.

  Beispiele: Le chien s'intéresse <u>à la saucisse</u>. – Le chien s'y intéresse.
  Le chien s'intéresse <u>à ma sœur</u>. – Le chien s'intéresse <u>à elle</u>.

Aufgabe 33*   Traduis les phrases suivantes en allemand.

a) Est-ce que tu pourrais me dire pourquoi tu t'y es identifié ?

b) Il a assisté à plusieurs cours, mais il ne s'y est jamais intéressé vraiment.

c) Il y a deux semaines, il a commencé à y réfléchir.

d) Si vous étiez à ma place, est-ce que vous y réagiriez ?

e) Penses-y.

f) Est-ce que ce sont eux qui y ont joué ?

g) Avant son accident, elle s'y était beaucoup intéressée.

h) On lui a donné l'adresse de l'agence de tourisme et il y a écrit.

i) Quand nous avons fait nos devoirs, nous n'y avons pas fait attention.

j) Il n'y avait pas réagi.

k) On lui a offert des drogues mais il y a renoncé.

Wo steht das Adverbialpronomen y?
Für die Stellung des Adverbialpronomens y gelten dieselben Regeln wie für die direkten und indirekten Objektpronomen.

Beispiele: Je pense à Noël.   – J'y pense.
Elle n'est pas allée au cinéma. – Elle n'y est pas allée.
Elle a voulu aller à la piscine. – Elle a voulu y aller.

Aufgabe 34 Les Romard font un voyage à Paris. Pendant leur trajet de la gare à l'hôtel,
M. Romard est très nerveux et pose beaucoup de questions à sa femme.
Réponds-lui et remplace les expressions soulignées par *y*.

M. ROMARD : Nous sommes déjà <u>à la gare de Paris</u> ?

MME ROMARD : Oui, _____ .

M. ROMARD : Nous allons tout de suite <u>à la sortie</u> ?

MME ROMARD : Oui, _____ .

M. ROMARD : Tu cherches la ligne 5 <u>sur le plan de métro</u> ?

MME ROMARD : Non, _____ la ligne 4.

M. ROMARD : Tu as réservé une chambre <u>à l'hôtel près de la Bastille</u> ?

MME ROMARD : Non, _____ .

    Nous passerons les nuits dans une auberge du Ve arrondissement.

M. ROMARD : Tu as pensé <u>à prendre nos papiers</u> ?

MME ROMARD : Oui, _____ .

M. ROMARD : Mardi, nous allons faire une excursion <u>à Versailles</u> ?

MME ROMARD : Oui, _____ .

M. ROMARD : Tu veux que nous allions voir la collection « Arts de l'Islam »
    <u>au musée du Louvre</u> ?

MME ROMARD : Oui, _____ .

M. ROMARD : Tu as trouvé les horaires des musées <u>dans « Paris Spectacle »</u> ?

MME ROMARD : Oui, _____ .

M. ROMARD : Un de ces jours, tu aimerais certainement te promener <u>sur les</u>
    <u>Champs-Elysées</u> ?

MME ROMARD : Oui, _____ , si tu m'y

    achètes des bijoux.

Aufgabe 35* **Exercice combiné :** Raconte un peu tes vacances.

> - Où est-ce que tu les as passées ces dernières années *(in den letzten Jahren)* ?
> - Qu'est-ce que tu y as fait ?
> - Est-ce que les vacances t'ont plu ? Pourquoi ou pourquoi pas ?
> - Qu'est-ce que tu penses faire pendant tes prochaines vacances ?

3.2 Das Adverbialpronomen *en*

Was kannst du durch das Adverbialpronomen *en* ersetzen?
- Das Adverbialpronomen *en* ersetzt **Ortsangaben mit *de***.

  Beispiel: Il revient <u>de l'école</u>. – Il <u>en</u> revient.

- Außerdem ersetzt *en* alle **Ergänzungen mit *de***. Solche Ergänzungen mit *de* hängen von vielen Ausdrücken ab.

dépendre de qc	von etw. abhängen
discuter de qc	über etw. diskutieren
parler de qc	über etw. sprechen
rêver de qc	von etw. träumen
jouer de qc (un instrument)	etw. spielen
avoir besoin de qc	etw. benötigen
avoir envie de qc	Lust haben auf etw.
avoir peur de qc	Angst haben vor etw.
être capable de qc	fähig sein zu etw.

  Beachte: En kann sich in der Regel nicht auf Personen beziehen. Hier musst du *de* + Personalpronomen setzen.

  Beispiele: Je m'occupe <u>des plantes</u> du voisin pendant ses vacances. – Je m'<u>en</u> occupe.
      Je m'occupe <u>de mon petit frère</u> pendant l'après-midi. – Je m'occupe <u>de lui</u>.

Aufgabe 36 De quoi *(worüber)* parlent les phrases suivantes ?
Choisis parmi les expressions indiquées ci-dessous et écris-les derrières les phrases.

a)   Je m'en souviens volontiers.
b)   Nous en revenons vers une heure.
c)   Le professeur d'histoire en parle.
d)   Nos profs nous obligent à en sortir pendant les récréations.
e)   Comme je ne sais pas nager, j'en ai peur.
f)   Beaucoup d'élèves en sont fascinés à cause des expériences *(Experimente)*.
g)   Si tu as fait attention aux cours, tu ne dois pas en avoir peur.
h)   J'en ai besoin pour faire un dessin.
i)   Notre prof de musique aimerait que tous en jouent.
j)   La plupart des élèves en rêvent.
k)   À la maison, je m'en occupe seulement le soir.

---

de la salle de classe, du Moyen Âge, des contrôles, des dernières vacances, des devoirs,
de la piscine, de la chimie, d'une vie sans école, de l'école, d'un crayon, d'un instrument

gabe 37 Coche la bonne traduction des phrases suivantes (☒).

a) Je ne veux plus en parler.

☐ Ich werde nicht mehr darüber reden.

☐ Ich will nicht mehr darüber sprechen.

☐ Ich wollte dort nicht sprechen.

b) Nous en avons besoin.

☐ Wir haben Freude daran.

☐ Wir besorgten uns etwas davon.

☐ Wir brauchen es.

c) Elle ne sait pas en jouer.

☐ Sie kann es nicht spielen.

☐ Sie spielt es nicht.

☐ Sie wird es nicht spielen können.

d) Je n'en ai pas peur.

☐ Davor habe ich keine Angst.

☐ Dort bekomme ich keine Angst.

☐ Dort habe ich keine Angst.

- Auch Nomen, die mit **Teilungsartikel** angeschlossen sind, sowie Ergänzungen mit *de*, die auf **Mengenangaben** folgen, kannst du durch *en* ersetzen.

  Beispiele: J'ai de l'argent. – J'en ai.

  J'ai beaucoup d'argent. – J'en ai beaucoup.

  Nomen, die auf **Zahlenangaben** folgen, können ebenfalls durch das Adverbialpronomen *en* ersetzt werden.

  Beispiel: J'ai acheté trois CD. – J'en ai acheté trois.

---

gabe 38 Denis et Jacqueline font les courses. Avant d'aller à la caisse, Jacqueline demande à Denis s'ils ont tout acheté. Réponds à ses questions par *oui*. Utilise *en* et les mots sous les images.

a) « Est-ce que nous avons des tomates ? »

« Oui, _nous en avons plusieurs_____. »

plusieurs

b) « Est-ce que nous avons de l'eau minérale ? »

« Oui, _____. »

deux bouteilles

c) « Est-ce que nous avons des œufs ? »

« Oui, _____. »

six

d) « Est-ce que nous avons des bananes ? »

« Oui, _____. »

un kilo

e) « Est-ce que nous avons du chocolat ? »

« Oui, _____. »

deux cents grammes

Wo steht das Adverbialpronomen *en*?

Für die Stellung des Adverbialpronomen *en* gelten dieselben Regeln wie für die Objekt-pronomen und das Adverbialpronomen *y*.

Beispiele:

J'ai parlé de mes expériences de baby-sitter.   – J'en ai parlé.

Elle n'a pas peur du film Spiderman.   – Elle n'en a pas peur.

Il ne veut plus jouer de la guitare.   – Il ne veut plus en jouer.

Aufgabe 39   Mme et M. Romard font des projets pour les prochaines journées. Réponds aux questions et aux affirmations de Mme Romard et remplace les expressions soulignées par *en*.

MME ROMARD : Nous avons déjà discuté des activités pour aujourd'hui ?

M. ROMARD : Non, _____.

MME ROMARD : Nous avons besoin d'un bon guide pour découvrir les curiosités de la ville.

M. ROMARD : Oui, _____.

MME ROMARD : « Je rêverais <u>de faire une promenade en bateau-mouche sur la</u>
　　<u>Seine</u>.

M. ROMARD : Moi aussi, _____.

MME ROMARD : Et après, on pourrait visiter la Tour Eiffel. Tu as le courage <u>d'y</u>
　　<u>monter</u> ?

M. ROMARD : Oui, _____.

MME ROMARD : Et le soir, on pourrait aussi sortir. Tu as envie <u>d'aller au concert</u>
　　<u>de Céline Dion à l'Olympia</u> ?

M. ROMARD : Non, _____.

　　Le prix des billets est trop élevé.

Aufgabe 40　**Exercice combiné :** Les journées passent et M. Romard prend goût aux vacances. Réponds aux questions et affirmations de sa femme et remplace les
mots soulignés par *y* ou *en*.

M. ROMARD : Est-ce que nous avons encore le temps <u>de prendre des photos de</u>
　　<u>l'Arc de Triomphe</u> ?

MME ROMARD : Oui, _____.

M. ROMARD : Est-ce que nous allons aussi <u>à Notre-Dame</u> ?

MME ROMARD : Oui, _____.

M. ROMARD : Est-ce que je peux descendre <u>du bus</u> pour acheter <u>des cartes postales</u> ?

MME ROMARD : Oui, _____ .

M. ROMARD : Est-ce que les statues de Niki de Saint Phalle se trouvent <u>sur la place de la Concorde</u> ? »

MME ROMARD : Non, _____ .

M. ROMARD : Est-ce qu'on va <u>dans cette direction</u> pour aller au Père-Lachaise ? »

MME ROMARD : Oui, _____ .

M. ROMARD : Est-ce que nous allons revenir <u>au Louvre</u> ? »

MME ROMARD : Non, _____ .

M. ROMARD : Est-ce que tu pourrais aller <u>au kiosque</u> pour acheter cette revue ?

MME ROMARD : Oui, _____ .

Aufgabe 41*   **Exercice combiné :** Le lendemain de son retour, M. Romard écrit deux cartes postales, une à une amie allemande, l'autre à un collègue français. Comme il est un peu paresseux, il écrit le même texte à tous les deux. Qu'est-ce qu'il a donc écrit à son collègue ? Traduis la carte postale à son amie allemande en français.

Liebe Lisa,

meine Frau und ich haben ein paar Tage in Paris verbracht. Seit Jahren hatte ich vor, dorthin zu fahren. Wir haben dort viele interessante Kirchen und Museen besichtigt. Auch die Pariser waren sehr nett. Ich werde daran denken, wenn ich mich über einen Autofahrer aufrege, dessen Wagen die Nummer 78 hat. Wie du siehst, kommen wir von dort mit vielen guten Erinnerungen zurück. Wir werden sicher noch lange davon sprechen.

Liebe Grüße, François

Lisa Schmitt

Erlenweg 27a

93051 Regensburg

Allemagne

4 Personal- und Objektpronomen

Treffen mehrere Objekt- oder Adverbialpronomen aufeinander, so gibt es eine bestimmte Reihenfolge, in der sie stehen. Am leichtesten kannst du dir diese in Form eines Schemas merken, das im Folgenden schrittweise präsentiert wird.

Wie lautet die Abfolge von *le, la les* + *lui, leur*?
Treffen die direkten Objektpronomen *le, la, les* und die indirekten Objektpronomen *lui* und *leur* aufeinander, so stehen die direkten Objektpronomen vor den indirekten.

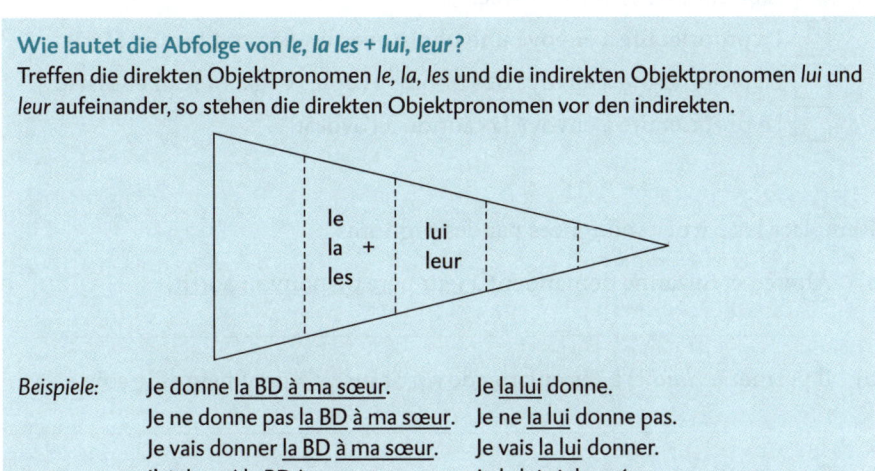

Beispiele:	Je donne <u>la BD</u> <u>à ma sœur</u>.	Je <u>la lui</u> donne.
	Je ne donne pas <u>la BD</u> <u>à ma sœur</u>.	Je ne <u>la lui</u> donne pas.
	Je vais donner <u>la BD</u> <u>à ma sœur</u>.	Je vais <u>la lui</u> donner.
	J'ai donné <u>la BD</u> <u>à ma sœur</u>.	Je <u>la lui</u> ai donnée.

fgabe 42 Quelles phrases se cachent derrière les phrases avec les pronoms ?
Coche la bonne phrase (☒). *[Mehrfachlösungen möglich.]*

a) Le propriétaire la leur a louée *(vermietet)*.

☐ Le propriétaire a loué son bateau à Jean.

☐ Le propriétaire a loué sa maison à Jean et Marie.

☐ Le propriétaire a loué sa maison à Jean.

b) Ils la lui ont payée.

☐ Ils ont payé une caution au propriétaire.

☐ Ils ont payé une caution aux propriétaires.

☐ Ils ont payé une caution à la propriétaire.

c) Il ne la leur a pas rendue *(zurückgegeben)*.

☐ Il n'a pas rendu la caution à Jean et Marie.

☐ Il n'a pas rendu la caution à Jean.

☐ Il n'a pas rendu la caution à Marie.

d) L'avocat la lui a écrite.

☐ L'avocat a écrit un message au propriétaire.

☐ L'avocat a écrit une lettre à Jean et Marie.

☐ L'avocat a écrit une lettre au propriétaire.

e) Le propriétaire la leur a envoyée.

☐ Le propriétaire a envoyé une photo avec les dégâts à Jean et Marie.

☐ Le propriétaire a envoyé des photos avec les dégâts à Jean et Marie.

☐ Le propriétaire a envoyé la caution à l'avocat.

Aufgabe 43   Remplace les parties soulignées par des pronoms.

a) Ahmed et Suzanne demandent <u>à leur père</u> de pouvoir sortir.

_____

b) Il permet *(erlaubt)* <u>à ses enfants</u> de sortir jusqu'à neuf heures le soir.

_____

c) Il donne <u>dix euros</u> <u>aux enfants</u>.

_____

d) Ils promettent *(versprechen)* <u>à leurs parents</u> de les dépenser raisonnablement.

_____

e) Un vendeur offre <u>deux kilos de glace</u> <u>à Ahmed</u>.

_____

f) Il paie <u>la somme de dix euros</u> <u>au vendeur</u>.

_____

g) À la maison, les deux ne disent pas <u>à leur parents</u> <u>ce qu'ils ont fait avec l'argent</u>.

_____

h) Ceux-ci ne demandent pas <u>à leurs enfants</u> <u>ce qu'ils ont acheté</u>.

_____

Wie lautet die Abfolge von *me, te, se, nous, vous* + *le, la, les*?

Treffen die indirekten Objektpronomen *me, te, se, nous, vous* und die direkten Objektpronomen *le, la, les* aufeinander, stehen die indirekten Objektpronomen vor den direkten.

me	
te	le
se +	la
nous	les
vous	

Beispiele: Il nous donne <u>ses CD</u>.   Il <u>nous les</u> donne.

fgabe 44   Remplace les mots soulignés par des pronoms objets.

a)   Elle s'achète <u>ces chaussures</u>. _____

b)   Tu m'offres <u>les deux billets</u>. _____

c)   Je vous vends <u>mes BD</u>. _____

d)   Il va t'envoyer <u>cette carte</u>. _____

e)   Je me pose <u>ces questions</u>. _____

f)   Nous nous lavons <u>les mains</u>. _____

g)   Ils nous ont montré <u>le film</u>. _____

fgabe 45   Quelles phrases sont correctes, quelles phrases sont fausses ? Coche la bonne case (☒) et corrige la phrase s'il le faut.

          correcte fausse

a)   Il me le demande depuis des semaines.   ☐ ☐

_____

b)   Nous vous avons le vendu à un bon prix.   ☐ ☐

_____

c)   Je le te vais rendre la semaine prochaine.   ☐ ☐

_____

d)   Elles nous les apportent volontiers.   ☐ ☐

_____

e)   Il les raconte à nous.   ☐ ☐

_____

Aufgabe 46   Pendant la récréation. Complète les réponses. Utilise des pronoms.

Tu sais nous traduire la phrase « Videant consules ne quid res publica detrimenti capiat. » en français ?

Désolé, _____
_____ .
Je ne la comprends pas.

Désolé, _____
_____ .
J'en ai besoin moi-même.

Tu peux me prêter ta calculette pour le contrôle ?

Non, _____
_____ .

Vous vous êtes déjà demandé ce que vous allez faire ce soir ?

Sophie vous a donné le résultat du problème de maths ?

Non, _____
_____
_____ .

Tu peux m'expliquer ce problème ?

Oui, _____ .

Wie lautet die Abfolge von Objektpronomen und Adverbialpronomen?
Die Adverbialpronomen *y* und *en* lassen sich mit allen Objektpronomen kombinieren.
Sie stehen immer nach diesen.

Beispiele: Tu attends <u>ta corres</u> <u>à la gare</u>?   Oui, je l'y attends.
Catherine <u>leur</u> a offert <u>de l'eau</u>?   Non, elle ne <u>leur en</u> a pas offert.

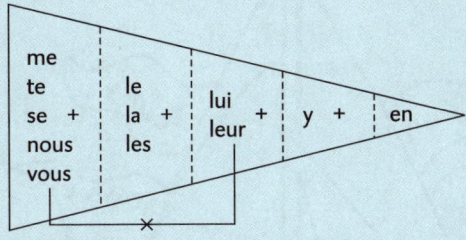

Beachte: Die direkten Objektpronomen *me, te, se, nous, vous* lassen sich weder mit den
indirekten Objektpronomen *me, te, se, nous, vous* noch mit *lui, leur* kombinieren!
In diesem Fall wird das indirekte Objekt mit *à* + **Personalpronomen** angeschlossen.

Beispiel: Denis <u>me</u> présente <u>à ses copains</u>. — Denis <u>me</u> présente <u>à eux</u>.

Aufgabe 47   Donne les réponses et utilise deux pronoms.

a)   « Est-ce qu'il y a encore du coq au vin dans le four ? »
« Non, Pauline, il _____. Ton frère a tout mangé. »

b)   « Chéri, tu apportes encore du vin pour nous ? »
« Oui, je _____ volontiers. »

c)   « Pauline, est-ce que tu te sers encore de la salade ? »
« Oui, je _____ encore une fois. »

d)   « Paul, tu vas chercher encore de l'eau minérale dans le frigo ? »
« Oui, maman, je _____. »

e)   « Maman, est-ce que je peux inviter ma copine au dîner ? »
« Non, tu _____ . On ne sera pas là. »

f)   « Grand-mère a offert des sucreries à Pauline et à Paul ? »
« Oui, elle _____. »

g)   « Tu as retrouvé ton couteau et ta fourchette sous ta chaise ? »
« Non, je _____. »

h)   « Paul, tu passes ton dessert à ta sœur ? »
« Non, je _____ . Elle ne me remercie jamais. »

Aufgabe 48   Des vacances au bord de la mer. Ajoute dans les réponses les pronoms qui conviennent. Tu les trouves tous sur l'illustration.

a)   « Est-ce que je vous ai déjà parlé de ma première sortie en mer ? »

    « Non, tu ne _____ as pas encore parlé. »

b)   « Est-ce que les pêcheurs ont déjà vendu leurs poissons au marché ? »

    « Oui, ils _____ ont déjà vendus. »

c)   « Allons-nous regarder l'arrivée du ferry au port ? »

    « Bof, je n'ai pas envie de _____ regarder. »

d)   « Allez-vous acheter des pulls marins à la boutique ? »

    « Oui, nous allons _____ acheter. »

e) « Est-ce que tu peux nous donner de l'argent pour aller visiter l'aquarium ? »

« Bien sûr, je veux bien _____ donner. »

f) « Quand est-ce que nous avons donné rendez-vous aux amis devant le phare ? »

« C'est exactement à 20 heures que nous _____ avons donné rendez-vous. »

g) « Avez-vous acheté des souvenirs au musée maritime ? »

« Non, nous n'_____ avons pas encore acheté. »

h) « As-tu envoyé des cartes postales aux grands-parents ? »

« Mais oui, je _____ ai envoyé hier. »

Aufgabe 49* **Exercice combiné :** Traduis. Puis, transforme les phrases et emploie les pronoms qui conviennent.

a) Isabelle schreibt ihrer besten Freundin einen Brief.

Isabelle écrit une lettre à sa meilleure amie.

Isabelle la lui écrit.

b) Der Lehrer fordert einen Schüler auf, den Fehler seinen Klassenkameraden zu erklären.

_____

_____

c) Luc stellt seine Freundin seinen Eltern vor.

_____

_____

d) Ich habe euch die Bücher geschickt.

_____

_____

e) Yvonne wird sich die Hände waschen.

_____

_____

f)   Mein Kater interessiert sich sehr für meine kleine Schwester.

_____

_____

g)   Herr Schneider hat seiner Tochter dieses Auto gekauft.

_____

_____

h)   Der Händler hat mir gestern diese Blumen verkauft.

_____

_____

i)   Wann stellst du mich deinen Eltern vor?

_____

_____

j)   Meine Frau möchte die Blumen auf den Tisch stellen.

_____

_____

k)   Der Reiseführer zeigt den Touristen den Palast, in dem die englische
      Königin einige Nächte verbracht hat.

_____

_____

l)   Marc traf seine Freunde immer in der Bar « Les trois mousquetaires ».

_____

_____

5   Bilan 1

Aufgabe 50

Quand les filles font du shopping…

Complète les phrases avec *celui, celle, ceux, celles*. Ajoute *-ci/-là*, un pronom relatif ou une préposition.

Brigitte regarde des bagues dans une bijouterie.

LA VENDEUSE : Bonjour Mademoiselle, je peux vous aider ?

BRIGITTE : Je voudrais essayer cette bague-là.

LA VENDEUSE : Laquelle ? _____ *(diesen hier)* ou _____ *(diesen dort)* ?

BRIGITTE : _____ a une pierre.

LA VENDEUSE : Ah, c'est _____ *(der mit)* le diamant ?

BRIGITTE : Non, _____ *(der hier)* est trop chère, je parle de

_____ *(der aus)* cristal de roche.

La vendeuse lui donne _____ Brigitte a montrée.

BRIGITTE : Dommage, _____ *(dieser hier)* est trop petite. Je peux

essayer _____ se trouve dans le coffret ?

LA VENDEUSE : Dans quel coffret ? Dans _____ *(diesem dort)* ?

BRIGITTE : Non, dans _____ j'ai vu dans la vitrine.

LA VENDEUSE : Nous avons beaucoup de coffrets dans la vitrine.

BRIGITTE : Je parle de _____ vous avez exposés juste à côté de l'entrée.

LA VENDEUSE : À droite ou à gauche ?

BRIGITTE : _____ se trouvent à gauche.

La vendeuse apporte tous les coffrets qui se trouvent du côté gauche de l'entrée, et Brigitte les regarde.

BRIGITTE : Toutes ces bagues sont laides *(hässlich)*.

LA VENDEUSE : Mais ce sont toutes _____

vous m'avez demandé de vous montrer.

BRIGITTE : Oui, je sais. Mais _____ vous portez au doigt me plaît beaucoup.

LA VENDEUSE : Je suis désolée, mais _____ *(dieser hier)* n'est pas à vendre.

BRIGITTE : C'est dommage. Alors, je reviendrai une autre fois.

LA VENDEUSE : J'espère que non.

le coffret

la bague

Aufgabe 51 Réponds aux questions en bas en utilisant la mise en relief.

a)
- Tu as fait ton premier grand voyage en train ou en voiture ?
- *C'est en voiture que j'ai fait mon premier grand voyage.*
- _____

b)
- Elle pense plus souvent à Rayan ou à Thomas ?
- _____
- _____
- _____

c)
- Qui fait ce bruit là-bas ? Ce sont des jeunes ou des chats ?
- _____
- _____
- _____

d)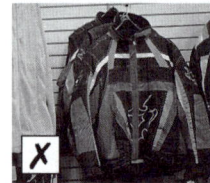
- Qu'est-ce que tu préfères, le pull ou l'anorak ?
- _____
- _____
- _____

e)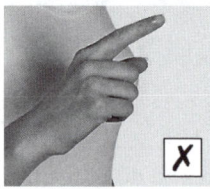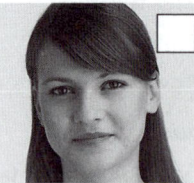
- Qui a oublié ses clés ? Toi ou Emma ?
- _____
- _____
- _____

f)

• Qui va gagner, le Paris Saint-Germain ou l'Olympique Marseille ?

• _____
_____

Deux heures plus tard, après la victoire du Paris Saint-Germain :

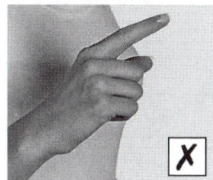 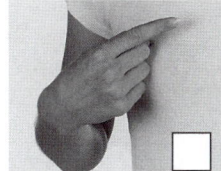

• Qui a dit que l'Olympique Marseille va gagner ? Toi ou moi ?

• Ouais,
_____
_____

g)

• Vous allez au théâtre ou à l'opéra ?

• _____
_____
_____

h)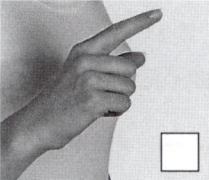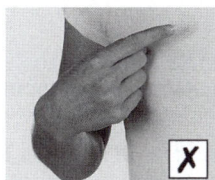

• Qui a commandé la pizza, toi ou moi ?

• _____
_____
_____

g)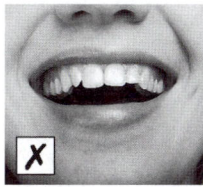

• Qu'est-ce que tu aimes le plus chez elle, son rire ou sa beauté ?

• _____
_____
_____

Aufgabe 52 *Ce qui* ou *ce que* ?

Parle de ton école. Dis ce que tu aimes, ce qui t'intéresse, ce que tu veux, etc. Tu peux par exemple parler de tes profs, tes matières, tes copains et copines. Fais 7 phrases avec des verbes différents.

a) *Ce que je veux, c'est moins de devoirs.*

b) _____

c) _____

d) _____

e) _____

f) _____

g) _____

h) _____

Aufgabe 53 Fais des phrases avec *qui, que, dont.*

De quel objet est-ce que je parle ?

a)

C'est un objet.
Il est souvent en métal et en bois.
On se sert de cet objet pour ouvrir des bouteilles de vin.

C'est un objet _____ est souvent en métal et en bois.

C'est un objet _____ on se sert pour ouvrir des bouteilles de vin.

Solution : C'est _____.

b)

C'est un appareil.
On le porte dans sa poche.
Il est important surtout pour les jeunes.
On a besoin de cet appareil pour communiquer.

_____

_____

_____

Solution : C'est _____.

c)

Ce sont des personnes.
Ils sont importants pour tout le monde.
On les aime.
On se souviendra toujours d'eux.
Ils protègent leurs enfants.

_____
_____
_____
_____

Solution: Ce sont _____.

d)

C'est un appareil.
On s'en sert dans les bureaux et à la maison.
Il fonctionne avec de l'électricité.
Seul un spécialiste peut l'installer correctement.
Il faut le protéger contre des virus.

_____
_____
_____
_____

Solution: C'est _____.

e)

C'est un homme.
Tout le monde le connaît.
Sa ville d'origine se trouve en Corse.
Il menait des guerres contre plusieurs pays européens.
On l'a exilé sur l'île de Sainte-Hélène où il est mort.

_____
_____
_____
_____

Solution: C'est _____.

Aufgabe 54 Kevin et Morgane rêvent d'être mariés un jour. Comment est-ce qu'ils s'imaginent leur partenaire idéal(e) ? Utilise des prépositions avec *qui*.

Ma femme idéale
a) Je peux rire avec elle.
b) Je ne veux pas vivre sans elle.
c) J'ai confiance (*Vertrauen*) en elle.
d) Je me sens bien à côté d'elle.

Mon mari idéal
e) Je peux toujours compter sur lui.
f) Je veux devenir vieille avec lui.
g) Je me sens seule sans lui.
h) Je suis toujours heureuse grâce à lui.

KEVIN : Pour moi, la femme idéale, c'est une femme…

a) *avec qui je peux rire.*

b) _____

c) _____

d) _____

MORGANE : Pour moi, le mari idéal, c'est un mari…

e) _____

f) _____

g) _____

h) _____

fgabe 55 Complète la lettre de Joëlle avec des pronoms relatifs accompagnés ou non d'une préposition.

Chère Marie-Jeanne,

Enfin, je me suis décidé à faire le cours de français _____ (von dem) Marcel m'avait parlé. Dans ce cours, il y a des gens _____ (die) sont plus âgés que moi, mais _____ (mit denen) je m'entends très bien. Mon professeur est un Belge _____ (dessen) l'accent est un peu bizarre, mais _____ (an den) je me suis habituée assez vite. Le premier jour déjà, j'ai compris qu'il y avait beaucoup de choses _____ (an die) je ne me souvenais plus. Le vocabulaire et la grammaire _____ (die) j'avais appris au collège, tout était oublié. Hier, le prof nous a montré un film en français _____ (der) m'a posé beaucoup de problèmes. Ensuite, il nous a donné quelques documents _____ (die) nous avons dû lire et _____ (über die) nous avons discuté en groupes. C'était une discussion _____ (zu der) je ne pouvais pas beaucoup contribuer (beitragen) parce que les textes étaient très difficiles. Heureusement, il y avait des annotations _____ (die) accompagnaient les textes, _____ (ohne die) je n'aurais rien compris.

Finalement, je sais maintenant qu'il va falloir beaucoup travailler, si je veux passer l'examen _____ (dessen) la date n'est pas encore fixée.

Je t'embrasse.

Joëlle

fgabe 56 Avant le départ en vacances. Remplis le dialogue avec *y* ou *en*.

ELLE : Tu as pensé à réparer la voiture ?

LUI : Oui, j'_____ ai pensé.

LUI : Tu t'occupes des valises ?

ELLE : Oui, je m'_____ occuperai. Elles sont au grenier *(Speicher)* ?

LUI : Non, elles n'_____ sont pas, elles sont en bas, dans le garage. D'ailleurs, qu'est-ce qu'on fait avec le chien ?

ELLE : Ben, on le laisse chez grand-mère, comme la dernière fois.

LUI : Parle-lui _____ d'abord.

ELLE : Je lui _____ ai déjà parlé. Elle est d'accord.

LUI : Bon, alors on va l'_____ amener tout à l'heure. On pourrait faire les courses en même temps. Il nous manque du pain, par exemple.

ELLE : Non, il nous _____ reste encore, mais il nous faut du fromage. Tu veux du comté ?[1]

LUI : Oui, prends-_____ deux cents grammes.

ELLE : Tu me donnes un peu d'argent ?

LUI : Je n'_____ ai plus. J'ai tout dépensé pour la réparation de la voiture.

ELLE : Donc, il faut aller à la banque. Heureusement, j'_____ ai pensé.

1 Würziger Käse aus dem Département Jura.

Aufgabe 57   Complète le dialogue avec des pronoms personnels et *y* ou *en*.

JULIE : Maman, Charles _____ a dit que sa chienne avait fait des petits chiots. Je peux _____ adopter un ?

SA MÈRE : Écoute Julie, on _____ a parlé plusieurs fois. Je sais qu'un petit chien _____ ferait plaisir, mais pour papa et _____, il n'_____ est pas question. Un chien n'est pas un jouet : il faut _____ donner à manger, il faut _____ promener, il faut _____ apporter au docteur quand il est malade. Qui va s'occuper de _____ ? Qui va _____ garder quand tu es à l'école ? Tout ce travail, nous ne pouvons pas _____ faire. Ton père et _____, nous travaillons aussi.

JULIE : Mais maman, je _____ promets que tout s'arrangera. Je m'_____ occuperai, tu verras.

SA MÈRE : Vois avec papa. Essaie de _____ convaincre, mais mon avis, tu _____ connais maintenant. Tu sais ce que j'_____ pense.

Aufgabe 58 Associe les *impératifs* aux phrases 1 à 6.

1 Je veux voir si tu as fait tes devoirs.
2 Tu as dit que nous pouvons te croire.
3 Tu as encore emprunté le jeu vidéo de Luc.
4 Je sais que ton professeur t'a donné une lettre pour nous.
5 Pourquoi est-ce que tu as seulement 6 points en anglais ?
6 Je veux que tu sois plus sérieux dans ton travail.

a) Explique-le-moi. b) Rends-le-lui.
c) Donne-la-nous. d) Apporte-les-moi.
e) Prouve-le-nous. f) Promets-le-moi.

1	2	3	4	5	6

Aufgabe 59 Du bist bei deinem Austauschschüler Martin in Frankreich. In der Schule stellt dir sein Freund Théo Fragen über Martin. Antworte auf Französisch.

THÉO : Tu sais que Martin veut partir en Afrique après le bac ? Il te l'a dit ?
TOI : *(Du antwortest, dass er es dir gestern gesagt hat.)*

_____

THÉO : Il l'a déjà dit à ses parents et à son frère ?
TOI : *(Du verneinst und erklärst, dass er es ihnen an Weihnachten sagen wird.)*

_____

THÉO : Son projet est un peu fou, tu ne trouves pas ?
TOI : *(Du meinst, dass du ihm das auch gesagt hast, aber dass du nochmal mit ihm reden wirst.)*

_____

THÉO : Je suis certain que son projet ne marchera pas.
TOI : *(Du bittest Theo, dass auch er es ihm erklären soll. Er ist sein Freund, und er wird Mittel und Wege finden* (trouver bien un moyen de faire qc), *mit ihm darüber zu sprechen.)*

_____

_____

THÉO : Bon, je vais faire de mon mieux.

… rund ums Verb

6 Adverbien

Adverbien sind unveränderliche Wörter, die ausdrücken, wie etwas getan wird oder geschieht.

6.1 Funktionen der Adverbien

Was wird durch Adverbien näher bestimmt?
Adverbien bestimmen Verben, Adjektive, andere Adverbien oder ganze Sätze näher:

- Verben
  Beispiel: Il travaille bien.
- Adjektive
  Beispiel: Il est vraiment bon en français.
- Adverbien
  Beispiel: Il travaille vraiment bien.
- ganze Sätze
  Beispiel: Heureusement, il a aussi de bonnes notes.

Aufgabe 60 Est-ce que les adverbes soulignés déterminent des verbes, des adjectifs, des adverbes ou des phrases entières ? Coche la bonne réponse (☒).

	verbe	adjectif	adverbe	phrase
a) Les élèves dorment tranquillement.	☒	☐	☐	☐
b) La grammaire m'intéresse vraiment peu.	☐	☐	☐	☐
c) Nous lisons un roman très intéressant.	☐	☐	☐	☐
d) Mon examen de chimie s'est assez mal passé.	☐	☐	☐	☐
e) Elle a facilement trouvé les Vosges sur la carte.	☐	☐	☐	☐
f) Mes profs sont plutôt sévères.	☐	☐	☐	☐
g) Le conducteur de bus conduit rapidement.	☐	☐	☐	☐
h) Heureusement, le contrôle a été facile.	☐	☐	☐	☐

6.2 Ursprüngliche Adverbien

> Die ursprünglichen Adverbien sind Adverbien, die du nicht von anderen französischen
> Wörtern ableiten kannst. Du musst sie deshalb als eigene Wörter lernen. Zu ihnen
> gehören zum Beispiel:
> - Adverbien des Ortes: *ici, là, partout*
> - Adverbien der Zeit: *tôt, tard, bientôt, demain, hier, tout à coup, déjà, encore, toujours*
> - Adverbien der Art und Weise: *bien, mal*
> - Adverbien der Menge und des Grades: *beaucoup, plus, peu, moins, assez, trop, très*
> - Adverbien der Verneinung: *non, jamais, rien*
> - Frageadverbien: *comment, où, combien*

fgabe 61 Cherche les six adverbes primitifs *(ursprüngliche Adverbien)* qui se cachent
dans ces mots croisés. Écris-les et ajoute leur contraire.

R	D	T	P	A	M	H	U
B	E	A	U	C	O	U	P
C	M	R	A	B	I	E	N
E	A	D	T	O	N	M	A
N	I	E	S	M	S	L	O
E	N	C	O	R	E	D	R

1 _____ _____

2 _____ _____

3 _____ _____

4 _____ _____

5 _____ _____

6 _____ _____

gabe 62* Une copine a écrit une lettre à sa correspondante française. Malheureusement,
elle a confondu *(verwechseln)* tous les adverbes. Corrige la lettre et remplace les
adverbes par les adverbes corrects.

Chère Marianne,

*J'espère que tu vas mal. Tu m'as raconté que tu avais été en vacances. Combien
est-ce qu'elles se sont passées ? Moi, je dois aller à l'école. Hier, je vais avoir un
contrôle de maths et jusqu'à tout à coup, je n'ai encore rien (nichts) fait. Tu sais,
samedi, c'était l'anniversaire de ma meilleure copine. Nos parents nous ont permis
d'aller en boîte. Comme nous sommes rentrées beaucoup tôt, j'ai dormi jusqu'à dix
heures. Mais après, j'étais peu fatiguée pour travailler pour l'école. J'espère que
tout ira assez pour le contrôle.*

Je t'embrasse. À déjà, Lilli

6.3 Bildung der abgeleiteten Adverbien

Wie werden die abgeleiteten Adverbien gebildet?
Viele Adverbien (in der Regel handelt es sich dabei um Adverbien der Art und Weise)
kannst du auf der Grundlage von Adjektiven bilden. Charakteristisch ist ihre gemeinsame
Endung -ment (vom lateinischen Ablativ *mente* = mit ... Sinn/ Geist).
Da *mens* im Lateinischen feminin ist, erklärt sich auch, warum du bei der Bildung der
französischen Adverbien die **weibliche Form des Adjektivs** verwenden musst.

normal, <u>normale</u>   –   <u>normale</u>ment
heureux, <u>heureuse</u>   –   <u>heureuse</u>ment
sec, <u>sèche</u>   –   <u>sèche</u>ment

Einige Adjektive unterscheiden nicht zwischen männlicher und weiblicher Form. In diesen
Fällen kannst du gleich die Endung -ment anhängen.

facile   –   <u>facile</u>ment

Aufgabe 63   Complète les formes féminines des adjectifs et les adverbes.

deutsches Adjektiv	Adjektiv, männlich	Adjektiv, weiblich	Adverb
neugierig	curieux	curieuse	curieusement
vollständig	complet		
schüchtern	timide		
stark	fort		
leise	silencieux		
unglücklich	malheureux		
herkömmlich	traditionnel		
sorgfältig	soigneux		
schwierig	difficile		
ruhig	calme		
gefährlich	dangereux		
kalt	froid		
leicht	facile		
ernst	sérieux		

gabe 64   Complète les phrases avec les adverbes correspondants.

Si l'on parle d'ours, on pense _____ (normal) aux ours blancs ou à ceux qui vivent dans les forêts de l'Amérique du Nord. Mais est-ce que tu savais qu'il y a encore quelques ours dans les Pyrénées? Au milieu du XXe siècle, ils y avaient presque _____ (complet) disparu *(ver–schwunden)*. Mais dans les années 90 du dernier siècle, on a commencé à les réintroduire *(wiedereinführen)*. _____ (malheureux), il y a beaucoup de personnes qui n'en sont pas contents. Ils disent que les ours sont dangereux pour l'homme. Certes, il y a eu des cas où des ours ont attaqué des moutons ou ont même blessé des hommes _____ (sérieux). Mais _____ (normal), on les rencontre _____ (difficile). Presque _____ (timide), l'ours se cache dans les forêts. Si on le rencontre tout de même, il faut prendre quelques précautions. Ne le regardez surtout pas _____ (curieux) mais retirez-vous _____ (calme). C'est important parce que l'ours s'énerverait _____ (facile) si vous couriez. Mais à la fin, est-ce que tu ne trouves pas que c'est beau que ces animaux vivent en Europe?

gabe 65   Tu n'as pas encore appris les noms suivants. Tu peux tout de même les comprendre parce que tu connais déjà les adjectifs et les adverbes correspondants. Ajoute-les et traduis les noms.

froid, e (kalt)		
froideur: *Kälte*	danger:	difficulté:
froidement		

jalousie:	longueur:	surdité:

Welche Ausnahmen musst du bei der Bildung der Adverbien beachten?

Die überwiegende Zahl der Adverbien wird zwar nach dem Muster ‚weibliche Form des Adjektivs + *ment*' gebildet, aber es gibt auch einige Ausnahmen:

- Endet die maskuline Form des Adjektivs auf einen **hörbaren Vokal**, wird das Adverb von der **maskulinen Form** abgeleitet, weil die feminine Form nichts an der Aussprache ändern würde.

  vra<u>i</u>, vraie   – <u>vraiment</u>
  jol<u>i</u>, jolie   – <u>joliment</u>
  absol<u>u</u>, absolue – <u>absolument</u>

- **Adjektive auf -*ant* bzw. -*ent*** bilden das Adverb mit -*amment* bzw. -*emment*
  Aussprache: [amã]

  méchant   – méch<u>amment</u>
  intelligent – intellig<u>emment</u>
  prudent   – prud<u>emment</u>

- Einige Adverbien haben die Endung -*ément*.

  énorme   – énorm<u>ément</u>
  précis   – précis<u>ément</u>

- gentil, gentille – **gentiment**

Aufgabe 66   Mets les adverbes qui correspondent aux adjectifs donnés.

deutsches Adjektiv	Adjektiv, männlich	Adjektiv, weiblich	Adverb
genau	précis		*précisément*
höflich	poli		
absolut	absolu		
riesig	énorme		
bösartig	méchant		
intelligent	intelligent		
hübsch	joli		
vorsichtig	prudent		
freundlich	gentil		
offensichtlich	évident		
ausreichend	suffisant		

fgabe 67 Transforme les adjectifs indiqués en adverbes. Complète les phrases avec les adverbes qui conviennent.

> drôle, suffisant, évident, vrai, gentil, prudent, énorme, absolu

a) Ma voisine me salue toujours _____ .

b) Marc n'aime pas rouler _____ .

c) Sylvie rit _____ .

d) Le chien m'a fait _____ peur.

e) _____ , c'est faux.

f) C'est _____ fou ce qu'il a fait.

g) Cédric ne s'entraîne pas _____ pour devenir un bon athlète.

h) Tu crois _____ ?

fgabe 68 **Exercice combiné :** Trouve au moins onze adjectifs et transforme-les en adverbes.

X	U	A	F	A	C	I	L	E	W	O
B	I	E	P	R	U	D	E	N	T	U
C	N	A	R	F	G	E	N	T	I	L
A	E	V	I	D	E	N	T	T	A	O
R	E	R	E	G	E	L	O	E	G	S
S	I	A	V	U	A	M	I	N	O	B
O	D	I	F	F	E	R	E	N	T	A

les adverbes :

_____ _____

_____ _____

_____ _____

_____ _____

_____ _____

_____ _____

fgabe 69 **Exercice combiné :** Tonton David a écrit une chanson qui a comme titre « Il marche seul ». Le texte suivant résume son contenu.
Transforme les ajectifs en adverbes et complète le petit résumé !

Un personnage inconnu marche ____*machinalement*____ (*machinal*) dans la rue. Il se demande _____ (*triste*) où il peut dormir, parce qu'il est sans domicile fixe. Il rêvait de réussir dans la « ville de lumière » : s'habiller _____ (*élégant*), sortir _____ (*long*) avec des amis, faire _____ (*facile*) la connaissance de filles...

Mais maintenant il est _____

(extrême) triste. Partout, il cherche

_____ *(désespéré)* un travail

pour sortir de sa misère. _____,

(malheureux) il ne trouve pas d'emploi. Il n'a pas

d'amis, c'est pourquoi il est _____

(absolu) seul. _____

(normal), il devrait être en contact avec sa famille.

Il dit _____ *(fier)* non à la possibilité de mendier.

_____ *(final)*, il reste dans la rue sans perspective d'avenir.

Aufgabe 70*   **Exercice combiné :** Présente une chanson ou un livre. Donne les informations suivantes.

> - Qui a écrit le livre ou chanté la chanson ? Quel est le titre et le thème ?
> - Quel est le contenu *(Inhalt)* ?
> - Est-ce que le livre ou la chanson t'a plu ? Pourquoi ou pourquoi pas ?
> - Est-ce qu'on peut le / la recommander *(empfehlen)* ?

Aufgabe 71   **Exercice combiné :** *Adjectif* ou *adverbe* ? Mets les formes qui conviennent.

a)   **prudent :** Pour être un bon conducteur, il faut être _____

     et conduire _____ .

b)   **irrégulier :** « Savoir » est un verbe _____ .

     Il faut le conjuger _____ .

c)   **bon :** Alice est une _____ élève. Elle travaille _____ .

d)   **rapide :** Le TGV roule très _____ .

     C'est un train _____ .

e)   **évident :** La solution du problème est _____ .

     C'est _____ facile à comprendre.

f)   **curieux :** Notre voisine est _____ .

     Elle écoute _____ derrière la porte.

6.4 Stellung der Adverbien

> **Welche Adverbien können am Satzanfang oder am Satzende stehen?**
> Am Satzanfang (oder am Satzende) können stehen:
>
> - **Satzadverbien**
>   *Beispiel:* <u>Heureusement</u>, il ne remarque pas que je n'ai pas fait mes devoirs.
>
> - **Orts- und Zeitadverbien**
>   *Beispiel:* <u>Demain</u>, nous partirons en vacances.

fgabe 72 Quels adverbes est-ce qu'on pourrait ajouter aux phrases suivantes ? Mets les adverbes à la bonne place.

> malheureusement, demain, hier, apparemment, bien sûr, heureusement

a) M. Bertrand a eu un accident. _____

b) L'autre n'a pas fait attention. _____

c) Les deux ne sont pas blessés. _____

d) La voiture de M. Bertrand ne roule plus. _____

e) L'autre doit payer. _____

f) M. Bertrand va avoir une autre voiture. _____

> **Wo stehen die Adverbien, die ein Adjektiv oder ein anderes Adverb näher bestimmen?**
> Adverbien, die ein Adjektiv oder ein anderes Adverb näher bestimmen, stehen vor diesen.
>
> *Beispiele:* Il est <u>complètement</u> désespéré.
> Elle parle <u>très</u> bien français.

fgabe 73 Mets les adverbes à la bonne place.

a) **assez :** Je suis content du résultat.

b) **complètement :** À mon avis, il est fou.

c) **très :** Elle n'est pas gentille avec son fils.

d) **trop :** Quelquefois, il est courageux.

e) **extrêmement :** C'est un cas rare *(selten)*.

f) **vraiment :** En maths, mon copain sait peu de choses.

g) **assez :** Ma mère comprend bien l'italien.

> **Wo stehen die Adverbien, die Verben näher bestimmen?**
> - Bei den **einfachen Verbformen** steht das Adverb **nach dem konjugierten Verb**.
>   Die Verben auf *-ment* sind dabei häufig von diesem getrennt.
>
>   *Beispiele:* Je <u>mange</u> <u>souvent</u> des sucreries.
>   Mon frère ne <u>fait</u> pas ses devoirs <u>sérieusement</u>.

Aufgabe 74 Mets les mots dans le bon ordre!

a) tranquillement – les – dorment – élèves

_____

b) s' – le – professeur – difficilement – énerve

_____

c) problèmes – aux – explique – il – les – calmement – élèves.

_____

d) l' – anglais – il – bien – très – parle

_____

e) sérieusement – des – de – élèves – occupe – ses – il – s' – problèmes

_____

> - Bei den **zusammengesetzten Verbformen** stehen
>   - **kurze** Adverbien **zwischen konjugiertem Verb und Partizip/Infinitiv**,
>   *Beispiele:* J'ai <u>mal</u> dormi.
>   Il va <u>peu</u> manger.
>   - **längere** Adverbien sowie *ensemble* in der Regel **nach dem Partizip/Infinitiv**.
>   *Beispiele:* Il nous a expliqué le problème <u>calmement</u>.
>   Nous allons le faire <u>ensemble</u>.

Aufgabe 75 Mets l'adverbe à la bonne place.

a) Le boxer s'est défendu.

_____ courageusement

b) Le bébé a dormi.

_____ tranquillement

c) Notre prof a expliqué la grammaire.

_____ bien

d) Pierre et Philippe ont travaillé.

_____ ensemble

e) J'ai cherché mon chien.

_____ désespérément

f) Ma mère a pris son licenciement *(Entlassung)*.

_____ mal

g) Mes copains m'ont invité.

_____ gentiment

h) Pendant sa maladie, Sophie a dormi.

_____ beaucoup

i) Nous avons bu.

_____ trop

gabe 76* Traduis les phrases suivantes.

```
a) Meine Großmutter ist nicht häufig in Urlaub gefahren.
b) Sie hat sich daheim wohlgefühlt.
c) Um sich um ihre Kinder kümmern zu können, hat sie voll-
   ständig auf eine andere Arbeit verzichtet (renoncer à).
d) Mit ihrer außergewöhnlichen Intelligenz hat sie leicht
   mehrere Sprachen gelernt.
e) Meine Mutter sagt, dass sie elegant getanzt hat.
```

- Beim **Infinitiv** stehen
  - **kurze** Adverbien meist **vor dem Infinitiv,**
    Beispiel: Il sait <u>bien</u> conduire.
  - **längere** Adverbien sowie *ensemble* **nach dem Infinitiv**.
    Beispiele: Il sait conduire <u>prudemment</u>.
    Il nous a promis de conduire <u>lentement</u>.

Aufgabe 77 Un portrait de Monique. Transforme les adjectifs entre parenthèses en adverbes et mets-les à la bonne place.

MONIQUE

a) J'aime sortir tous les soirs. (élégant)

b) J'adore le rap français. (absolu)

c) Je sais me faire des amis. (facile)

d) Je voudrais faire ta connaissance. (rapide)

e) Je viens de tomber amoureuse d'un garçon de ma classe. (passionné)

f) Je sais prendre les problèmes. (léger)

g) Je déteste faire le ménage. (soigneux)

h) Je n'ai pas envie d'expliquer ce que je veux. (long)

i) À cause d'un accident de ski, je dois faire de la gymnastique. (régulier)

_____

_____

_____

_____

_____

_____

_____

_____

_____

_____

_____

Aufgabe 78* **Exercice combiné :** Fais un portrait de toi-même. Utilise des phrases avec des adverbes.

6.5 Steigerung und Vergleich von Adverbien

Wie werden Adverbien gesteigert?
Adverbien werden wie Adjektive gesteigert:
- **Komparativ:** *plus* bzw. *moins*
- **Superlativ:** *le plus* bzw. *le moins*

Beispiele: Loic a <u>moins</u> <u>bien</u> travaillé que son frère.
Anouk a couru <u>le plus</u> <u>vite</u> de toute sa classe.

Aufgabe 79   Complète le tableau.

Adjektiv (dt.)	Adjektiv (frz.)	Adverb	Steigerung	
			Komparativ	**Superlativ**
				le plus simplement
ruhig				
		rapidement		
	sec, sèche			
lustig				
			plus lentement	
	froid, e			
schwierig				
	dangereux, se			
		prudemment		
nett				
wirklich			–	–
		évidemment	–	–

> **Welche Ausnahmen gibt es?**
> Zu den **Ausnahmen** gehören sehr geläufige Adverbien, weshalb du sie dir gut einprägen solltest.
>
> bien   – mieux   – le mieux
> peu   – moins   – le moins
> beaucoup – plus   – le plus
>
> *Beispiel:*   Maintenant, Isabelle a <u>mieux</u> compris le problème de maths.

Aufgabe 80   Estelle et Elodie sont jumelles et se ressemblent beaucoup. Mais elles sont quand même bien différentes.

Emploie le comparatif avec plus (+) ou avec moins (–).

①	②	③	④	⑤
regarder souvent la télé	faire vite ses devoirs	rentrer tard le soir	se lever tôt le matin	préparer régulièrement les repas

Estelle:

1. – *Elle regarde moins souvent la télé.* _____

2. – _____

3. + _____

4. + _____

5. – _____

⑥	⑦	⑧	⑨	⑩
comprendre facilement la grammaire	avoir peu envie de danser	manger beaucoup	travailler bien à l'école	dormir profondément (tief)

Elodie:

6. – _____

7. – _____

8. + _____

9. + _____

10. – _____

gabe 81 Traduis !

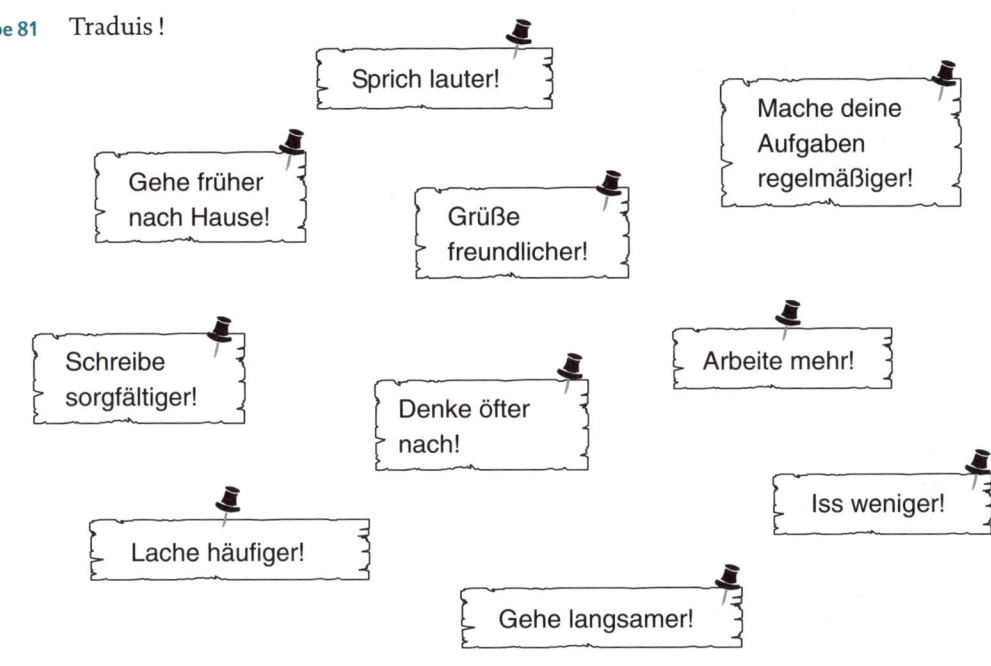

Sprich lauter!

Mache deine Aufgaben regelmäßiger!

Gehe früher nach Hause!

Grüße freundlicher!

Schreibe sorgfältiger!

Arbeite mehr!

Denke öfter nach!

Iss weniger!

Lache häufiger!

Gehe langsamer!

gabe 82* Imagine des activités pour établir *(aufstellen)* un record. Utilise des adverbes au *superlatif + possible.*

a) *Je vais jouer le plus longuement possible à mon jeu*
    d'ordinateur préféré.

b) _____

c) _____

d) _____

e) _____

f) _____

> **Wie kannst du Vergleiche formulieren?**
> Adverbien werden wie Adjektive verglichen:
>
> *plus ... que*
> *moins ... que*
> *aussi ... que*
>
> *Beispiele:*   Une voiture va <u>plus</u> vite qu'un cheval.
>   Un train va <u>moins</u> vite qu'un avion.
>   Un airbus vole <u>aussi</u> vite qu'un Boeing.

Aufgabe 83   Compare le comportement *(Verhalten)* de Simon et de Louis.

	SIMON	**LOUIS**
a) saluer gentiment	(–)	(+)
b) parler lentement	(–)	(+)
c) courir vite	(=)	(=)
d) bien jouer de le guitare	(+)	(–)
e) aller souvent en boîte	(=)	(=)
f) réfléchir longuement	(–)	(+)
g) mal accepter une mauvaise note	(=)	(=)
h) jouer élégamment au tennis	(+)	(–)
i) écouter attentivement	(=)	(=)
j) rire drôlement	(+)	(–)

a)   *Simon salue moins gentiment que Louis.* _____

b)   _____

c)   _____

d)   _____

e)   _____

f)   _____

g)   _____

h)   _____

i)   _____

j)   _____

6.6 Ersatzkonstruktionen

Wann müssen oder können andere Konstruktionen dem Adverb vorgezogen werden?
Im Französischen gibt es Konstruktionen, mit denen du Adverbien ersetzen kannst:

d'une facon
d'une manière   + Adjektiv (evtl. mit *accord*)
d'un ton
d'un air

Diese Ersatzkonstruktionen werden verwendet, wenn
- von einem Adjektiv kein Adverb abgeleitet werden kann (z. B. bei *content, faché, intéressant, satisfaisant, agressif*).
  Beispiel: Les élèves font leurs devoirs <u>d'une manière satisfaisante</u> *(zufriedenstellend).*

- davon die Rede ist, wie jemand einen anderen ansieht oder in welchem Ton er mit ihm spricht.
  Beispiel: Le gangster s'adresse <u>d'un ton agressif</u> au directeur de la banque.

- in der gesprochenen Sprache so unregelmäßigen Formen ausgewichen werden kann.

Aufgabe 84 Comment est-ce que ces smilies te regardent ? Choisis le bon mot parmi ceux indiqués ci-dessous et utilise la construction avec *d'un air ...*

surpris, mécontent, fâché *(verärgert),* désespéré *(verzweifelt),* content, fatigué, heureux, innocent *(unschuldig),* interrogatoire *(fragend),* amoureux, triste, insolent *(frech)*

Il te regarde ...

d'un air heureux   _____   _____   _____

_____   _____   _____   _____

_____ _____ _____ _____

Aufgabe 85 Mets une périphrase adverbiale _(adverbiale Umschreibung)_.

a) ÉNERVÉ

Les pompiers répondent _____ aux questions des journalistes.

b) INTÉRESSANT

Françoise et Michelle présentent leur exposé _____ .

c) ENNUYÉ

Le chanteur donne des autographes _(Autogramme)_ _____ .

d) AGGRESSIF

Le champion attaque son adversaire _____ .

Aufgabe 86* Imagine la situation suivante : Ton prof veut que tu fasses tes devoirs plus soigneusement. Qu'est-ce qu'il pourrait dire s'il te parle

a) d'un ton gentil : _…, est-ce que je pourrais te parler, s'il te plaît ? Ces derniers temps, tu as fait tes devoirs peu soigneusement. Je sais que parfois, les devoirs ne sont pas très intéressants. Mais tu es un garçon intelligent et ce serait vraiment dommage si tu devais redoubler la classe._

b) d'un ton énervé : _____

_____

_____

_____

c) d'un ton désespéré : _____

_____

_____

6.7 Adverbialer Gebrauch von Adjektiven

Was versteht man unter adverbialem Gebrauch?
Wird vom adverbialen Gebrauch von Adjektiven gesprochen, so heißt das, dass **Adjektive** in bestimmten Fällen die **Funktion eines Adverbs** übernehmen können. Wie du weißt, ist der Unterschied im Gebrauch zwischen Adverbien und Adjektiven normalerweise eindeutig geregelt:
- Adjektive beziehen sich auf ein Nomen.
- Adverbien beziehen sich auf ein Verb, ein Adjektiv, ein anderes Adverb oder einen ganzen Satz.

Allerdings gibt es Ausnahmen von dieser Regel.

Wann wird im Französischen ein Adjektiv wie ein Adverb verwendet?
Die Zahl der Fälle, in denen ein Adjektiv wie ein Adverb verwendet wird, ist sehr gering. Du kennst sie zum Teil bereits aus dem Englischen.

• sentir bon	*to smell good*	• parler fort	*to speak loud*
sentir mauvais	*to smell bad*	parler bas	*to speak low*
• acheter cher		• chanter juste	
vendre cher		chanter faux	
coûter cher		• travailler dur	

Aufgabe 87* Pour pouvoir faire cette exercice, tu dois connaître les règles du discours indirect (*voir pages 152–166*).

Ta mère rentre du marché. Elle est énervée et fatiguée. Elle te raconte ce qui s'est passé.

„Heute war der Einkauf auf dem Markt einfach schrecklich. Zunächst wollte ich für heute Nachmittag Kuchen kaufen. Als ich an dem Stand mit den Süßwaren war, hatten sie auch wirklich gut riechende Torten. Ich wählte eine davon aus, eine große Schokotorte, und habe nach dem Preis gefragt. Die Verkäuferin hat sehr leise gesprochen. Ich habe 13 Euro verstanden, was ja durchaus gegangen wäre. Beim Bezahlen habe ich jedoch gemerkt, dass sie 30 Euro haben wollte! Da hat sie mir die Torte wirklich teuer verkauft. Beim nächsten Stand wollte ich Fische. Aber die haben so gestunken, dass ich sie lieber nicht genommen habe. Beim dritten Stand hat eine alte Frau neben mir so laut gesprochen, dass ich fast Ohrenschmerzen bekommen hätte. Außerdem habe ich festgestellt, dass der Verkäufer ihr die Erdbeeren zu einem unverschämt hohen Preis verkauft hat. Als dann auch noch ein kleiner Jungen anfing zu singen, und das auch noch ziemlich falsch, habe ich kehrtgemacht. Dann essen wir heute eben nur Torte. Ich habe sie ja auch sehr teuer erstanden."

Ton copain français, qui passe ses vacances chez toi, n'a rien compris. Essaie de lui raconter ce que ta mère a dit. Il n'est pas nécessaire que tu traduises tout mot par mot. Il est plus important que tu rendes les informations les plus essentielles *(wichtig)*. Emploie au moins cinq expressions dans lesquelles un adjectif prend la place d'un adverbe.

_____

_____

_____

_____

_____

_____

_____

_____

_____

_____

_____

_____

_____

_____

_____

_____

_____

7 Zeiten

7.1 *Accord* des *participe passé* an vorausgehendes direktes Objekt

Steht ein **direktes Objekt vor** einem *participe passé*, so muss das *participe passé* in Numerus (Zahl) und Genus (Geschlecht) daran angepasst werden *(accord)*.

Das direkte Objekt ist dabei in der Regel
- ein Relativpronomen *(que)* oder
- ein direktes Objektpronomen *(me, te, se, nous, vous, le, la, les)*.

Beispiele: J'ai perdu la BD qu<u>e</u> tu m'a prêt<u>ée</u>.
Hier, je ne l'ai plus retrouv<u>ée</u>.

fgabe 88   Est-ce qu'il faut faire l'accord ou non ? Ajoute la forme qui convient.

a)   Les chansons qu'ils ont _____ (chanter) sont de Céline Dion.

b)   La lettre que tu as _____ (écrire) arrivera dans deux jours.

c)   Nicole qui a _____ (acheter) une nouvelle voiture a eu un accident.

d)   Le repas que tu as _____ (préparer) est délicieux.

e)   Les photos qu'il m'a _____ (montrer) ne me plaisent pas.

f)   Le seul tableau que ce peintre a _____ (créer) se trouve au Louvre.

g)   La musique que tu as _____ (écouter) date des années soixante.

h)   L'artiste qui a _____ (annoncer) une tournée en France est tombé malade.

gabe 89*   Complète les phrases à l'aide des mots indiqués. Il y a plus de mots que de trous *(Lücken)*.

la circulation	*Verkehr*
le climat	*Klima*
la destruction	*Zerstörung*
le développement	*Entwicklung*
l'environnement	*Umwelt*
l'industrie	*Industrie*
la marée noire	*Ölpest*
les ordures (f. pl)	*Abfall*
la pollution	*Verschmutzung*
la protection	*Schutz*
le risque	*Risiko*

a)   L' _____ qui s'est développée au XIXe siècle est une des causes de la _____ de la nature.

b)   Le changement du _____ et les _____ qu'on a vues aussi sur les côtes françaises nous incitent *(auffordern)* à faire quelque chose pour la _____ de l'_____.

c)   Mais quoi faire contre la _____ que notre civilisation a provoquée et que nous provoquons toujours ?

Aufgabe 90 Chantal et René veulent partir en vacances. Avant le départ, Chantal contrôle s'ils ont fait tout ce qu'elle a écrit sur la liste.
Écris des phrases en prenant l'exemple comme modèle. Remplace les mots soulignés par les pronoms qui conviennent et utilise le *passé composé*.

a)	réserver _une chambre_	✓ (René)
b)	confirmer _la réservation_	✓ (René)
c)	payer _la facture_	✓ (moi)
d)	acheter _un guide_	✓ (mes parents)
e)	acheter _des billets de train_	✓ (moi)
f)	réserver _les places dans le train_	✓ (moi)
g)	contrôler _nos papiers_	✓ (René)
h)	rendre _les livres empruntés_	✓ (René et moi)
i)	donner _le chien_ à la voisine	✓ (moi)
j)	arroser (gießen) _les plantes_	✓ (René)
k)	louer _des bicyclettes_	✓ (René)
l)	retirer (abheben) _200 euros_	✓ (René et moi)

a) _René l'a réservée._

b)

c)

d)

e)

f)

g)

h)

i)

j)

k)

l)

gabe 91* **Exercice combiné :** Marie a passé une journée au Parc Disney. Mets les formes entre parenthèses au *participe passé*. N'oublie pas l'accord s'il le faut.

Il y a peu de temps, j'ai _____ (recevoir) une invitation au Parc Disney que je souhaitais depuis très longtemps. Ma copine me l'a _____ (donner) pour mon anniversaire. Malheureusement, ma mère m'a _____ (obliger) d'emmener ma petite sœur. Le samedi après mon anniversaire, nous sommes _____ (arriver) très tôt devant les portes du Parc qu'on a _____ (ouvrir) ce jour-là déjà à sept heures du matin.

Jusqu'à ce moment-là, ma petite sœur nous a _____ (accompagner) sans rien dire. Mais ensuite, elle _____ (commencer) à nous dire ce qu'elle voulait voir : « Cherchons la princesse que nous avons _____ (voir) sur l'affiche. » Comme par hasard cette princesse se trouvait près de nous, je l'ai _____ (montrer) à ma sœur. Ensuite, elle voulait voir le château, saluer Mickey, jouer au pirate, etc.

Ma copine Sara, par contre, voulait nous montrer un endroit particulier *(besonderer)* du Parc. Elle l'_____ (découvrir) la dernière fois qu'elle y _____ (être). Tout à coup, nous _____ (être) devant une grande pierre qui représentait une tête de mort. Au moment où je l'ai _____ (voir), j'_____ (avoir) une idée. Maintenant, je savais comment faire pour que *(damit)* ma petite sœur me laisse tranquille ce jour-là …

gabe 92* **Exercice combiné :** Continue l'histoire. Qu'est-ce que Marie pourrait faire pour se débarrasser de sa sœur ?

7.2 Die reflexiven Verben im *passé composé*

Welche Verben gehören zu den „reflexiven Verben"?
Reflexive Verben zeichnen sich dadurch aus, dass sie ein Pronomen, das sog. „Reflexiv-pronomen", vor sich haben, das auf das Subjekt zurückverweist. Das Reflexivpronomen stimmt also in Person und Numerus mit dem Subjekt überein.

Beispiele: Quand est-ce que <u>tu</u> <u>te</u> lèves ? – Moi, <u>je</u> <u>me</u> lève vers sept heures.
Mais mes parents, <u>ils</u> <u>se</u> lèvent déjà à cinq heures du matin !

Die **Relativpronomen** lauten:

	Singular	Plural
1. Person	*me/m'*	*nous*
2. Person	*te/t'*	*vous*
3. Person	*se/s'*	

Beachte: Das Reflexivpronomen kann sowohl **direktes** als auch **indirektes Objekt** sein:

Beispiele: direktes Objekt: Je <u>me</u> couche très tard le soir.
indirektes Objekt Nous <u>nous</u> écrivons souvent de longs e-mails.

Aufgabe 93* Coche les verbes (☒) qui ont aussi une forme pronominale *(reflexive Form).*

☒ laver ☐ courir ☐ arriver ☐ demander
☐ venir ☐ réveiller ☐ regarder ☐ bouger
☐ mettre ☐ lever ☐ naître ☐ contrôler
☐ adresser ☐ mourir ☐ acheter ☐ présenter

Écris une phrase pour chaque verbe pronominal au présent et indique si le pronom réfléchi remplace un objet direct ou un objet indirect.

a) _____

b) _____

c) _____

d) _____

e) _____

f) _____

g) _____

h) _____

i) _____

j) _____

gabe 94*   Comment est-ce que tu peux raccourcir ou transformer les phrases suivantes ?
Utilise des verbes pronominaux.

a)	Georges a joué avec sa sœur, après, il lui a préparé un repas et enfin, il lui a raconté une histoire.	*Georges s'est occupé de sa sœur.*
b)	Il a rit de leur comportement *(Verhalten)* et il a mal parlé d'eux.	
c)	Il a cherché un agent de police et il lui a posé une question.	
d)	Jacques dormait. Tout à coup, il a ouvert les yeux.	
e)	Après le déjeuner, mon frère a repoussé sa chaise et a quitté sa place.	
f)	Il a couru derrière un arbre. Il ne voulait pas que quelqu'un le trouve.	
g)	M. Est est allé chez un vendeur de voitures. Deux heures plus tard, il avait une nouvelle voiture.	
h)	Le professeur a perdu son calme et a commencé à crier.	

> **Beachte:** Auch die reflexiven Verben musst du wie alle Verben, die das *passé composé* auf *être* bilden, in Person und Numerus an das Subjekt angleichen *(accord du participe passé)*. Das gilt aber nur, wenn das **Reflexivpronomen** ein **direktes Objekt** ist.
>
> *Beispiel:*   Sara et Monique se sont rencontr<u>ées</u> pour la première fois.
>   *aber:*   Mais elles se sont écrit pendant des mois.

Aufgabe 95   Souligne les verbes dont le pronom réfléchi est un *objet direct* et coche ceux dont le pronom réfléchi est un *objet indirect*. Fais attention : Il y a des cas où, selon le contexte, les deux sont possibles.

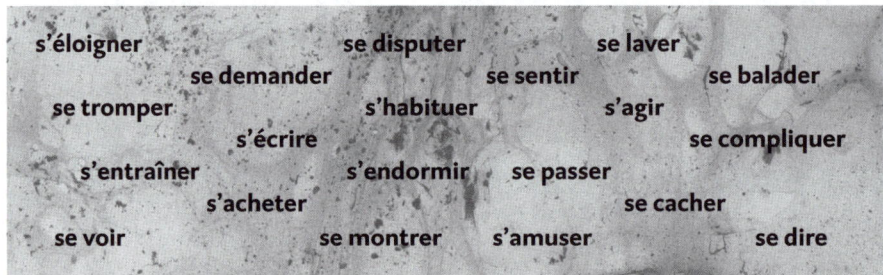

s'éloigner   se disputer   se laver

se demander   se sentir   se balader

se tromper   s'habituer   s'agir

s'écrire   se compliquer

s'entraîner   s'endormir   se passer

s'acheter   se cacher

se voir   se montrer   s'amuser   se dire

Aufgabe 96   Décrivez la matinée de Chantal au *passé composé*.

a) _____   b) _____

c) _____   d) _____

e) _____   f) _____

g) _____   h) _____

gabe 97* Quelle matinée ! Pendant la récréation, Lucien raconte à son copain ce qui s'est
passé le matin. Écris ce qu'il a dit.

6 h 20	(la radio) s'allumer - (je) se réveiller - peu après: (je) s'endormir de nouveau
6 h 50	(la mère) réveiller - (je) se lever - (je) se brosser les dents - (je) se laver - (je) s'habiller
7 h 05	(je) prendre le petit déjeuner - (je) renverser (umschütten) le bol de chocolat - (la mère) s'énerver - (nous) se disputer
7 h 15	(je) partir - (je) avoir froid - (je) retourner à la maison - (je) mettre un manteau plus chaud
7 h 45	(je) repartir - (je) courir - (je) ne pas faire attention à une fille en vélo - (elle) tomber - (elle) se blesser - (elle) se plaindre de douleurs dans la jambe - (je) s'inquiéter (sich beunruhigen) - (nous) aller chez un médecin - (elle) ne pas avoir de blessures graves - (elle) s'en réjouir (sich darüber freuen) - (je) s'excuser pour l'accident - après ce choc: (nous) s'acheter des petits pains au chocolat
8 h 40	(je) arriver à l'école - le cours avait déjà commencé - (proviseur) s'adresser à moi - (je) se défendre - (il) me donner une heure de colle (Nachsitzen)

Aufgabe 98*   Remplis le questionnaire suivant en français. Écris des phrases complètes.

Fragebogen

a) Wie oft hast du dir heute die Hände gewaschen?

b) Wo habt ihr, deine Freunde und du, das letzte Mal Spaß gehabt?

c) Wann ist dein Bruder/deine Schwester am Wochenende ins Bett gegangen?

d) Hast du schon einmal im Meer gebadet?

e) Deine beste Freundin und du, wie viele SMS habt ihr euch gestern geschrieben?

f) Hast du dich als Kind für Autos interessiert?

g) Hast du dich in den letzten Tagen um deine Hausaufgaben gekümmert?

h) Hat sich deine Klasse auf der letzten Schulfahrt wohlgefühlt?

i) Wie oft hat dein Sportverein im vergangenen Monat trainiert?

j) Was für ein Auto haben sich deine Eltern gekauft?

k) Hast du dich schnell an das Französische gewöhnt?

l) Wie oft hat sich deine Familie in der letzten Woche gestritten?

m) Hat sich gestern jemand über dich lustig gemacht?

n) Haben sich im letzten Jahr einige Kameraden das Leben selbst schwer gemacht?

o) Was hast du dich in der letzten Zeit am häufigsten gefragt?

p) Wo hat sich im vergangenen Schuljahr dein Sitzplatz befunden?

7.3 Verwendung von *imparfait* und *passé composé*

Wann wird das *imparfait* und wann das *passé composé* verwendet?
Während sich im Deutschen die Verwendung von Imperfekt und Perfekt fast nur stilistisch und weniger inhaltlich unterscheidet, ist im Gegensatz dazu im Französischen der Gebrauch von *imparfait* und *passé composé* klar abgegrenzt.

Imparfait:
- Zur **Beschreibung** vergangener Handlungen, die zu dem in der Erzählung/dem Bericht relevanten Zeitpunkt schon begonnen haben und immer noch andauern.
  Beispiel: Airbus <u>était</u> une grande entreprise européenne.

- Zur Bezeichnung von gewohnheitsmäßigen, **sich wiederholenden** Handlungen
  Beispiel: Lufthansa <u>achetait</u> chaque année plusieurs avions Airbus.

Passé composé:
- Zur Bezeichnung von Handlungen, die neu einsetzen und in der Vergangenheit abgeschlossen sind. Ihre Folgen können aber für die Gegenwart noch von Bedeutung sein.

  Beispiele: En 2005, Airbus <u>a présenté</u> le A 380 au public.
  Peu après, on <u>a eu</u> des problèmes.

Aufgabe 99*   Lis le texte et justifie l'emploi du temps.

La ville de Toulouse est la capitale européenne de l'Aéronautique et de l'Espace. Au XXe siècle, Airbus, le principal constructeur aéronautique en Europe, <u>s'y est installé</u>[1]. Depuis sa création en 1970, Airbus <u>a connu</u>[2] un grand succès. Son premier avion <u>a été</u>[3] l'Airbus A 300 qu'on <u>a nommé</u>[4] ainsi parce qu'il <u>pouvait</u>[5] transporter 300 passagers. Cependant, les noms des avions qui l'<u>ont suivis</u>[6] ne <u>se justifiaient</u>[7] plus par le nombre de personnes qui <u>pouvaient</u>[8] y prendre place. Le système <u>était</u>[9] plus simple. On <u>a augmenté</u>[10] le chiffre du modèle précédent de dix. C'est pourquoi les quatre avions qu'on <u>a créés</u>[11] ces dernières décennies <u>s'appelaient</u>[12] A 310, A 320, A 330 et A 340. Par conséquent, un nouvel avion aurait dû porter le nom A 350. Mais on <u>voulait</u>[13] interrompre cette série parce qu'on <u>envisageait</u>[14] la construction d'un modèle qui était de

loin le plus grand qu'on ait fabriqué jusque là. On a donc proposé[15] A 360
parce que ce chiffre faisait[16] penser aux 360° d'un tour du monde. Mais cette
proposition n'a pas trouvé[17] le consentement général. On a donc choisi[18] un
nouveau nom : A 380. Mais qu'est-ce que ce chiffre voulait dire[19] ? D'abord, les
deux cercles superposés du chiffre 8 visualisaient[20] les hublots *(Fenster)* de
l'avion. Ensuite, le chiffre 8 a une signification particulière dans la tradition
orientale. Déjà les ancêtres des Chinois et des Japonais le considéraient[21]
comme chiffre porte-bonheur. C'était[22] donc le chiffre idéal pour un avion
avec lequel les constructeurs espéraient[23] faire de grands profits en Asie et avec
lequel les passagers voyageraient en sécurité. En avril 2005, l'A 380 a décollé[24]
pour la première fois de l'aéroport de Toulouse. Mais par la suite, cet avion a
posé[25] beaucoup de problèmes. En octobre 2006, Airbus a annoncé[26] qu'il y
avait[27] des retards de livraisons de l'A 380. Cela a été[28] un grand choc pour
toute l'entreprise qui devait[29] compter avec plusieurs milliards d'euros de
pertes. On a tout fait[30] pour sortir de la crise : d'abord, on a licencié[31] le mana-
ger, puis on a commencé[32] à réorganiser le déroulement de la production.

1   *neu einsetzende Handlung, die abgeschlossen ist*
2   _____
3   _____
4   _____
5   _____
6   _____
7   _____
8   _____
9   _____
10   _____
11   _____
12   _____
13   _____
14   _____
15   _____
16   _____
17   _____
18   _____

19 _____

20 _____

21 _____

22 _____

23 _____

24 _____

25 _____

26 _____

27 _____

28 _____

29 _____

30 _____

31 _____

32 _____

abe 100* Regarde les photos suivantes. Quelle relation ont-elles avec l'exercice 89 ?
Écris une ou deux phrases pour chaque photo avec tes propres mots.

L'hôtel de ville toulousain

A 320

A 380

Aufgabe 101* Dans le sud de la France, le rugby est un sport très populaire. Lucien, ton ami français te téléphone et parle avec enthousiasme du match de son équipe. Mets les verbes entre parenthèses au temps qui convient *(imparfait ou passé composé).*

Le texte contient quelques mots que tu ne connais pas encore. Cela ne fait rien. Essaie de comprendre le sens. Il est peut-être plus facile pour toi si tu fais d'abord l'exercice 102.

« Tu sais, pour mon anniversaire, mon père m'_____ (offrir) un billet pour aller voir un match de rugby. Et aujourd'hui, c'_____ (être) le grand jour : Je _____ (aller) au stade. Tu peux t'imaginer que j'_____ (être) très nerveux avant le match. Mon équipe, celle de Toulouse, _____ (rencontrer) celle de Narbonne. Les Toulousains _____ (avoir) l'avantage *(Vorteil)* d'avoir gagné les trois derniers matchs. Les Narbonnais, par contre, _____ (subir) une grande défaite *(Niederlage)* à domicile le week-end dernier. C'est pourquoi ils _____ (manquer) un peu de confiance en eux, mais ils _____ (avoir) la volonté de gagner ce match. Comme d'habitude, les joueurs toulousains _____ (porter) des tricots rouges et noirs. Tu te rappelles le jour où nous _____ _____ (se voir) la première fois ? Ce jour-là, je te/t'_____ (montrer) une photo de mon chien. Il _____ (être en train) de déchirer *(zerreißen)* mon tricot de supporter *(Fan).* Mais je _____ (vouloir) te parler du match. À la 6ᵉ minute, un joueur des Narbonnais _____ (marquer) le premier essai. J'_____ très triste. Dans le rugby, un essai est une sorte de but que tu connais du foot. C'est comme cela qu'une équipe peut marquer des points. Pendant les minutes, qui _____ (suivre), les Toulousains _____ (être) paralysés. Les Narbonnais, par contre, _____ (avoir) de nombreuses occasions. À la 26ᵉ minute, un joueur narbonnais _____ (devoir) quitter le terrain en raison

d'une blessure. L'entraîneur le/l'_____ (remplacer) par un
jeune joueur que je _____ (ne pas connaître). Après le
match, j'_____ (apprendre), que c'était la première
fois qu'il _____ (jouer) en première division. Trois minutes après
le remplacement, l'équipe de Narbonne _____ (se laisser)
surprendre. À partir de ce moment-là, le match _____ (tourner)
à l'avantage des Toulousains. Ils _____ (résister) un peu
mieux en mêlée. Juste avant la mi-temps, notre star _____
(encaisser) une pénalité et _____ (remettre) les deux formations
à égalité. En seconde mi-temps, les Toulousains _____ (être)
l'équipe prédominante. Ils _____ (profiter) de la
moindre erreur de leurs adversaires. À la 73ᵉ minute, un joueur narbonnais
_____ (donner) l'occasion aux Toulousains d'assurer leur
victoire. Plaqué par son adversaire, il _____ (perdre) le ballon.
À la dernière minute de la rencontre, un joueur narbonnais _____
(tenter) une ultime pénalité, mais il l'_____ (manquer).
Après le match, les Narbonnais _____ (être) très déçus.
Mais nous, les supporters de l'équipe toulousaine, on _____
(fêter). »

Aufgabe 102*   Relis le texte plusieurs fois et coche la bonne réponse (☒).

a) Lucien a regardé

    ☐ un match de foot au stade.

    ☐ un match de rugby au stade.

    ☐ un match de rugby à la télévision.

b) Le résultat du match dernier :

    ☐ Toulouse et Narbonne ont gagné.

    ☐ Toulouse et Narbonne ont perdu.

    ☐ Toulouse a gagné et Narbonne a perdu.

c) Pourquoi est-ce que Lucien parle de son chien ?

    ☐ Parce que le porte-bonheur de l'équipe de Toulouse est aussi un chien.

    ☐ Pour rappeler à son copain qu'il connaît le tricot des Toulousains.

    ☐ Parce que son chien l'a mordu le jour même.

d) Un « essai » est

    ☐ une attaque contre un joueur de l'équipe adversaire.

    ☐ une partie des tricots.

    ☐ une possibilité de faire des points.

e) Au début du match,

    ☐ l'équipe de Toulouse a mieux joué que les Narbonnais.

    ☐ l'équipe de Narbonne a mieux joué que les Toulousains.

    ☐ le niveau des deux équipes était égal.

f) En première mi-temps

    ☐ un joueur narbonnais n'a plus été capable de continuer le match.

    ☐ un joueur toulousain a été blessé.

    ☐ un jeune joueur s'est disputé avec l'entraîneur.

g) Qui a gagné le match ?

    ☐ L'équipe de Toulouse.

    ☐ L'équipe de Narbonne.

    ☐ Aucune des deux équipes. Ils ont eu le même nombre de points.

7.4 Le plus-que-parfait

Wann wird das *plus-que-parfait* verwendet?
Das *plus-que-parfait* (wörtlich: ‚mehr als abgeschlossen') bezieht sich auf eine Handlung,
die schon vor einer anderen Handlung in der Vergangenheit abgeschlossen worden ist.
Deshalb heißt diese Zeit auch ‚Vorvergangenheit'.

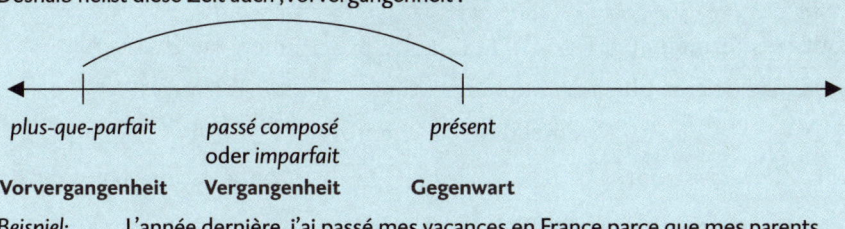

plus-que-parfait	passé composé oder imparfait	présent
Vorvergangenheit	**Vergangenheit**	**Gegenwart**

Beispiel: L'année dernière, j'ai passé mes vacances en France parce que mes parents
m'avaient offert un cours de langue.

Wie wird das *plus-que-parfait* gebildet?
Das *plus-que-parfait* wird wie das *passé composé* gebildet. Du musst nur die Verben *avoir*
bzw. *être* ins *imparfait* setzen: Form von ***avoir / être*** im ***imparfait*** + ***participe passé***.

	passé composé	*plus-que-parfait*
Beispiele:	Ils ont bu de l'orangina.	Ils avaient bu de l'orangina.
	Elles sont allées à l'école.	Elles étaient allées à l'école. (*accord!*)

Aufgabe 103   Traduis les formes verbales suivantes et mets-les au *plus-que-parfait*.

a) *ich habe genommen* _____   j'ai pris   *j'avais pris* _____

b) _____   il buvait   _____

c) _____   tu vis   _____

d) _____   nous mangeons   _____

e) _____   vous voyiez   _____

f) _____   tu lèves   _____

g) _____   ils meurent   _____

h) _____   elle va ouvrir   _____

i) _____   nous courions   _____

j) _____   il pleuvait   _____

k) _____   vous interdisez   _____

l) _____   nous dormons   _____

m) _____   ils sont   _____

Aufgabe 104   Mets les verbes au *plus-que-parfait*.

Molière

Molière _____ (inviter) beaucoup d'amis. Comme il
était très fatigué, il _____ (aller) au lit très tôt.
Quelques heures plus tard, un domestique *(Hausangestellter)*
_____ (venir) dans sa chambre et l' _____
(réveiller). Les invités _____ (beaucoup boire) et ils
_____ (commencer) à discuter. Ils _____
(parler) du sens de la vie. Et comme ils _____
(trop boire), ils _____ (dire) que la vie n'avait plus
de sens. Ils _____ (aller) à la rivière. Molière
_____ (se lever) et y _____ (courir).
Heureusement, il _____ (pouvoir) convaincre ses
invités qu'il ne fallait pas se suicider.

Alexandre Dumas

Alexandre Dumas le Grand _____ (trouver) la
matière pour son roman « Le Comte de Monte Cristo » dans les archives de
la police. On _____ (accuser) un homme d'être un
agent anglais et l'on _____ (mettre) en prison.
Il y _____ (vivre) pendant sept années. Après,
il en _____ (sortir) et _____
(prendre) possession d'un trésor *(Schatz)* dont le propriétaire _____
_____ (être) un prêtre décédé. L'homme _____
(tuer) alors trois personnes pour se venger *(sich rächen)* des années qu'il
_____ (passer) en prison. Finalement, on l'
_____ (aussi tuer).

abe 105 Traduis les verbes entre parenthèses en français et mets-les au *plus-que-parfait*.

Quelle malchance !

a) Le matin, le réveil qu'il _____ *(kaufen)* la veille

_____ *(nicht klingeln)*.

b) Au petit déjeuner, les oeufs qu'il _____ *(essen)*

n'étaient pas assez durs pour lui.

c) La tasse à café qu'il _____ *(nehmen)*

_____ *(zerbrechen = se casser)*.

d) Quand il _____ *(wollen)* partir avec sa voiture, elle

_____ *(sich nicht bewegen)*.

e) Le taxi qu'il _____ *(rufen)* n' _____

(kommen) que trois heures plus tard.

f) Au travail, les projets que lui et ses collègues _____

(machen) avaient disparus *(verschwinden)*.

g) Il _____ *(müssen)* se défendre auprès de son chef,

mais celui-ci _____ *(nicht zuhören)*.

h) Avant de rentrer chez lui, il _____ *(finden)* une lettre

sur son bureau : son chef l'_____ *(entlassen = licencier)*.

i) Le soir, il _____ *(bekommen)* un SMS de sa femme avec qui

il _____ *(heiraten)* l'été dernier.

be 106* Regardez les douze images. Elles racontent six épisodes. Relie les deux images
qui vont ensemble. Qu'est-ce qu'on a fait ? Qu'est-ce qui s'est passé avant ?

A

B

<u>(A+G) Le garçon est arrivé au sommet. Avant, il avait grimpé le montagne/la colline à vélo.</u>

abe 107* Qui a passé ses vacances où, avec qui et pour combien de temps ? Trouve la bonne solution à l'aide des phrases indiquées ci-dessous. Mets (+) dans la case si la combinaison est juste, (–) si la combinaison est fausse.

	copine	copain	famille	parents	seul	3 jours	5 jours	1 semaine	2 semaines	3 semaines	Paris	Chamonix	Corse	Nice	Bruxelles
Jean															
Cécile															
Nicolas															
Yvonne															
Louis															
Paris															
Chamonix															
Corse															
Nice															
Bruxelles															
3 jours															
5 jours															
1 semaine															
2 semaines															
3 semaines															

Vacances

1. Un séjour à Paris avec toute la famille coûte très cher. C'est pourquoi cette personne était rentrée de vacances plus tôt que Louis.
2. Celui qui était parti avec son meilleur copain avait appris à faire de la voile.
3. La personne qui vive d'ailleurs à Toulouse et qui avait pris le bateau pour arriver à sa destination, n'y était pas restée deux semaines.
4. Louis avait fait de l'escalade dans les Alpes.
5. Jean avait eu quinze jours de vacances. C'est une fille qui était revenue plus tard que lui.
6. Le couple amoureux avait réservé une chambre pour une semaine.
7. Celle qui avait préféré voyager seule avait passé plus d'une semaine dans une capitale.
8. Cécile avait accompagné ses parents. Leurs vacances avaient duré deux jours de plus que celles de Nicolas.

7.5 Le futur I (le futur simple)

Was drückt das *futur simple* aus?
Das *futur simple* dient wie das *futur composé* (Präsensform von *aller* + Infinitiv) zur Beschreibung von Handlungen oder Sachverhalten, die erst in der **Zukunft** eintreten.

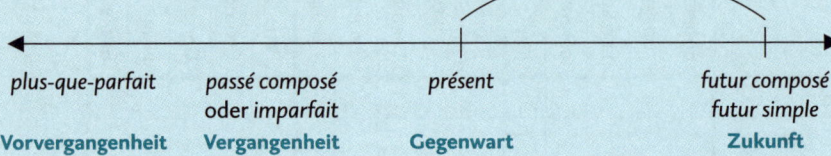

plus-que-parfait	passé composé oder imparfait	présent	futur composé futur simple
Vorvergangenheit	**Vergangenheit**	**Gegenwart**	**Zukunft**

Wo liegt der Unterschied in der Verwendung des *futur simple* und des *futur composé*?
- Das *futur composé* ist häufig leichter zu bilden und wird deshalb gern in der **gesprochenen** Sprache verwendet.
- Das *futur simple* wird in **geschriebenen** Texten bevorzugt.

Wie wird das *futur simple* gebildet?
Das *futur simple* wird im Gegensatz zum *futur composé* aus einer einzigen Verbform gebildet. Daher auch seine Bezeichnung. Um seine Formen zu erhalten, musst du an den **Infinitiv** die **Endungen -ai, -as, -a, -ons, -ez, -ont** anfügen:

Beispiele:	1. P. Sg. *futur simple* von *travailler*:	je <u>travaillerai</u>
	3. P. Pl. *futur simple* von *finir*:	ils <u>finiront</u>

Aufgabe 108 Parmi les mots suivants, il y a onze verbes au *futur simple*. Est-ce que tu les reconnais ?

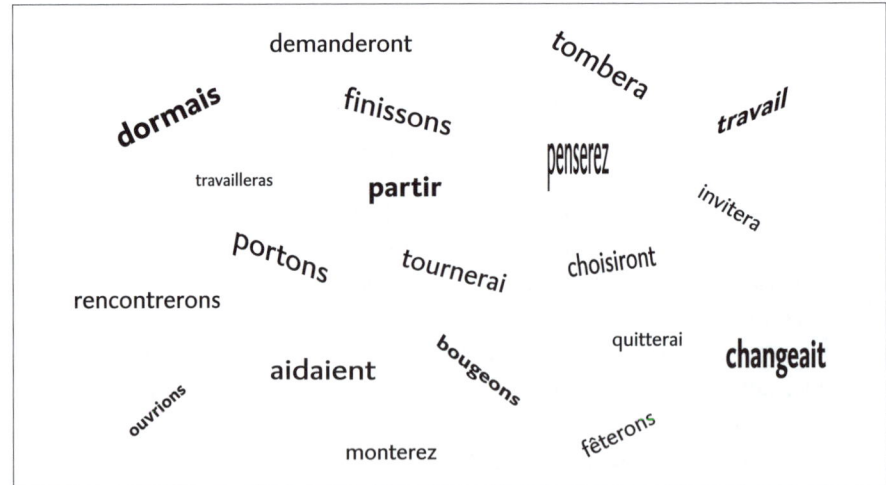

gabe 109 Chantal et Nicole téléphonent.

Mets les formes entre parenthèses au *futur simple*.

CHANTAL : Allô ?

NICOLE : Allô Chantal, c'est Nicole. Dans deux jours, mes parents

_____ (aller) à l'opéra et _____ (rentrer) tard dans

la nuit. Ils _____ (voir) une représentation

de Aïda, ça _____ (durer) longtemps.

CHANTAL : Ah bon ? Comment en _____

(profiter) -tu?

NICOLE : Ma sœur et moi, nous _____ (inviter)

tous nos copains pour faire la fête.

CHANTAL : Génial ! Quand est-ce que votre boum

_____ (commencer) ?

NICOLE : La plupart de nos copains _____ (arriver)

vers 20 heures. Je vous _____ (donner) à manger et à boire.

Tu _____ (préparer) une salade ?

CHANTAL : Pas de problème. Et j' _____ (apporter) aussi une mousse

au chocolat. Vous _____ (offrir) aussi des boissons alcoolisées ?

NICOLE : Mais non, mes parents n'y _____ (consentir = *zulassen*) pas.

Mais Christian _____ (jouer) de la guitare électrique. Après,

nous nous _____ (sentir) mal et nous _____

(souffrir) d'un mal de tête affreux.

CHANTAL : Tu es méchante.

NICOLE : Mais non, en fait, je l'aime bien. Tu _____ (dormir) chez

moi ?

CHANTAL : Volontiers. Merci beaucoup. À vendredi donc.

Welche Ausnahmen gibt es bei der Bildung des *futur simple* zu beachten?

- **Verben auf -re.** Bei der Bildung des *futur simple* verlieren diese Verben das auslautende
  -*e* des Infinitivs, da es aus Aussprachegründen nicht mehr benötigt wird.

  prendre – nous prendrons   croire – vous croirez

- *appeler, acheter, (se) lever* und *jeter*

appeler	–	nous appellerons	(se) lever	–	vous (vous) lèverez
acheter	–	ils achèteront	jeter	–	tu jetteras

- envoyer – tu enverras   recevoir – vous recevrez
  aller – j'irai   devoir – tu devras
  courir – je courrai   savoir – ils sauront
  mourir – il mourra   pouvoir – nous pourrons
  tenir – je tiendrai   vouloir – il voudra
  venir – tu viendras   avoir – tu auras
  falloir – il faudra   être – il sera
  voir – vous verrez   faire – nous ferons

Aufgabe 110   Qu'est-ce que Michel fera demain ?

a) se lever à neuf heures
b) prendre une tasse de café dans un bar
c) appeler son copain
d) acheter de nouveaux rollers
e) faire la cuisine
f) écrire un SMS à sa copine
g) boire un thé avec elle
h) envoyer un e-mail à son frère
i) aller au cinéma
j) lire un roman

a) *Il se lèvera à neuf heures.* _____

b) _____

c) _____

d) _____

e) _____

f) _____

g) _____

h) _____

i) _____

j) _____

abe 111* Transforme les formes du *futur composé* en *futur simple*. Après, écris pour chaque verbe une phrase au *futur simple*.

a) nous allons être   _____

_____

b) elle va avoir   _____

_____

c) tu vas faire   _____

_____

d) elle va savoir   _____

_____

e) ils vont aller   _____

_____

f) vous allez venir   _____

_____

g) vous allez pouvoir   _____

_____

h) tu vas envoyer   _____

_____

i) elles vont tenir   _____

_____

j) ja vais mourir   _____

_____

k) nous allons recevoir   _____

_____

l) tu vas voir   _____

_____

m) nous allons devoir   _____

_____

n) elles vont vouloir   _____

_____

Aufgabe 112* Les prévisions météo pour demain.

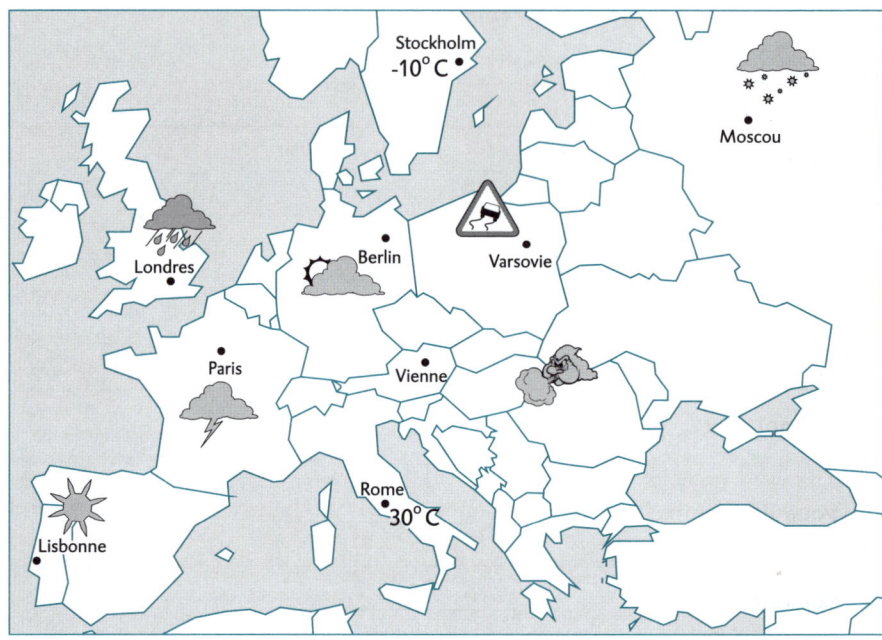

Présente la météo aux téléspectateurs. Utilise le *futur simple* et indique les pays dans lesquels les villes se trouvent.

> **Voici quelques expressions qui pourraient t'aider:**
> il fait chaud/froid, il fait … degrés à, les temperatures montent jusqu'à/tombent à …
> il y a du soleil, le soleil brille
> il y a des nuages, les nuages sont nombreux, il y a des éclaircies, il y a du brouillard
> il y a du vent, il fait du vent
> il pleut, il y a de la pluie
> il neige, il y a de la neige, il y a des chutes de neige
> il gêle, il y a du verglas
> le temps est couvert/variable

Bonsoir mesdames et messieurs. À Berlin, en Allemagne, il y aura des éclaircies.

À Londres,

abe 113* Raymond est un étudiant qui n'arrive pas à terminer ses études. Après des années et des années à l'université, sa mère se fait du souci. Voici ce qu'il dit à sa mère. Mets les paroles au *futur simple* !

> « Ne t'inquiète pas, maman. L'année prochaine, je _____ (passer) mon examen. J'_____ (avoir) une bonne note. Un patron m'_____ (offrir) un emploi bien payé et je _____ (gagner) beaucoup d'argent. Je _____ (mettre) des vêtements élégants et j'_____ (acheter) un grand appartement. Je _____ (conduire) une belle voiture et je _____ (faire) la fête avec beaucoup de jolies copines. »

Sa mère adore ce qu'il dit. Elle est convaincue que tout se réalisera facilement et le raconte à sa voisine. Traduis le texte et utilise le *futur simple* !

> „Mein Sohn hat viel Erfolg an der Universität. Im nächsten Juni wird er bereits sein Studium beenden. Er wird die besten Noten bekommen. Deshalb wird er leicht eine gut bezahlte Arbeit finden und sofort viel Geld verdienen. Er wird sich elegant kleiden und in einer großen Villa wohnen. Er wird sich einen großen Wagen kaufen und man wird ihn auf Feste mit vielen hübschen Frauen einladen. Ich werde sehr stolz auf ihn sein.“

Aufgabe 114* Votre horoscope pour l'année prochaine. Complète-le avec les formes du *futur simple*. Invente des textes pour les signes astrologiques de la page suivante.

Bélier (21 mars – 20 avril)
Vous _____ (rencontrer) une
personne mystérieuse qui _____
(mettre) fin à votre vie de célibataire.

Taureau (21 avril – 20 mai)
Votre patron vous _____ (offrir)
une augmentation de salaire dont vos collègues
_____ (être) très jaloux.

Gémeaux (21 mai – 21 juin)
Vous _____ (reprendre) le travail
après une longue maladie.On vous
_____ (aimer) plus qu'avant.

Cancer (22 juin – 22 juillet)
Après un mois de dur travail, vous
_____ (se reposer) et vous
_____ (s'occuper) plus de
votre famille.

Lion (23 juillet – 23 août)
Vous _____ (faire) un voyage
autour du monde et vous _____
(trouver) beaucoup de nouveaux amis.

Vierge (24 août – 23 septembre)
Vous _____ (éclaircir) un
malentendu *(Missverständnis)* avec votre
partenaire. Cela vous _____ (aider)
à moins vous disputer.

Balance (24 septembre – 23 octobre)

_____
_____
_____

Scorpion (24 octobre – 22 novembre)

_____
_____
_____

Sagittaire (23 novembre – 21 décembre)

_____
_____
_____

Capricorne (22 décembre – 20 janvier)

_____
_____
_____

Verseau (21 janvier – 19 février)

_____
_____
_____

Poissons (20 février – 20 mars)

_____
_____
_____

Aufgabe 115* Un de tes copains passera ses prochaines vacances dans un des lieux suivants. Qu'est-ce qu'il y fera ? Écris au moins trois phrases par photo et utilise le *futur simple*.

à la plage

en montagne

dans le désert

dans une ville

chez lui

8 Modi

Welche Modi gibt es im Französischen?
Während das Deutsche nur drei Modi kennt (Indikativ, Konjunktiv und Imperativ), werden im Französischen vier Modi unterschieden:
- *indicatif*
- *conditionnel*
- *subjonctif*
- *impératif*

Jeder Modus gibt der Aussage eine andere Nuance. Der Standard-Modus ist der *indicatif*.

8.1 Das *conditionnel*

Wann wird das *conditionnel* verwendet?
Das *conditionnel* wird in Sätzen verwendet,
- die einen **Wunsch**, einen **Vorschlag** oder eine **Bitte** auszudrücken, oder
- die Bedingungen wiedergeben (**Konditionalsätze**).

Das Französische kennt zwei Stufen des *conditionnel*:
- *conditionnel I (= conditionnel simple)*
- *conditionnel II (= conditionnel passé)*

Das *conditionnel I* bezieht sich auf die Gegenwart, das *conditionnel II* auf die Vergangenheit.

Wie wird das *conditionnel I* gebildet?
Das *conditionnel I (conditionnel simple)* unterscheidet sich vom *futur simple* nur in den **Endungen**. Beim *conditionnel I* lauten sie: *-ais, -ais, -ait, -ions, -iez, -aient*:

Beispiel: 1. Pers. Sg. *conditionnel I* von *travailler* – je <u>travaillerais</u>
  3. Pers. Pl. *conditionnel I* von *finir* – ils <u>finiraient</u>

Aufgabe 116 Traduis les infinitifs suivants. Puis, mets les verbes au *conditionnel I*.

infinitif		conditionnel I	
verstehen	*comprendre*	ils	*comprendraient*
korrigieren		tu	
lesen		elle	
buchstabieren		vous	
schreiben		nous	
sprechen		je	
kritisieren		il	

Aufgabe 117 *Futur simple* ou *conditionnel I* ?

futur simple

_____
_____
_____
_____
_____
_____
_____
_____

ils tiendraient, tu verras,
elle jetterait, vous pourrez,
elles sauront, il recevrait,
tu voudrais, je courrais,
nous nous lèverons,
il faudrait, il aura, vous iriez
j'enverrai, nous serions,
il mourra, vous achèteriez

conditionnel I

ils tiendraient
_____
_____
_____
_____
_____
_____
_____
_____

Aufgabe 118 Sandra passera ses vacances chez sa correspondante française. Qu'est-ce qu'elle aimerait faire ? Utilise des verbes comme *préférer, vouloir, pouvoir, aimer, aimer mieux*, etc. au *conditionnel I.*

regarder un film français

parler uniquement français

faire une excursion

participer à tous les cours à l'école

manger dans un restaurant

a) _____

b) _____

c) _____

d) _____

e) _____

be 119* Une soirée devant la télévision

Voilà les Mercier : mère, père, Carole, Thierry, Vincent et la grand-mère. Tous les six voudraient regarder la télévision. Mais chacun d'entre eux s'intéresse à une autre émission. À laquelle ? Écris-les au-dessous des images.

TF 1	France 2	France 3	Canal +	Arte
20.00 Journal, météo	20.00 Journal, météo	20.20 Plus belle la vie. *série*	20.00 Tennis : tournoi messieurs de Roland Garros – les deux premiers quarts de finale	20.00 Le journal de la culture
20.50 Dans la forêt amazonienne. 2/3 National Geographic	20.50 Les mystères de la Bible : l'apocalypse – la fin du monde ?	20.50 Grand Prix du Japon *reportage*		20.15 Le commissaire Rimon *dessin animé*
22.05 Commissaire Moulin *série*. Mortelle séduction, France 2000	22.15 Lorsque le monde parlait arabe – il était une fois Bagdad *histoire*	21.30 Euro millions *jeu*	22.30 Roswell, les aliens attaquent. *Sci Fi* USA 2002	22.00 Un billet de train pour … (15/20) le Mont Blanc
		22.30 Œuvres de Mozart concert 2006		22.55 Météo

Carole

Tournoi de Roland Garros, Canal + 20.00 h

le père

la mère

Thierry

la grand-mère

Vincent

Les six commencent à discuter. Emploie le *conditionnel simple* !

Je voudrais (*vouloir*) absolument
regarder le tournoi de tennis à
20.00 h sur Canal +. J'adore le tennis !

Mais moi, _____

(*aimer voir*) _____

_____

_____ (*s'intéresser*)

_____

_____

Mon fils et moi, on _____

(*regarder bien*) _____

_____ ?

Ah non! Je _____

(*se décider*) _____

_____

_____ (*choisir*)

_____

_____

> **Wie wird das *conditionnel II* gebildet?**
>
> Das *conditionnel II* (*conditionnel passé*) gehört wie das *passé composé* und das *plus-que-parfait* zur Gruppe der zusammengesetzten Verbformen.
>
> Es wird gebildet aus: ***avoir/être* im conditionnel I + *participe passé*** (mit *accord!*)
>
> *Beispiele:*   J'<u>aurais</u> <u>regardé</u> la télé.
>
>   Je <u>serais</u> <u>allé(e)</u> au ciné.

abe 120   Mets les formes du *conditionnel I* au *conditionnel II*.

conditionnel I	conditionnel II
tu serais	_____
il aurait	_____
je ferais	_____
nous irions	_____
elle achèterait	_____
tu partirais	_____
ils prendraient	_____
vous viendriez	_____
il choisirait	_____

gabe 121   La mère de Sandrine est en colère.

Mets les formes entre parenthèses au *conditionnel II*.

a)   Nous _____ *(ne pas faire)* de bêtises.

b)   Je _____ *(ne jamais rentrer)* trop tard.

c)   Je _____ *(ne pas mentir)* à ma mère.

d)   Tu _____ *(ne pas devoir)* faire cela.

e)   Je _____ *(ne pas boire)* d'alcool.

f)   Mes parents m'_____ *(interdire)* cela.

g)   J' _____ *(respecter)* mes parents.

h)   Je _____ *(ne pas sortir)* avec un mec pareil *(solchem)*.

i)   On _____ *(pouvoir)* prévoir ce malheur.

Aufgabe 122 Un anniversaire de mariage raté ?
Mets les expressions entre parenthèses au *conditionnel II*.

C'est le 30 juillet. Sylvie est très mécontente: elle est convaincue que Yannick a oublié leur anniversaire de mariage. Elle fait des reproches à son mari et lui dit ce qu'il aurait pu faire pour elle.

SYLVIE : « Yannick, à ta place, je _____ (ne pas oublier)

notre anniversaire de mariage ! Je _____ (inviter) ma

femme au restaurant. Le matin, je _____

(lui offrir) des fleurs. J'_____ (chanter) une chanson

d'amour. Je _____ (lui écrire aussi) un beau

poème. J'_____ (lui acheter) du parfum. L'après-midi,

nous _____ (faire) une excursion. Le soir,

nous _____ (aller) au théâtre ou au cinéma. »

YANNICK : « Mais chérie ! Le mariage, c'était le 30 août, n'est-ce pas ? Attends encore un peu ! »

Aufgabe 123* Qu'est-ce que tu aurais fait dans les situations suivantes ?

a) Céline avait un contrôle de maths. Malheureusement, elle n'a pas entendu le réveil. Quand elle est arrivée à l'arrêt d'autobus, celui-ci était déjà parti.

Qu'est-ce que tu aurais fait ?

b) Jacques est tombé amoureux de la copine de son meilleur copain. Un jour, elle demande à Jacques s'il a envie d'aller au cinéma avec elle.

Comment est-ce que tu aurais réagi ?

c) Pour les vacances d'été, les parents de Marcel lui font deux propositions. Il pourrait faire un cours de langue de quatre semaines au Québec ou bien passer deux semaines avec ses copains au bord de la mer près de Bordeaux.

Quelles vacances est-ce que tu aurais choisi ?

abe 124* Voilà Johannes, 17 ans, et Frank, 18 ans, de Francfort. Avec leurs vélos, ils veulent faire un tour en Bretagne et visiter cette belle région. Pour préparer le voyage, ils ont cherché des informations sur Internet. Après, ils ont fixé une route qui commence et finit à Rennes.

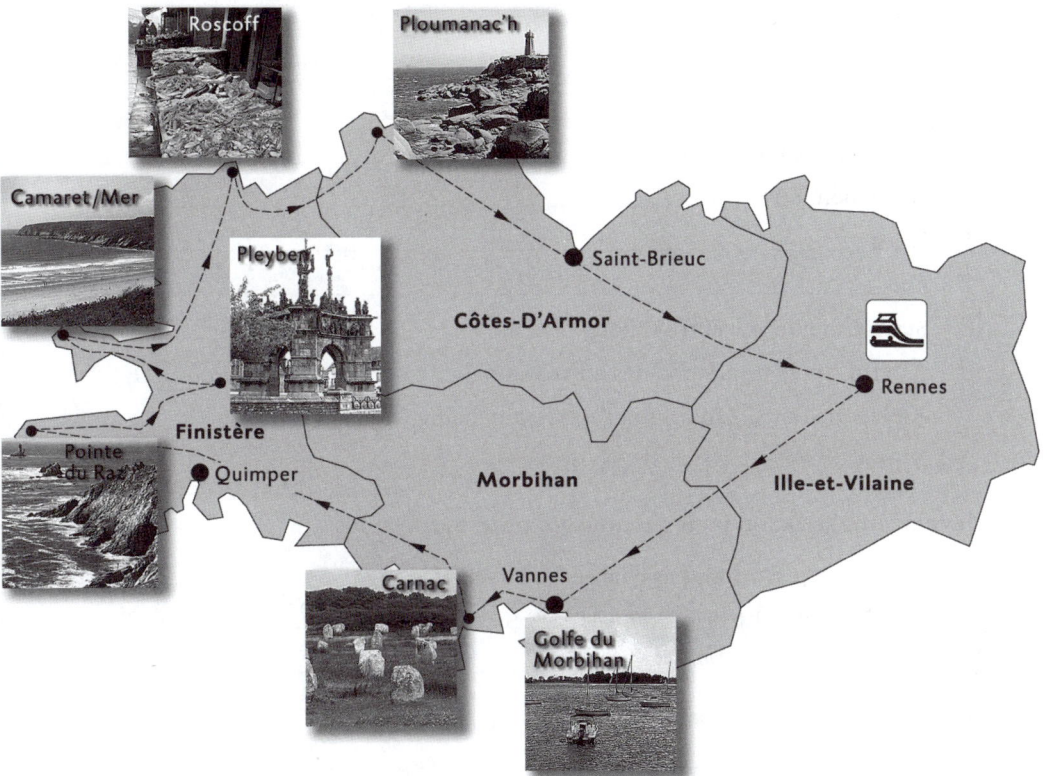

Regarde la carte. Qu'est-ce qu'ils feront ? Trouve le bon ordre.

- ☐ 1 arriver à la gare
- ☐ escalader des rochers gigantesques
- ☐ manger des poissons et des langoustes dans un port de pêche
- ☐ repartir en Allemagne en train
- ☐ faire du bateau
- ☐ regarder les alignements de mégalithes
- ☐ se baigner et bronzer sur la plage
- ☐ se trouver à un point extrême de la France, à la « fin de la terre »
- ☐ visiter un enclos paroissial célèbre

Trois jours avant le départ pour Nantes, c'est le choc ! Johannes a eu un accident de voiture. Maintenant, il est à l'hôpital avec une jambe dans le plâtre *(Gips)*. Aller en Bretagne, c'est impossible ! Les deux jeunes sont très tristes et pensent aux activités qu'ils auraient faits. Utilise le *conditionnel II*.

1   D'abord, nous _____ serions arrivés _____ à la gare de Nantes.

2   Nous _____ sur le golfe du Morbihan.

3   On _____ à Carnac.

4   À la Pointe du Raz, on _____.

5   À Pleyben, on _____.

6   Nous _____.

7   On _____.

8   Sur la Côte de granit rose, nous _____.

9   À la fin, après trois semaines en vélo, on _____.

Alors, que faire ? On partira l'année prochaine, bien sûr !

Aufgabe 125*   Invente une situation pour chacune des phrases suivantes.

a)   À sa place, je n'aurais pas chanté la Marseillaise.

Pour regarder la finale de la coupe du monde de foot de 2006, ma copine est allée dans une pizzeria.

b)   À la place de son copain, Samuel serait resté à la maison.

_____

_____

c)   Je crois que vous oublieriez même votre propre anniversaire.

_____

_____

d)   Sans Larisse, Guy aurait brûlé la maison.

_____

_____

8.2 Der *subjonctif*

Der *subjonctif* kommt fast ausschließlich **im Nebensatz** (*que*-Satz) vor und wird meistens **automatisch** durch bestimmte Verben, Ausdrücke und Konjunktionen **ausgelöst**. Dieser Modus hat **keine Entsprechung im Deutschen**.

Wie wird der *subjonctif* gebildet?

- Die **regelmäßige Bildung** der Verben auf *-er, -re* und *-ir*:
  Stamm der 3. Person Plural des Indikativ Präsens + **Endungen**
  (Verbform ohne *-ent*)   *-e, -es, -e, -ions, -iez, -ent*

  Beispiel: travailler   ils <u>travaill</u>ent   que je   travaill<u>e</u>   que nous travaill<u>ions</u>

  que tu travaill<u>es</u>   que vous travaill<u>iez</u>

  qu' il travaill<u>e</u>   qu' ils   travaill<u>ent</u>

gabe 126 Traduis les *infinitifs* français en allemand. Puis, écris la 3ème personne du pluriel de l'*indicatif présent* et trouve la bonne forme du *subjonctif*.

deutscher Infinitiv	Infinitiv	3. Pers. Pl. Indikativ	subjonctif
suchen	chercher	ils/elles *cherchent*	que je *cherche*
	mettre	ils/elles	que nous
	réussir	ils/elles	que vous
	aimer	ils/elles	que tu
	craindre	ils/elles	qu'ils
	sentir	ils/elles	qu'elle
	manger	ils/elles	que je
	attendre	ils/elles	que nous
	dormir	ils/elles	qu'il
	crier	ils/elles	que vous
	vendre	ils/elles	qu'elles
	courir	ils/elles	que nous
	interdire	ils/elles	qu'ils
	vivre	ils/elles	qu'il

- Die Verben, die in der 1. und 2. Person Plural (zum Teil auch in der 3. Person Plural) einen **Wechsel im Verbstamm** haben, behalten diesen Wechsel im *subjonctif* bei.

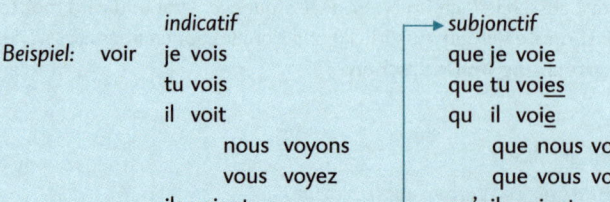

		indicatif		*subjonctif*
Beispiel:	voir	je vois		que je voie
		tu vois		que tu voies
		il voit		qu il voie
		nous voyons		que nous voyions
		vous voyez		que vous voyiez
		ils voient		qu' ils voient

Weitere Verben, die einen Wechsel im Verbstamm haben, sind z. B. acheter *(kaufen)*, appeler *(rufen)*, boire *(trinken)*, croire *(glauben)*, devoir *(müssen)*, employer *(verwenden)*, espérer *(hoffen)*, jeter *(werfen)*, mourir *(sterben)*, payer *(zahlen)*, préférer *(bevorzugen)*, prendre *(nehmen)*, recevoir *(erhalten)*, tenir *(halten)*, venir *(kommen)*.

Aufgabe 127 Traduis les formes verbales allemandes en français. Puis, mets-les au *subjonctif* et inscris-les dans les mots croisés.

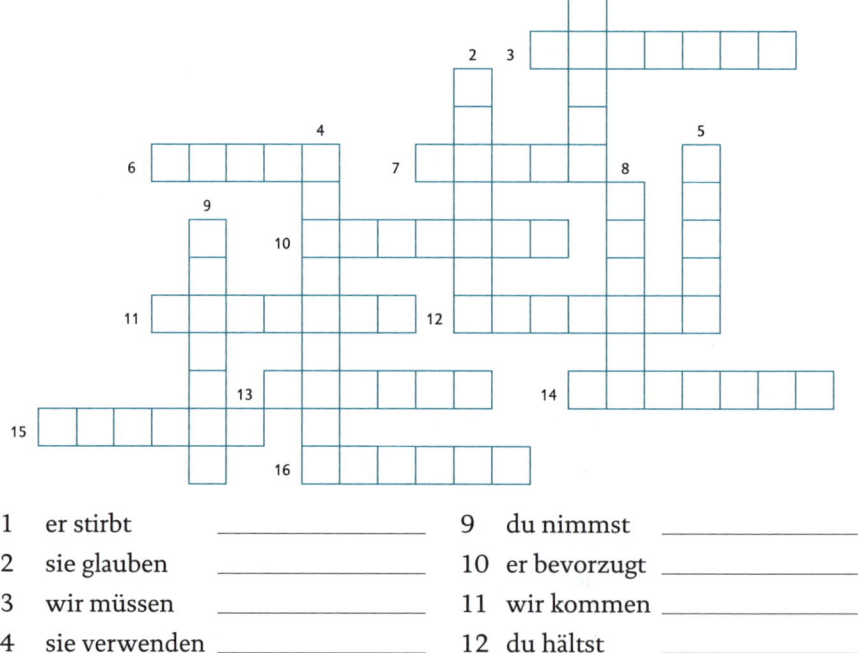

1	er stirbt	_____	9	du nimmst	_____
2	sie glauben	_____	10	er bevorzugt	_____
3	wir müssen	_____	11	wir kommen	_____
4	sie verwenden	_____	12	du hältst	_____
5	du siehst	_____	13	du wirfst	_____
6	ich trinke	_____	14	er bekommt	_____
7	er muss	_____	15	ihr bezahlt	_____
8	er kommt	_____	16	ihr haltet	_____

- Verben, deren *subjonctif*-Formen du dir extra einprägen musst:

être	avoir	aller	savoir	faire	pouvoir	vouloir
sois	aie	aille	sache	fasse	puisse	veuille
sois	aies	ailles	saches	fasses	puisses	veuilles
soit	ait	aille	sache	fasse	puisse	veuille
soyons	ayons	allions	sachions	fassions	puissions	voulions
soyez	ayez	alliez	sachiez	fassiez	puissiez	vouliez
soient	aient	aillent	sachent	fassent	puissent	veuillent

gabe 128 Regarde les formes du *subjonctif* et relie-les à l'infinitif correspondant.

| qu'elle puisse |
| que tu veuilles |
| qu'il ait |
| que tu veuilles |
| que tu sois |
| qu'ils aillent |
| que nous fassions |

| aller |
| avoir |
| être |
| faire |
| pouvoir |
| savoir |
| vouloir |

gabe 129 **Exercice combiné :** Quels sont les vœux de Saïd ?
Mets les formes au *subjonctif*.

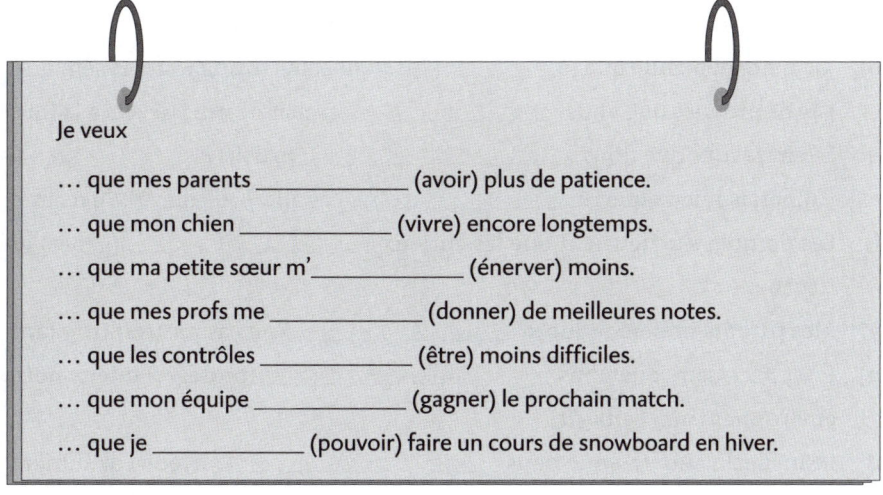

Je veux

… que mes parents _____ (avoir) plus de patience.

… que mon chien _____ (vivre) encore longtemps.

… que ma petite sœur m'_____ (énerver) moins.

… que mes profs me _____ (donner) de meilleures notes.

… que les contrôles _____ (être) moins difficiles.

… que mon équipe _____ (gagner) le prochain match.

… que je _____ (pouvoir) faire un cours de snowboard en hiver.

> **Wann wird der *subjonctif* verwendet?**
>
> Der *subjonctif* wird im Nebensatz automatisch nach bestimmten Auslösern im Hauptsatz verwendet. Diese können sein:
>
> - Verben und Ausdrücke, die einen **Wunsch**, einen **Willen** oder eine **Befürchtung** ausdrücken
>
> | | |
> |---|---|
> | vouloir que *(wollen, dass)* | craindre que *(befürchten, dass)* |
> | aimer que *(mögen, dass)* | avoir peur que *(Angst haben, dass)* |
> | aimer mieux que *(lieber mögen, dass)* | interdire que *(verbieten, dass)* |
> | préférer que *(bevorzugen, dass)* | éviter que *(vermeiden, dass)* |
> | détester que *(verabscheuen, dass)* | permettre que *(erlauben, dass)* |
> | désirer que *(wünschen, dass)* | accepter que *(annehmen, dass)* |
>
> Beispiel: Le professeur <u>veut</u> que tu <u>fasses</u> tes devoirs régulièrement.
> Der Lehrer will, dass du regelmäßig die Hausaufgaben machst.
>
> Hierzu zählen auch einige unpersönliche Wendungen:
>
> il faut que (wird in der Regel mit dem deutschen Verb ‚müssen' übersetzt)
> il est nécessaire que *(es ist notwendig, dass)*
> il est important que *(es ist wichtig, dass)*
>
> Beispiel: Le professeur dit : « <u>Il faut</u> que tu <u>fasses</u> tes devoirs ! »
> Der Lehrer sagt: „Du musst deine Hausaufgaben machen!"
>
> **Beachte:** Der *subjonctif* wird auch dann verwendet, wenn das einleitende Verb in der Vergangenheit steht.
>
> Beispiel: Le professeur voulait que j'apprenne mieux la grammaire.
> Der Lehrer wollte, dass ich die Grammatik besser lerne.

Aufgabe 130 Emploie le *subjonctif*.

a) Je veux que vous _____ (dire) la vérité.

b) Ma mère demande que je _____ (faire) du baby-sitting toute la semaine.

c) J'avais proposé que vous _____ (acheter) trois tickets à la fois.

d) Désirez-vous que nous _____ (partir) ?

e) J'aimerais mieux que tu _____ (ne pas aller) au concert de techno.

f) Les pompiers craignaient que les curieux _____ (gêner) les travaux.

g) Mes parents préfèrent que je _____ (ne pas rentrer) trop tard.

h) Il est nécessaire que nous _____ (protéger) mieux notre environnement *(Umwelt)*.

i) Le médecin aimerait que nous _____ (arrêter) de fumer.

abe 131* Pendant les vacances d'été, tu fais un stage sur un terrain de camping au bord de la mer. Comme plusieurs touristes se sont plaints du comportement *(Verhalten)* d'autres clients, le propriétaire veut rédiger un nouveau règlement pour le terrain. Il te demande de t'en occuper.

> payer d'avance *(im Voraus)*, jeter les ordures dans les poubelles réservées à cet effet *(dafür)*, éviter de faire du bruit, rouler à une vitesse limite de 10 km/h, faire du feu, entrer / sortir avec le camping-car pendant la nuit, tenir les chiens en laisse *(Leine)*, baisser la musique après 22.00 heures, se présenter au bureau avant de partir

REGLEMENT DU CAMPING DE QUIBERON

1. Il faut que vous _____

   _____

2. Il est nécessaire que vous _____

   _____

3. Le gérant veut que tous _____

   _____

4. Il faut aussi que, à l'intérieur du terrain de camping, les véhicules _____

   _____

5. Le gérant ne veut pas que vous _____

   _____

6. Il ne veut pas non plus que vous _____

   _____

7. Il faut que vous _____

   _____

8. Il est important que vous _____

   _____

9. Il est important que tout le monde _____

   _____

BONNES VACANCES !

- Verben und Ausdrücke, die eine **wertende Stellungnahme** ausdrücken

  trouver bon, mauvais, juste … que (*es gut, schlecht, gerecht … finden, dass*)
  il est bon, mauvais, injuste, triste … que (*es ist gut, schlecht, ungerecht, traurig …, dass*)
  être content, heureux, triste … que (*zufrieden, glücklich, traurig … sein, dass*)
  il/cela me plaît que (*es gefällt mir, dass*)
  regretter que (*bedauern, dass*)
  plaindre que (*sich beklagen, dass*)

  Beispiele: Je regrette que Sophie ne vienne pas.
  Ich bedaure, dass Sophie nicht kommt.

  Il est bon que vous ne buviez pas d'alcool à la boum.
  Es ist gut, dass ihr auf der Fete keinen Alkohol trinkt.

Aufgabe 132* Lis la lettre suivante et réponds aux questions. Fais des phrases complètes et utilise des expressions avec le *subjonctif*.

> Salut Georg,
>
> est-ce que tu vas bien ? Comme tu le sais déjà, mes parents et moi, nous habitons maintenant à Paris. La ville est fascinante et j'aime bien y vivre. Chaque week-end, je peux aller dans un autre cinéma ! Malheureusement, notre appartement est très petit parce que les loyers (Miete) sont chers ici. C'est pourquoi il y a beaucoup de personnes qui vivent dans la rue. Cela me rend triste. Pourquoi est-ce que les hommes politiques ne les aident pas ? Heureusement, mon père a un emploi bien payé. Paris est vraiment un rêve pour moi. Mais la nature me manque quand même un peu. Si je veux faire du sport, je dois aller dans un stade ou sur un terrain de sport. Cela m'énerve. Mais je ne veux pas me plaindre. J'adore ma nouvelle vie. J'espère que tu vas bientôt me rendre visite.
>
> Amicalement,
>
> Marcel

1. De quoi est-ce que Marcel est content ?
2. Qu'est-ce qu'il trouve bon ?
3. Qu'est-ce qui ne lui plaît pas ?
4. De quoi est-ce qu'il est triste ?
5. De quoi est-ce qu'il se plaint ?
6. De quoi est-ce qu'il est heureux ?
7. Qu'est-ce qu'il regrette ?

- nach **bestimmten Konjunktionen**
Konjunktionen dienen dazu, Haupt- und Nebensätze miteinander zu verknüpfen:

Beispiele:	kausal	parce que/comme	*(weil)*
	temporal	pendant que	*(während)*
		depuis que	*(seitdem)*
		après que	*(nachdem)*

Durch Konjunktionen wird ein Text abwechslungsreicher und stilistisch schöner.
Im Französischen gibt es Konjunktion, auf die ein Indikativ folgt (so wie bei den oben genannten), aber auch solche, die einen *subjonctif* nach sich ziehen:

Beispiele:	temporal	**jusqu'à ce que**	*(bis)*
		avant que	*(bevor)*
	final	**pour que**	*(damit)*
	konsekutiv	**sans que**	*(ohne dass)*
	konzessiv	**bien que**	*(obwohl)*

Aufgabe 133 *Subjonctif* ou *indicatif*? Mets la bonne forme.

a) Notre professeur était furieux parce que nous _____ (ne pas avoir fait) nos devoirs.

b) Pour que nous _____ (travailler) mieux, il a fait plus de contrôles.

c) Bien que nous _____ (faire) peu de fautes, il était toujours mécontent de nous.

d) Sans qu'il le _____ (vouloir), il nous a déprimé.

e) L'autre jour *(kürzlich)*, pendant qu'il _____ (essayer) de faire son cours, nous avons préféré dormir ou écrire des lettres.

f) Nous avons continué ainsi jusqu'à ce qu'il _____ (donner) une heure de colle *(jdn. eine Stunde nachsitzen lassen)* à une fille.

g) Ensuite, c'est nous qui étions furieux parce que ce _____ _____ (ne pas être) juste.

h) Depuis que mon camarade de classe lui _____ (avoir parlé), notre professeur est plus gentil avec nous.

i) C'est mieux de parler avec les profs avant que la situation _____ (devenir) intolérable.

Aufgabe 134* Relie les phrases qui vont ensemble. Puis, fais des deux phrases une seule. Pour cela utilise des subordonnées *(Nebensatz)* qui sont introduites par *(die eingeleitet werden durch)* une conjonction.

1	Rachel et Monique ont fini leurs devoirs.
2	Marie aime le soleil.
3	Julie a passé la nuit chez son copain.
4	Les parents de Michel lui paient un cours de langue à Lyon.
5	François n'a pas beaucoup d'argent.
6	Louis a fait un grand tour de vélo en Italie.
7	Denis fait la vaisselle.

A	Pendant ce temps, son grand frère regarde la télé.
B	Ils espèrent qu'il va avoir de meilleures notes en français.
C	Après, leurs copines leur rendent visite.
D	Ses parents ne le savaient pas.
E	Avant, ses parents lui avaient acheté une nouvelle bicyclette.
F	Voilà pourquoi elle passe souvent ses vacances en Espagne.
G	Il a quand même acheté une grande voiture.

1C Après que Rachel et Monique ont fini leurs devoirs, leurs copines leur rendent visite.

Was musst du beachten, wenn das Subjekt von Haupt- und Nebensatz identisch ist?
Bei den Ausdrücken, die einen Wunsch, einen Willen oder eine Befürchtung wiedergeben, musst du eine **Infinitvkonstruktion** verwenden, wenn das Subjekt von Haupt- und Nebensatz identisch ist. Dies gilt in der Regel auch bei den Ausdrücken der wertenden Stellungnahme und bei den Konjunktionen.

Beispiele: Pierre désire que Richard prenne le dernier gâteau.
   Subjekt Hauptsatz   ≠   Subjekt Nebensatz
   Pierre désire prendre le dernier gâteau.
   Subjekt Hauptsatz   =   Subjekt Nebensatz

   Manon rentre sans que son mari lui dise « bonsoir ».
   Subjekt Hauptsatz   ≠   Subjekt Nebensatz
   Manon rentre sans dire « bonsoir » à son mari.
   Subjekt Hauptsatz   =   Subjekt Nebensatz

gabe 135   Subordonnée *(Nebensatz)* avec *que* ou infinitif ?

a)   Nous proposons _____*d'aller voir*_____ (nous, aller voir) un film avec Gérard Depardieu.

b)   Le ministre veut _____ (les citoyens, consommer) plus.

c)   Pour _____ (leur fils, pouvoir participer) à l'échange scolaire, les parents renoncent à leurs vacances d'été.

d)   Plusieurs clients quittent le restaurant sans _____ (ils, payer).

e)   Après plusieurs d'années Mathilde est heureuse _____ (elle, retrouver) sa copine.

f)   Nicolas préfère _____ (son frère, promener) le chien.

g)   Mathieu joue souvent au loto pour _____ (il, faire fortune).

h)   Je suis content _____ (je, recevoir) un baiser de Martina, la plus belle fille de ma classe.

i)   Ma correspondante est rentrée avant _____ (elle, avoir appris) notre langue.

j)   M. et Mme Blanc ont peur _____ (leur fille, faire) des bêtises.

9 Bilan 2

Aufgabe 136   Un élève modèle. Formule les phrases avec un adverbe.

a) C'est un bon travailleur.   → *Il travaille bien.*

b) Il fait ses devoirs avec soin.

→ _____

c) Il trouve les solutions avec facilité.

→ _____

d) Il a une écriture élégante.

→ _____

e) Il suit les cours avec attention.

→ _____

f) Ses calculations sont précises.

→ _____

g) Il a une compréhension rapide.

→ _____

h) Il s'exprime avec clarté.

→ _____

i) Il s'adresse aux profs avec politesse.

→ _____

j) Son comportement est parfait.

→ _____

gabe 137   *Adjectif* ou *adverbe* ?

Ajoute les mots entre parenthèses aux phrases suivantes. Décide s'il faut adapter la forme indiquée ou non. Écris toute la phrase.

Murielle se prépare à son examen.

a)   Murielle étudie pour l'examen qu'elle va passer. *(soigneux, bientôt)*

_____

_____

b)   Elle a révisé les trois quarts de son programme. *(presque, lourd)*

_____

_____

c)   Elle sera préparée à la fin du mois. *(bon, prochain)*

_____

_____

d)   Elle est sûre qu'elle va réussir. *(tout à fait, facile)*

_____

_____

e)   Elle sort peu mais se repose dans la journée. *(à présent, très, souvent)*

_____

_____

f)   « Quand on travaille, on n'est pas stressé », dit-elle. *(régulier, trop)*

_____

_____

g)   « Et le soir, on s'endort parce qu'on sait qu'on a travaillé. » *(tranquille, vrai, bon)*

_____

_____

h)   « Les sorties sont rares en ce moment, mais je trouve que c'est normal. » *(évident, absolu)*

_____

_____

Aufgabe 138 Le *passé composé* et *l'accord du participe passé*. Mets les verbes entre parenthèses au *passé composé*. N'oublie pas l'*accord* s'il le faut.

Une conversation en classe

ISABELLE : Où est-ce que tu _____ (passer) tes vacances de Noël ?

MARTINE : Nous les _____ (passer) à Courchevel en Savoie

   dans les Alpes.

ISABELLE : Et tu _____ bien _____ (s'amuser) ?

MARTINE : C'était formidable ! Je _____ (partir) le samedi matin

   avec Julie. Nous _____ (faire) un long voyage en voiture,

   c'est moi qui conduisais et nous _____ (arriver)

   à 6 heures de l'après-midi. Nous _____

   (ne pas s'arrêter) une seule fois.

ISABELLE : Et vous _____ (avoir) beau temps ?

MARTINE : Il _____ (pleuvoir) tout le temps pendant le voyage, mais

   quand nous _____ (arriver) à Courchevel, le temps

   _____ (s'améliorer). Le lendemain, nous

   _____ (aller) faire du ski.

ISABELLE : Vous aviez emmené vos skis ?

MARTINE : Non, nous les _____

   (louer). Nous _____ (louer)

   tout le matériel.

ISABELLE : Vous les _____

   (payer) cher, vos skis ?

MARTINE : Oui, mais je _____

   (se dire) qu'on était en vacances.

ISABELLE : Vous _____ (se reposer)

   un peu ?

MARTINE : Non, nous _____

   (ne pas vouloir) passer notre temps à dormir.

   Mais chut ! Je vais te raconter la suite plus tard, le prof arrive !

gabe 139   *Passé composé*, *imparfait* et *plus-que-parfait*

Mets la biographie de Molière au passé. Utilise le *passé composé*, l'*imparfait* et le *plus-que-parfait*.

Molière naît en 1622. Il fait des études de droit à Orléans où son père l'a envoyé. Mais bientôt il découvre sa vraie passion : le théâtre. Il crée l'Illustre Théâtre avec Madeleine Béjart, il est même emprisonné parce qu'il a accumulé des dettes *(Schulden)* qu'il ne peut pas payer, et il part jouer en Province pendant treize ans avec la troupe.

En 1658, il revient à Paris pour jouer devant le roi. Il devient célèbre avec la pièce *Les Précieuses ridicules*, en 1659. Il joue dans la salle du Palais royal et il a beaucoup de succès. Il est auteur, acteur et directeur de la troupe. Dans ses pièces, il critique surtout les nobles et les bourgeois, mais aussi l'hypocrisie *(Scheinheiligkeit)*. La troupe joue *Tarfuffe*, en 1664, à Versailles, mais la pièce fait scandale. Le roi doit l'interdire. Molière peut cependant continuer à jouer devant le roi et la cour. *Les Fourberies de Scapin*, *Les Femmes savantes* sont aussi de grands succès. Mais il est très malade et il travaille trop. Il meurt le 17 février 1673, pendant qu'il joue *Le Malade imaginaire*. Il a 51 ans.

gabe 140   Le *conditionnel* et le *futur I*

Donne des conseils. Forme d'abord une phrase au *conditionnel*, après au *futur*.

Elle n'a que des problèmes…

a)   CONDITIONNEL : devoir faire des économies

Tu devrais faire des économies.

FUTUR : comme ça/avoir encore de l'argent à la fin du mois.

Comme ça, tu auras encore de l'argent à la fin du mois.

a) À la fin du mois, il ne me reste plus d'argent.

b) Quand je fais du sport, je suis vite fatiguée.

c) Je suis toujours nerveuse.

d) J'ai grossi.

e) Tout le monde me trouve laide.

f) Mes copines ne m'aiment pas.

g) J'ai souvent des mauvaises notes à l'école.

h) Je me sens seule.

b) CONDITIONNEL : si j'étais toi/arrêter de fumer

_____

FUTUR : tu voir/ça te faire du bien

_____

c) CONDITIONNEL : moi à ta place/faire du yoga

_____

FUTUR : comme ça/être moins nerveuse

_____

d) CONDITIONNEL : pouvoir faire un régime *(eine Schlankheitskur machen)*

_____

FUTUR : perdre du poids

_____

e) CONDITIONNEL : devoir sourire plus souvent

_____

FUTUR : les gens/te trouver plus jolie

_____

f) CONDITIONNEL : faire mieux/de moins les contredire *(jdm widersprechen)*

_____

FUTUR : elles/être plus gentilles avec toi

_____

g) CONDITIONNEL : il falloir/travailler plus soigneusement

_____

FUTUR : tes notes/être meilleures

_____

h) CONDITIONNEL : pouvoir partir en voyage organisé

_____

FUTUR : rencontrer beaucoup de gens

_____

Aufgabe 141 Le *subjonctif*

Ajoute les formes du *subjonctif* ou de l'*indicatif* au dialogue suivant entre Marion et Simon.

Simon n'a pas de chance

MARION : Alors chéri, la fête s'est bien passée hier ?

SIMON : Pas du tout. C'était une soirée tellement ennuyeuse. C'est très bien que

tu _____ *(ne pas être)* venue.

MARION : Je regrette que ça se _____ *(être)* si mal passé.

SIMON : C'est dommage que Michel _____ *(ne pas avoir)*

été là, parce qu'avec lui on rigole toujours. Je trouve curieux qu'il _____

_____ *(ne pas avoir)* été invité. Mais tant pis. Qu'est-ce qu'on

va faire aujourd'hui ?

MARION : Je n'ai pas beaucoup de temps. Ma mère veut venir me voir ce soir.

SIMON : Comment ? Ce n'est pas vrai !

MARION : Tu ne veux pas qu'elle _____ (venir) ?

SIMON : J'aimerais mieux que nous _____ (faire) quelque chose tous les deux.

MARION : Mais hier, tu es sorti sans moi aussi.

SIMON : C'était différent. Tu as accepté que je _____ (sortir) seul. J'ai proposé que tu _____ (venir) avec moi. Je ne veux pas que nous _____ (ne pas non plus se voir) ce soir. Et en plus, je n'aime pas que tu _____ (faire) des projets sans m'en parler avant.

MARION : Moi aussi, j'aimerais mieux que nous _____ (passer) la soirée ensemble. Veux-tu rester ici bien que ma mère _____ (être) là ?

SIMON : Non merci. J'ai peur que ta mère et moi nous _____ _____ (se disputer).

MARION : Mais pourquoi ?

SIMON : J'ai l'impression qu'elle _____ (mettre) son nez dans nos affaires, qu'elle _____ (parler) sans arrêt et surtout qu'elle _____ (vouloir) toujours avoir raison. Il faut toujours que je _____ (faire) attention à ce que je dis. Sinon, elle se sent tout de suite offensée.

MARION : Tu ne penses pas que tu _____ (exagérer) un peu ?

SIMON : Pas du tout.

À ce moment, le téléphone sonne. Marion décroche l'écouteur. C'est sa mère. Deux minutes après, Marion dit :

MARION : C'était ma mère. Elle dit qu'elle _____ (ne pas pouvoir) venir. Elle préfère que je _____ (venir) chez elle.

décrocher   raccrocher

gabe 142 Les *temps* et les *modes*. Ajoute au dialogue suivant les verbes entre parenthèses aux *temps* et aux *modes* indiqués.

Marion est allée chez sa mère sans Simon. Il ne voulait absolument pas l'accompagner. Sa mère voit tout de suite que quelque chose ne va pas bien.

LA MÈRE : Mais qu'est-ce que tu as ? Tu _____ (*pleurer/passé composé*) ?

MARION : Non, mais je _____ (*se disputer/passé composé*) avec Simon après avoir dit que j'_____ (*aller/imparfait*) passer la soirée avec toi. Il se plaint chaque fois si j'ai un rendez-vous avec quelqu'un d'autre que je _____ (*ne rien faire/subjonctif*) avec lui. Après notre dispute, il _____ (*partir/passé composé*) sans mot dire. Je ne sais pas quoi faire. Qu'est-ce que tu _____ (*faire/conditionnel*) à ma place ?

LA MÈRE : Attends jusqu'à demain. Je suis sûre qu'il _____ (*se calmer/futur simple*) bientôt. Il est normal qu'il _____ (*être/subjonctif*) déçu. Mais c'est important aussi dans un couple qu'on _____ (*savoir/subjonctif*) faire des compromis et qu'on _____ (*laisser/subjonctif*) de la liberté à l'autre. _____ (*sortir/impératif*) plus souvent avec tes copines !

MARION : J'ai peur qu'on _____ (*avoir/subjonctif*) encore plus de problèmes après.

LA MÈRE : Non, il faut qu'il _____ (*s'y habituer/subjonctif*). Tu _____ (*voir/futur*), tout _____ (*aller/futur*) bien.

MARION : Tu as peut-être raison. Mais ce _____ (*ne pas être/futur*) facile.

LA MÈRE : Bien sûr. Une relation n'est jamais facile. Mais changeons de sujet maintenant. On _____ (*pouvoir/conditionnel*) regarder un film. Ça te _____ (*changer/futur simple*) les idées. J'espère qu'il va te plaire.

… rund um den Satz

10 Fragesätze

Im Französischen gibt es viele Möglichkeiten, Fragesätze zu formulieren. Grundsätzlich gilt zu unterscheiden, ob sie mit einem Fragewort eingeleitet werden (Ergänzungsfrage) oder nicht, und damit eine Antwort mit „Ja" oder „Nein" erfordern (Entscheidungsfrage).

- **Ergänzungsfrage**
  Beispiel: Il va <u>où</u>?
  <u>Où</u> <u>est-ce</u> qu'il va?

- **Entscheidungsfrage**
  Beispiel: Il a fait ses devoirs?
  <u>Est-ce</u> qu'il a fait ses devoirs?

10.1 Die Fragen mit *qui est-ce qui, qui est-ce que, qu'est-ce qui* und *qu'est-ce que*

Qui est-ce qui und *qui est-ce que*
Mit den beiden Frageformen *qui* est-ce qui und *qui* est-ce que fragst du nach **Personen**.

- *qui est-ce qui* ersetzt das Subjekt
  Beispiel: <u>Qui est-ce qui</u> a dit ça?

- *qui est-ce que* ersetzt das Objekt
  Beispiel: <u>Qui est-ce</u> que tu as rencontré?

Qu'est-ce qui und *qu'est-ce que*
Mit den beiden Frageformen *qu'est-ce qui* und *qu'est-ce que* fragst du nach **Sachen**.

- *qu'est-ce qui* ersetzt das Subjekt
  Beispiel: <u>Qu'est-ce</u> qui ne te plaît pas?

- *qu'est-ce que* ersetzt das Objekt
  Beispiel: <u>Qu'est-ce</u> que tu aimerais faire cet après-midi?

Aufgabe 143   Regarde le dessin. Complète les questions et donne les bonnes réponses.

a) _____ représente cette scène ? – _____

b) _____ le chien mord ? – _____

c) _____ fait Marie ? – _____

d) _____ est couché sur la serviette ? – _____

e) _____ le maître-nageur observe ? – _____

f) _____ François tient dans la main ? – _____

g) _____ flotte sur l'eau ? – _____

h) _____ est assis près de Sara ? – _____

i) _____ tu vois dans l'eau ? – _____

j) _____ se trouve à côté de la chaise du maître-nageur ? –

_____

10.2 Die Inversionsfrage mit einem Pronomen als Subjekt

Ist das **Subjekt** einer Ergänzungs- oder Entscheidungsfrage ein **Personalpronomen**, dann kannst du diese Frage auch mit **Inversion** bilden. Das heißt, du **vertauschst die Stellung von Subjekt und Verb** und verbindest diese mit einem **Bindestrich**.

Beispiele: Connais-<u>tu</u> ce garçon?
     Comment <u>as-tu</u> connu ce garçon?

Wie beim Imperativ musst du beim Aufeinandertreffen zweier Vokale ein -t- einfügen.

Beispiele: <u>A-t-il</u> parlé avec elle?
     Combien de fois <u>a-t-elle</u> essayé de lui téléphoner?

Aufgabe 144 Rebecca et Laura vont aller à la boum de leur copine Jessica. Rebecca pose beaucoup de questions à sa copine. Mais Laura, elle, était en train d'écrire un message sur son portable et n'a pas fait attention.
Reformule les questions de Rebecca et utilise l'inversion.

a) Est-ce que nous prenons le bus?

_____

b) Pourquoi est-ce que tu n'as pas encore acheté de cadeau?

_____

c) Alors, qu'est-ce que nous apporterons?

_____

d) Est-ce qu'elle aime les livres ou est-ce qu'elle préfère les DVD?

_____

e) Est-ce qu'elle va nous offrir des cocktails?

_____

f) Est-ce que tu vas aussi fêter tes 15 ans?

_____

g) Quels garçons est-ce qu'elle a invités?

_____

h) À quelle heure est-ce qu'ils vont arriver?

_____

i) Laura, est-ce que tu écoutes?

_____

abe 145 Les questions suivantes sont-elles corrèctement formulées ?
Corrige-les si elles sont fausses.

		juste	faux
a)	Vous avez-vous déjà pris le déjeuner ?	☐	☐
b)	A-t-il pas fait la cuisine ?	☐	☐
c)	Pourquoi n'est-il pas rentré à la maison ?	☐	☐
d)	Que nous allons faire ?	☐	☐

be 146* Les parties soulignées sont les réponses à des questions. Formule ces questions.
Emploie l'inversion et des pronoms personnels.

LE NAUFRAGE DU PÉTROLIER « ERIKA »

NOËL 1999. Le pétrolier « Erika » parti de Rotterdam est en route pour l'Italie. Dans la Manche et dans le Golfe de Gascogne, il y a une terrible tempête. Au sud de la Bretagne, le pétrolier se trouve en difficulté parce qu'il est vieux de 25 ans et en mauvais état. La situation devient de plus en plus dangereuse et le capitaine cherche du secours.
À minuit, les gardes-côtes reçoivent son SOS. Ils arrivent à sauver l'équipage mais l'« Erika » se casse en deux parties, perd beaucoup de pétrole et coule finalement devant la côte bretonne. Ce naufrage a provoqué une gigantesque marée noire qui, par la suite, a causé la mort d'innombrables oiseaux et d'animaux marins.
L'« Erika » transportait le pétrole Total-Fina. Mais la compagnie française a reconnu très tardivement sa responsabilité dans cette catastrophe écologique. Finalement, les responsables ont payé des millions pour nettoyer les plages, les ports et les rochers pollués.

> **Wo stehen bei der Inversionsfrage die Objekt- und die Adverbialpronomen?**
> Bei der Inversionsfrage bleibt die Stellung der Objekt- und Adverbialpronomen dieselbe wie im Aussagesatz.
>
> *Beispiele:*   Il y rencontrera son grand-père. → <u>Y</u> rencontrera-t-il son grand-père?
>   Il lui parlera de ses vacances. → <u>Lui</u> parlera-t-il de ses vacances?
>   Il ne l'a pas encore vu. → Ne <u>l'</u>a-t-il pas encore vu?

Aufgabe 147* La Française Juliette Binoche est une actrice célèbre. Elle a joué, entre autre, dans le film « Le Chocolat » de Claude Chabrol. Une journaliste qui veut l'interviewer a pris des notes.

Formule ses questions. Remplace les mots soulignés par des pronoms et emploie l'inversion.

a) J. Binoche : aimer manger <u>du chocolat</u>

b) <u>sa famille</u> : aller souvent <u>au cinéma</u>

c) <u>Johnny Depp</u> : avoir déjà rencontré <u>J. Binoche</u> avant le tournage du film

d) J. Binoche : ne pas avoir <u>le trac</u>

e) <u>ses collègues</u> : être sortis ensemble <u>dans un bar</u> après les travaux

f) J. Binoche : ne pas vouloir raconter une anecdote du set <u>aux lecteurs</u>

g) <u>Claude Chabrol</u> : avoir <u>de nouveaux projets</u>

a)   *Aimez-vous en manger ?* _____

b)   _____

c)   _____

d)   _____

e)   _____

f)   _____

g)   _____

10.3 Das Fragepronomen *lequel*

Wie lauten die Formen des Fragepronomens *lequel*?
Das Fragepronomen *lequel* wird wie ein Adjektiv flektiert (gebeugt).

- Die Formen lauten:

	maskulin	feminin
Singular	*lequel*	*laquelle*
Plural	*lesquels*	*lesquelles*

- Das Fragepronomen *lequel* kann auch **mit Präpositionen** kombiniert werden.

  Beispiel: Tu veux sortir avec une amie. <u>Avec laquelle</u>?

  Handelt es sich dabei um *à* oder *de*, so verschmilzt es mit diesen.

	maskulin	feminin		maskulin	feminin
Singular	*auquel*	*à laquelle*		*duquel*	*de laquelle*
Plural	*auxquels*	*auxquelles*		*desquels*	*desquelles*

  Beispiel: Vous irez au cinéma? <u>Auquel</u>?

gabe 148 Mets des formes de *lequel* qui correspondent aux expressions de gauche.

une voiture _____

sur une moto _____

au feu rouge _____

de la bicyclette _____

les chauffeurs _____

dans la rue _____

du train _____

de l'essence _____

aux bateaux _____

des camions _____

au péage _____

à la station _____

Wann wird *lequel* als Fragepronomen verwendet?
Dieses Fragepronomen dient dazu, jemanden aus einer vorgegebenen Auswahl von Personen oder Sachen wählen zu lassen.

Beispiele: Le vendeur de glace a quinze parfums différents. Lesquelles?
Voilà quelques tablettes de chocolat. Laquelle est-ce que tu veux?

Aufgabe 149* Regarde les photos. Complète les questions avec une forme de *lequel* et donne des réponses.

a) Sur les photos, il y a plusieurs animaux. _____ ?

_____

b) Sur une des photos, il y a des tortues. _____ ?

_____

c) Un des chats a un comportement *(Verhalten)* inhabituel. _____ ?

_____

d) Le cochon d'Inde sur la photo en haut s'intéresse à une boisson.

_____ ?

_____

e) La photo avec le cochon d'Inde et le cheval fait allusion à *(anspielen auf)* un personnage typique. _____ ?

_____

f) Le chien sur la photo porte deux choses sur la tête. _____ ?

_____

g) Si tu avais la possibilité d'avoir un des animaux représentés, _____ est-ce que tu aimerais t'occuper ?

_____

abe 150* **Exercice combiné :** Est-ce que tu connais le cinéma français ?
Complète les questions et trouve la bonne réponse.

1. _____ a inventé le cinéma ?

☐ Jean-François Champollion   ☐ les frères Wright

☐ les frères Lumière   ☐ Edouard Cinéma

2. _____ on appelle aussi le cinéma ?

☐ le septième art   ☐ le cici

☐ la lumière mouvante   ☐ le CN

3. _____ se trouve au centre du film « Le Grand bleu » de Luc Besson ?

☐ la planète Terre   ☐ la mer

☐ le ciel   ☐ un rêve d'une petite fille

4. _____ se trouve le plus grand cinéma d'Europe ?

☐ à Strasbourg   ☐ à Paris

☐ à Toulouse   ☐ à Lille

5. _____ des acteurs français suivants a joué dans le film « Da Vinci Code » ?

☐ Jean-Paul Belmondo   ☐ Jean Réno

☐ Mathieu Kassovitz   ☐ Gérard Depardieu

6. Au festival de Cannes, _____ est décerné *(wird verliehen)* au meilleur film ?

☐ une palme   ☐ un ours

☐ un lion   ☐ un oscar

7. _____ a joué le rôle d'Obélix dans les film d'Alain Chabat ?

☐ Jean Dujardin   ☐ Daniel Auteuil

☐ Gérard Depardieu   ☐ Christian Clavier

8. _____ le titre d'un film de Claude Chabrol (paru en 2000) contient ?

☐ un mot allemand   ☐ le mot « chocolat »

☐ une erreur   ☐ seulement des images

9. _____ l'actrice Cathérine Deneuve a-t-elle eu une relation ?

☐ Gérard Depardieu   ☐ Steven Spielberg

☐ François Mitterand ☐ Marcello Mastroianni

10. Le film « Le fabuleux destin d'Amélie Poulain » se joue dans une grande ville. _____ ?

☐ Paris   ☐ Lyon

☐ Marseille   ☐ Bordeaux

11. _____ tu ne trouves pas sur le lieu du tournage ?

☐ le metteur en scène ☐ l'acteur

☐ la costumière   ☐ l'animateur

12. _____ des sociétés de production de cinéma suivantes est française ?

☐ Paramount Pictures ☐ Warner Bros. Entertainment

☐ EON Productions   ☐ Gaumont

13. _____ est « Vercingétorix » dans le film de Jacques Dorfmann (2001) ?

☐ un chien gaulois légendaire ☐ un chef gaulois, adversaire de César

☐ un ami d'Obélix   ☐ l'amant de Cléopâtre

11 Konditionalsätze

Was sind Konditionalsätze?
Ein Konditionalsatz *(proposition conditionnelle)* besteht aus
- einem **Nebensatz (si-Satz)**, der eine Bedingung ausdrückt, und
- einem **Hauptsatz**, der die Folge angibt.

Welche Arten von Konditionalsätzen gibt es?
Im Französischen kannst du zwei Arten von Bedingungssätzen unterscheiden:
- erfüllbare Bedingungen
- unerfüllbare Bedingungen (in der Gegenwart oder in der Vergangenheit)
Jeder dieser Bedingungssätze hat im Französischen eine **typische Zeitenabfolge**.

11.1 Erfüllbare Bedingungen (realer Bedingungssatz)

Welche Zeiten stehen in den *si*-Sätzen, die eine erfüllbare Bedingung beinhalten?
Ist die Bedingung erfüllbar, steht
- im *si-Satz* das *présent*,
- im **Hauptsatz** das *futur simple*.

Beispiel: Si j'ai de l'argent, j'achèterai une nouvelle voiture.

Von dieser Zeitenfolge sind Bedingungen ausgenommen, deren Erfüllung sich auf die
Gegenwart und nicht auf die Zukunft bezieht, z. B. bei Imperativen:

Beispiel: Si vous avez faim, mangez une pomme.

Aufgabe 151 Mets la conjonction *si* à la bonne place.

a) _Si_ le professeur a de la fièvre, _____ il restera à la maison.

b) _____ les parents se fâcheront, _Si_ Pol rentre avec un mauvais bulletin.

c) _Si_ tu manges trop de frites à la cantine, _____ tu deviendras gros !

d) _Si_ les élèves veulent organiser une fête, _____ le professeur les aidera.

e) _Si_ quelqu'un t'offre des drogues, _____ dis non.

f) _Si_ nous vous poserons des questions, _____ nous ne comprenons pas
ce qu'il dit.

g) _Si_ tu sais bien parler le français, _____ tu apprendras plus facilement
l'espagnol et l'italien.

h) _____ son copain lui donnera les devoirs d'anglais, _Si_ elle lui explique
le problème de maths.

Aufgabe 152 Carole va chez une voyante. Mais celle-ci ne dit que des choses évidentes. Forme des phrases avec *si*.

partir en vacances

gagner de l'argent

se marier

ne pas être à la maison

trouver un emploi

ne pas être seule

être malade

entendre parler anglais

aller en Grande-Bretagne

se sentir mal

a) _Si vous partez en vacances, vous ne serez pas à la maison._

b) _____

c) _____

d) _____

e) _____

Aufgabe 153* Qu'est-ce que tu feras s'il pleut le week-end ? Et s'il fait beau ou s'il neige ?

a) S'il pleut, _____

_____

_____

b) S'il fait beau, _____

_____

_____

c) S'il neige, _____

_____

_____

11.2 Unerfüllbare Bedingungen (irrealer Bedingungssatz)

Welche Zeiten stehen im irrealen Bedingungssatz der Gegenwart?
Bei einer unerfüllbaren Bedingung der Gegenwart steht
- im *si-Satz* das *imparfait,*
- im **Hauptsatz** das *conditionnel I.*

Beispiel: Si j'avais de l'argent, j'achèterais une nouvelle voiture.

Beachte: Im Französischen darf im Gegensatz zum Deutschen **kein *conditionnel* und
kein *futur simple* im *si-Satz*** stehen.

Aufgabe 154 Complète les phrases avec *si*. Mets la forme du verbe qui convient.

a) S'ils ___avaient___ de la chance, ils
   ___gagneraient___ (gagner) un jour au loto.

b) S'ils ___gagnaient___ au loto, ils ___seraient___
   (être) millionaires.

c) S'ils ___étaient___ millionnaires, ils
   ___profiteraient___ (profiter) de la vie.

d) S'ils ___profiteraient___ de la vie,
   ils ___partiraient___ (partir) pour faire un voyage autour du monde.

e) S'ils _____ pour faire un voyage autour du monde, ils _____
   (visiter) tous les pays exotiques.

f) S'ils _____ tous les pays exotiques, ils _____
   (rencontrer) beaucoup de gens sympa.

g) S'ils _____ beaucoup de gens sympa, ils _____
   (se faire) partout des amis.

h) S'ils _____ partout des amis, ils _____ (s'amuser)
   bien avec eux.

i) S'ils _____ bien avec eux, ils _____
   (ne plus s'ennuyer).

j) S'ils _____, ils _____ (aller) très bien.

k) S'ils _____ très bien, ils _____ (ne plus jamais
   rentrer) chez eux.

Aufgabe 155* Qu'est-ce que tu ferais si tu avais la possibilité de visiter les pays suivants ? Forme des propositions conditionnelles. Fais attention aux prépositions que tu mets devant les noms de pays.

Si je faisais un voyage en France,

_____
_____
_____

_____
_____
_____

Welche Zeiten stehen im irrealen Bedingungssatz der Vergangenheit?
Bei einer unerfüllbaren Bedingung der Vergangenheit steht
- im *si-Satz* das *plus-que-parfait*,
- im **Hauptsatz** das *conditionnel II*.

Beispiel: Si j'<u>avais eu</u> de l'argent, j'<u>aurais acheté</u> une nouvelle voiture.

Aufgabe 156 Jérôme croit tout savoir faire. Forme des propositions conditionnelles au passé. Mets les formes qui conviennent.

a) Si je *ne serais pas eu* _____ (ne pas être) malade,
    j' *aurais gagné* _____ (gagner) la course.

b) Si j' *serais viu* _____ (vivre) au Moyen Age,
    j' *aurais inventé* _____ (inventer) l'électricité.

c) Si j' *avais fait* _____ (faire) la cuisine,
    le repas *aurais été* _____ (être) meilleur.

d) Si j' *avais participé* _____ (participer) au safari,
    j'_____ (tuer) le lion.

e) Si je _____ (ne pas oublier) mon porte-monnaie,
    j'_____ (acheter) la Ferrari.

f) Si j'_____ (être) sur le terrain de foot,
    j'_____ (marquer) le but.

Aufgabe 157   **Exercice combiné :** Sophie écrit une lettre à sa copine Louise qui vit à Bruxelles et lui parle de la visite de sa correspondante française.

Mets les formes qui conviennent.

Chère Louise,

Comment vas-tu ? La semaine dernière, ma correspondante Sandrine de Nantes est venue me voir. Si je n'avais pas eu de photo d'elle, je _____ (ne pas la reconnaître). Sandrine est une fille gentille, mais elle sait ce qu'elle veut. Je pense que si notre accueil ne lui avait pas plu, elle _____ (rentrer) tout de suite. Malheureusement, ma mère ne savait pas que Sandrine était végétarienne. Si elle l'_____ (savoir), elle ne nous aurait pas préparé de steaks. Ma correspondante ne parle pas très bien allemand. Si, en été, elle _____ (voyager) seule à Berlin, elle ne comprendra rien. Si j'étais à sa place, je _____ (se servir) d'un dictionnaire. Mais je crois que tout le monde a été content. Et je suis sûre que nous n'aurions pas autant (so) rigolé si l'échange _____ (ne pas être) si bien préparé. Et toi, est-ce que tu aurais envie de me rendre visite ? Viens en août, si tu _____ (vouloir). Je m'en réjouirais.

Je t'embrasse
Sophie

Aufgabe 158*   **Exercice combiné :** Lis d'abord le texte.

La Pucelle d'Orléans

Rue de Rivoli, à Paris, on fête le souvenir de Jeanne d'Arc le deuxième dimanche de mai : Fille d'un paysan, Jeanne est née à Domrémy en Lorraine, en 1412. À l'âge de treize ans, elle aurait entendu des voix surnaturelles qui lui demandaient de sauver sa patrie.

À l'époque, la France se trouvait en guerre (la Guerre de Cent Ans) et souffrait de l'occupation anglaise. C'est pourquoi tout le monde en France était désespéré. Les Anglais avaient même pris la ville de Paris et le candidat français à la couronne, Charles VII, préférait vivre au château de Chinon.

Jeanne s'est mise en route. Elle voulait encourager Charles à aller à Reims pour devenir le roi légitime de France. Mais quand elle y est arrivée, celui-ci s'est caché. Mais Jeanne l'a reconnu tout de suite parmi ses courtisans.

« Elle est vraiment envoyée par Dieu »
pensait Charles et l'a mise à la tête
d'une armée pour chasser les Anglais
qui assiégeaient Orléans. Jeanne a
libéré la ville. Victoire ! Elle était
devenue une héroïne et l'espoir de
tous les patriotes français.
Après plusieurs victoires sur les
ennemis anglais, son succès s'est arrêté
brusquement : On l'a capturée et
livrée aux Anglais ! Pour se débarrasser
de leur ennemie dangereuse, ils lui
ont fait un procès. Au tribunal, on a
accusée Jeanne d'avoir porté des vêtements masculins et d'avoir présenté
ses visions comme des messages divins.
En 1432, on l'a condamnée et brûlée

vive sur la place du Vieux Marché à Rouen. Charles VII n'a rien fait pour la
secourir ! Aujourd'hui, les Français adorent Jeanne d'Arc, canonisée *(heilig
gesprochen)* depuis 1920. Elle est un des symboles nationaux de leur patrie.

Trouve les mots dans le texte qui font partie de la même famille que les mots
indiqués et traduis-les.

a) occuper *(besetzen)* : _____

b) l'espoir *(Hoffnung)* : _____

c) le courage *(Mut)* : _____

d) la reine *(Königin)* : _____

e) la chasse *(Jagd)* : _____

f) le siège *(Belagerung)* : _____

g) libre *(frei)* : _____

h) vaincre *(besiegen)* : _____

i) l'ami *(Freund)* : _____

j) le danger *(Gefahr)* : _____

k) Dieu *(Gott)* : _____

Trouve les mots qui correspondent à la définition.

> légitime patriote courtisan
>
> secourir couronne
>
> capturer accuser

l) un symbole du pouvoir royal : _____

m) qc qui est conforme au droit : _____

n) qn qui vit à la cour d'un roi : _____

o) qn qui aime très fort son pays : _____

p) arrêter un ennemi : _____

q) dire que qn est coupable : _____

r) venir en aide à qn : _____

Aufgabe 159* Est-ce que les affirmations *(Behauptungen)* suivantes sont justes ?
Coche la bonne case (☒) et corrige les affirmations s'il le faut.

	juste	faux
a) Jeanne est née à Paris.	☐	☐
b) Elle a vécu au XVème siècle.	☐	☐
c) À l'époque, les Français avaient occupé toute l'Angleterre.	☐	☐
d) Charles VII était désespéré de la situation de la France.	☐	☐
e) Sans qu'il le sache, Jeanne se trouvait à la tête de ses troupes.	☐	☐
f) Il a envoyé une armée pour sauver la fille.	☐	☐
g) Jeanne d'Arc est morte d'une maladie grave.	☐	☐

gabe 160 **Exercice combiné :** Relie les parties de la phrase qui correspondent. Mets les verbes au temps qui convient. Vérifie l'accord !

A	Si Jeanne (ne pas avoir) de visions surnaturelles,	1	les Anglais (ne pas perdre) Orléans.
B	Moi, si (être) à la place de Jeanne d'Arc,	2	nous le (regarder) certainement.
C	Si Jeanne (ne pas être) à la tête des troupes françaises,	3	il (ne pas lui donner) son armée.
D	Si le film avec Milla Jovovich dans le rôle de Jeanne d'Arc (passer) à la télé,	4	nous (aller voir) sa statue, rue de Rivoli.
E	Si Jeanne (ne pas aider) sa patrie,	5	les ennemis (ne pas l'arrêter).
F	Si Jeanne (être plus prudent),	6	je (ne pas faire) confiance à Charles VII.
G	Si Jeanne (ne pas reconnaître) Charles,	7	les Anglais (quitter) aussi Paris.
H	Si nous (aller) à Paris,	8	on (ne pas connaître) cette jeune fille lorraine.
I	Si Jeanne (recevoir) plus de soldats,	9	la France (rester) sous dominance anglaise.

A 8 Si Jeanne n'avait pas eu de visions surnaturelles,
on n'aurait pas connu cette jeune fille lorraine.

Aufgabe 161*   **Exercice combiné :** Traduis en français.

Unmö a)   Wenn M. Lamy nicht zu schnell gefahren wäre, hätte es keinen Unfall
                gegeben.

             _____

             _____

Wa b)   Wenn ich morgen nicht mehr krank bin, besuche ich dich.

             _____

             _____

Un c)   Du würdest bessere Noten haben, wenn du besser arbeiten würdest.

             _____

             _____

Un d)   Wenn Sylvie mehr Geld verdienen würde, würde sie in die Alpen zum
                Skilaufen fahren.

             _____

             _____

Unmög e)   Wenn wir vorsichtiger gewesen wären, hätten wir keine Probleme mit der
                Gesundheit gehabt.

             _____

             _____

Unmög f)   Selbst wenn du mir eine Million anbieten würdest, würde ich es meinen
                Eltern nicht sagen.

             _____

             _____

Wa g)   Wenn sich Nathalie heute besser fühlt, besucht sie mich.

             _____

             _____

Unmög h)   Wenn wir letztes Jahr nach Arras gefahren wären, hätten wir sicher seinen
                Turm besichtigt.

             _____

             _____

abe 162* Prends la place de ces trois personnages. Présente cinq idées.

a)

> Le petit Jacques est convaincu de devenir plus tard président de la république.
> Il a déjà beaucoup d'idées de ce qu'il fera lorsqu'il dirigera le pays.

Décris ce qu'il fera. Utilise la proposition conditionnelle.

Exemple : *Si j'étais président de la République, je voyagerais dans le monde entier.*

_____

_____

_____

_____

_____

b)

> Pour la première fois, la jeune Céline a enregistré des chansons sur cassette et les
> a envoyées à une maison de disque. Maintenant, elle rêve de devenir une vedette
> de rock.

Décris ce qu'elle raconte à sa copine. Utilise la proposition conditionnelle.

Exemple : *Si mes chansons plaisaient à la maison de disque, elle m'inviterait.*

_____

_____

_____

_____

_____

c)

> Peu avant sa mort, un vieux millionnaire mécontent pense à sa vie.

Écris ce qu'il pourrait écrire dans son journal intime *(Tagebuch)*. Utilise la
proposition conditionnelle.

Exemple : *J'aurais été plus heureux dans ma vie, si j'avais travaillé moins.*

_____

_____

_____

_____

_____

Wie werden die Konditionalsätze im Englischen gebildet?
Im Englischen gilt dieselbe vorgeschriebene Zeitenfolge wie im Französischen:

Beispiele:	**Typ 1**	Si j'<u>ai</u> assez d'argent,	j'<u>achèterai</u> une nouvelle voiture.
		If I <u>have</u> enough money,	I'<u>ll buy</u> a new car.
	Typ 2	Si j'<u>avais</u> assez d'argent,	j'<u>achèterais</u> une nouvelle voiture.
		If I <u>had</u> enough money,	I <u>would buy</u> a new car.
	Typ 3	Si j'<u>avais eu</u> assez d'argent,	j'<u>aurais acheté</u> une nouvelle voiture.
		If I <u>had had</u> enough money,	I <u>would have bought</u> a new car.

Aufgabe 163*   Traduis de l'anglais en français.
Coche (☒) le type de proposition conditionnelle.

            Typ 1   Typ 2   Typ 3

a)   If my friend comes today, we will go to the beach.   ☒   ☐   ☐

      Si mon ami vient aujourd'hui, nous irons / on ira à la plage.

_____

b)   If it rained tonight, I would stay at home.   ☐   ☐   ☐

_____

_____

c)   What will you do, if she doesn't come?   ☐   ☐   ☐

_____

_____

d)   If we had known your birthday, we would have
offered you a gift.   ☐   ☐   ☐

_____

_____

e)   If John worked hard, he would be more successful.   ☐   ☐   ☐

_____

_____

11.3 Unterschied zwischen *si* und *quand*

Welchen Unterschied gibt es zwischen den beiden Konjunktionen *si* und *quand*?
Die beiden Konjunktionen *si* und *quand* können im Deutschen mit ‚wenn' wiedergegeben werden. Dieses ‚wenn' ist im Deutschen aber doppeldeutig: es kann sowohl in Konditionalsätzen als auch in Temporalsätzen verwendet werden.
Im Französischen werden diese beiden Satztypen durch die Konjunktionen eindeutig voneinander abgegrenzt. So steht
- in **Konditionalsätzen** die Konjunktion *si* (verbindliche Zeitenfolge),
- in **Temporalsätzen** die Konjunktion *quand* (ohne festgelegte Zeitenfolge).

Beispiel: Wenn es regnet, nehme ich einen Regenschirm.
- Konditionalsatz:
  (Falls es regnet/Sollte es regnen, nehme ich einen Regenschirm.)
  S'il pleut, je prendrai un parapluie.
- Temporalsatz:
  (Immer wenn/Dann wenn es regnet, nehme ich einen Regenschirm.)
  Quand il pleut, je prends un parapluie.

gabe 164   Laure déteste l'école. Mets la bonne conjonction (*si* ou *quand*).

a) _____ le professeur explique un problème, Laure n'écoute pas.

b) _____ elle faisait attention, elle aurait de meilleures notes.

c) _____ le professeur était plus gentil, elle le respecterait plus.

d) _____ Laure rentre de l'école, elle regarde la télé.

e) _____ elle avait eu des frères ou des sœurs, elle aurait joué avec eux.

f) _____ elle va au lit, elle n'a pas encore fait ses devoirs.

abe 165*   Traduis les phrases suivantes.

a) Wenn es am Wochenende regnet, werde ich mein Zimmer aufräumen.

_____

b) Wenn du Lust hast, könnten wir ins Stadion gehen.

_____

c) Wenn ich in die Disco gehe, bin ich am nächsten Morgen immer müde.

_____

d) Hilfst du mir, wenn ich dich ins Kino einlade?

_____

12   Indirekte Rede

Die indirekte Rede (*discours indirect*) dient dazu, das wiederzugeben, was gesagt wird oder wurde. Alle Arten von Sätzen können in die indirekte Rede umgewandelt werden: Aussagesätze, Fragesätze und Imperativsätze.

12.1 Indirekte Aussagesätze

Wie wird ein indirekter Aussagesatz gebildet?
Bei der Umwandlung der direkten Rede in die indirekte Rede wird der in Anführungszeichen gesetzte Satz zu einem mit der Konjunktion *que* eingeleiteten Nebensatz.

Beispiel: Je dis à Sophie : « J'ai faim. »   Je dis à Sophie qu<u>e</u> j'ai faim.

Mit welchen Verben kann die indirekte Rede eingeleitet werden?
Die indirekte Rede kann außer mit *dire* auch mit anderen Verben eingeleitet werden. Achte darauf, für Abwechslung zu sorgen.

ajouter	*hinzufügen*	expliquer	*erklären*	raconter	*erzählen*
annoncer	*ankündigen*	imaginer	*sich vorstellen*	remarquer	*bemerken*
apprendre	*erfahren*	indiquer	*angeben*	répéter	*wiederholen*
déclarer	*erklären*	jurer	*schwören*	répondre	*antworten*
entendre dire	*hören*	mettre en relief	*hervorheben*	souligner	*unterstreichen*
être d'avis	*der Meinung sein*	penser	*denken*	trouver	*finden*

Beachte: Bei *trouver bon/mauvais/normal* usw. steht der *subjonctif*.

Aufgabe 166   Quel verbe pourrait introduire le discours indirect dans les phrases suivantes ? Choisi parmi les verbes indiqués et mets-les à la forme qui convient.

> répéter, annoncer, être d'avis, jurer, trouver, apprendre, promettre, déclarer

a)   Les élèves _____ qu'ils ont trop de devoirs.

b)   La cliente _____ que les fruits sont trop chers.

c)   Le prof _____ que la classe va écrire un contrôle.

d)   Depuis un an, le ministre _____ que la situation va bientôt changer.

e)   Le propriétaire _____ que le loyer n'augmentera pas.

f)   Le vendeur _____ que la voiture n'a pas encore eu d'accident.

g)   La police _____ à cette femme que son mari a volé l'argent.

h)   La mère _____ que son bébé n'a pas envie de boire du lait.

Wie werden die Zeiten in der indirekten Rede gesetzt?

Regel 1: Steht das **einleitende Verb** des Hauptsatzes in einer Zeit der **Nicht-Vergangenheit** (*présent, futur, conditionnel simple*), so bleiben die **Zeiten und Modi** der direkten Rede bei der Umformung in die indirekte Rede **unverändert**.

Beispiel: Je dis : « J'ai soif. »   Je dis que j'ai soif.
             Je dirai : « J'ai soif. »   Je dirai que j'ai soif.

gabe 167   Le professeur veut aller avec sa classe au théâtre pour y voir une pièce de Molière. Molière, de son vrai nom Jean-Baptiste Poquelin, a vécu de 1622 à 1673. Il est l'auteur de comédies célèbres, acteur et directeur de troupe à la cour de Louis XIV, le roi Soleil.

Transforme le *discours direct* en *discours indirect*.

a)   Le professeur annonce aux parents de ses élèves :
      « La classe ira voir une pièce de Molière au théâtre. »

_____

_____

b)   Il ajoute : « Les pièces de Molière sont toujours très amusantes. »

_____

_____

c)   Il souligne : « Les élèves vont beaucoup aimer *Le Malade imaginaire*, sa meilleure comédie. »

_____

_____

Et les élèves, qu'est-ce qu'ils en diront ?

d)   Les élèves déclareront : « C'est une bonne idée. »

_____

e)   Le délégué de la classe promettera : « La classe ne fera pas de bêtises. »

_____

_____

f)   Un garçon proposera : « Toute la classe pourrait aller au MacDo après la représentation. »

_____

_____

Regel 2: Steht das **einleitende Verb** des Hauptsatzes in einer Zeit der **Vergangenheit** (*imparfait, passé composé, plus-que-parfait, conditionnel passé*), so stehen in der indirekten Rede folgende Zeiten und Modi:

- Beim Präsens und den zusammengesetzten Zeiten *futur composé* und *passé composé* musst du die konjugierte Form ins *imparfait* setzen:

  Beispiele:　J'ai dit : « J'ai soif. »　　　　J'ai dit que j'avais soif. *(imparfait)*
  　　　　　 J'ai dit : « Je vais avoir soif. »　J'ai dit que j'allais avoir soif.
  　　　　　 J'ai dit : « J'ai eu soif. »　　　J'ai dit que j'avais eu soif. *(plus-que-parfait)*

- Da beim *imparfait* und *plus-que-parfait* die konjugierte Form bereits im *imparfait* steht, bleiben diese beiden Zeiten unverändert.

  Beispiele:　J'ai dit : « J'avais soif. »　　　J'ai dit que j'avais soif. *(imparfait)*
  　　　　　 J'ai dit : « J'avais eu soif. »　　J'ai dit que j'avais eu soif. *(plus-que-parfait)*

- Das *conditionnel* bleibt ebenfalls unverändert (da auch hier die Endung mit der *imparfait*-Endung identisch ist).

  Beispiel:　J'ai dit : « J'aurais (eu) soif. »　J'ai dit que j'aurais (eu) soif.

- Beim *futur simple* wird die *présent*-Endung in die *imparfait*-Endung umgewandelt.

  Beispiel:　J'ai dit : « J'aurai soif. »　　　J'ai dit que j'aurais soif. *(conditionnel)*

Steht das einleitende Verb in einer Zeit der Vergangenheit, können in der indirekten Rede also nur *imparfait*-Formen bzw. -Endungen vorkommen.

Aufgabe 168

Ton copain Michel t'a raconté l'histoire suivante. Mets-la au discours indirect.

Après six ans, le chat de Jean a apporté pour la première fois une souris vivante à la maison. Il voulait faire un cadeau aux parents de Jean. Ils dormaient déjà quand le chat est entré dans leur chambre à coucher. Ils se sont réveillés et ont fait la chasse à la souris. Si celle-ci ne s'était pas caché dans le pot d'une plante qui se trouvait près de la fenêtre, ils n'auraient jamais réussi à attraper l'animal. Ses parents ont mis la plante avec la souris sur la terrasse. Le chat s'en est allé, tout triste.

Michel a raconté que, après six ans, le chat de Jean … _____

_____

_____

_____

_____

Was muss du bei den Pronomen beachten?

Bei der Umformung von der direkten Rede in die indirekte Rede findet ein Perspektivenwechsel statt. Aus diesem Grund musst du die verschiedenen Pronomen je nach Sinnzusammenhang anpassen:

- **Personalpronomen**
  Beispiel: Luc dit : « <u>Je</u> rentrerai à la maison à huit heures. »
  Luc dit qu'<u>il</u> rentrera à la maison à huit heures.

- **Possessivpronomen**
  Beispiel: Pierre dit: « Ce sont <u>mes</u> CD. »
  Pierre dit que ce sont <u>ses</u> CD.

- **Objektpronomen**
  Beispiel: Il dit : « Je <u>te</u> montrerai mes CD. »
  Il dit qu'il <u>me</u> montrera ses CD.

gabe 169   Vos parents étaient partis pour le week-end. Comme vous étiez seuls, vous avez fait une grande fête. Le lendemain, les voisins ont sonné à votre porte. Mets leurs paroles au discours indirect. Utilise des verbes différents pour introduire le discours indirect.

d) Vous avez bu trop d'alcool.

c)   La prochaine fois, nous appelerons la police.

e)   Les escaliers étaient sales.

b)   La musique était trop forte.

f)   Nous informerons vos parents.

a)   Normalement, nous ne nous plaignons pas.

g)   Il faut avoir du respect envers les autres.

a)   *Ils ont dit que ...* _____

b)   _____

c)   _____

d)   _____

e)   _____

f)   _____

g)   _____

Aufgabe 170   Est-ce que vous aimez le sport ? Un magazine pour les jeunes a interviewé des
garçons et des filles de 12 à 14 ans à ce sujet. Mets leurs réponses au discours
indirect.

a) **LAURENT :**   Le sport est ma vie. Pour le sport je
renoncerais même à tous mes CD.

b) **BARABARA :** Quand j'étais enfant, j'ai fait beaucoup de
sport. Mais depuis un an, je n'en fais plus
souvent.

c) **YVES :**   J'adore surtout le foot. Dans quelques
années, je jouerai dans l'équipe nationale.

d) **FABIEN :**   Je n'ai jamais compris pourquoi tout le
monde aime le sport. Il est plus
intéressant de jouer sur l'ordinateur.

e) **CAROLINE :**   Normalement, je m'entraîne au moins trois
fois par semaine. Mais malheureusement,
je me suis cassée la jambe pendant le
dernier match.

f) **PHILIPPE :**   À l'âge de trois ans, mes parents m'ont
appris à faire du ski. Depuis ce temps,
j'aime bien pratiquer ce sport.

a)   _Laurent a souligné que ..._ _____

_____

b)   _____

_____

c)   _____

_____

d)   _____

_____

e)   _____

_____

f)   _____

_____

gabe 171 Une classe française est en route pour l'échange scolaire. Mets les paroles des élèves au *discours indirect*.

David _____

Pierre _____

Cédric _____

Sylvie _____

Daniel _____

Marie _____

Valérie _____

Sandrine _____

Céline _____

Yvonne _____

Aufgabe 172* Tu trouves ici quelques citations de Français célèbres.
Mets-les au *discours indirect*.

Descartes (1596–1650)	« Je pense, donc je suis. »

Descartes a dit qu'il pensait, et que donc il était.

Chateaubriand (1768–1848)	« Je m'ennuie de la vie. »

Voltaire (1696–1778)	« Un jour tout sera bien, voilà notre espérance. Tout est bien aujourd'hui, voilà l'illusion. »

Louis XIV (1638–1715)	« L'État, c'est moi ! »

La Bruyère (1645–96)	« Il n'y a pour l'homme que trois évènements : naître, vivre et mourir. Il ne se sent pas naître, il souffre à mourir et il oublie de

Voltaire (1696–1778)	« Si Dieu n'existait pas, il faudrait l'inventer. »

Corneille (1606–84)	« Il faut bonne mémoire après qu'on a menti. »

Balzac (1799–1850)	« La gloire est le soleil des morts. »

Guitry (1885–1957)	« On se dit au revoir quand on espère bien qu'on ne se reverra jamais, et on se revoit volontiers quand on s'est dit adieu. »

les frères **Goncourt** (1822–96/1830–70)	« L'histoire est un roman qui a été, le roman est de l'histoire qui aurait pu être. »

| **Sartre** (1905–80) | « L'enfer, c'est les autres. » |

| **Musset** (1810–57) | « La vie est un sommeil, l'amour est le rêve. Et vous auriez vécu si vous aviez aimé. » |

abe 173* Luc a écrit un e-mail à sa sœur qui est fille au pair dans une famille allemande. Souligne les phrases au discours indirect avec un crayon. Puis transforme-les en discours direct pour savoir ce que Luc, Jérôme et leurs parents ont dit.

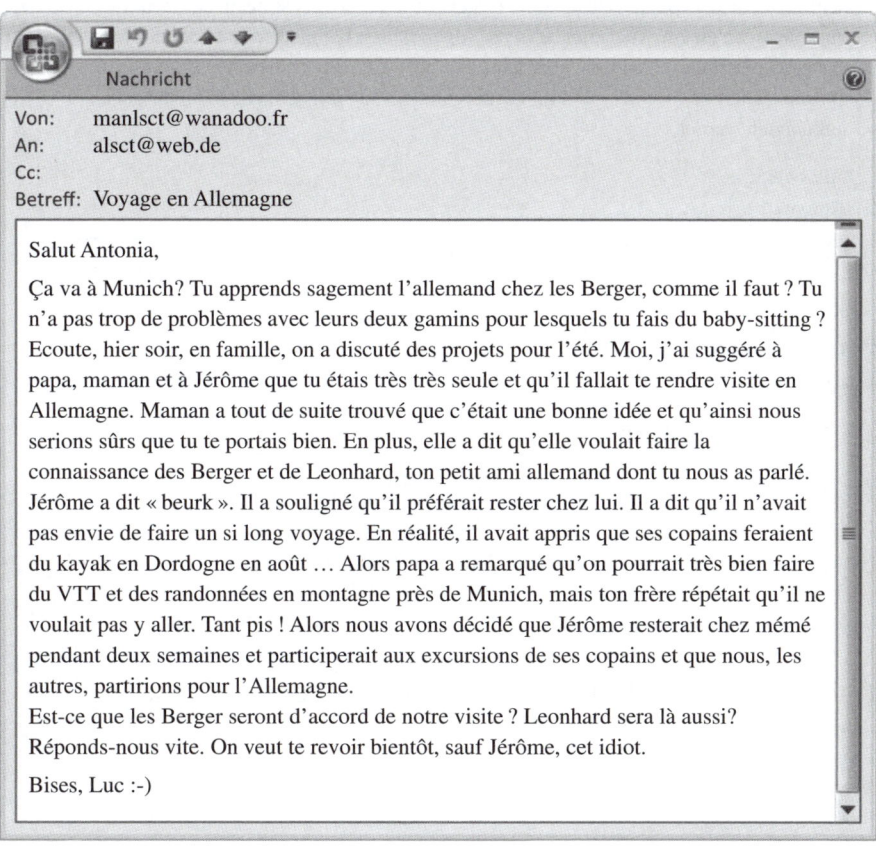

Von: manlsct@wanadoo.fr
An: alsct@web.de
Cc:
Betreff: Voyage en Allemagne

Salut Antonia,

Ça va à Munich ? Tu apprends sagement l'allemand chez les Berger, comme il faut ? Tu n'a pas trop de problèmes avec leurs deux gamins pour lesquels tu fais du baby-sitting ? Ecoute, hier soir, en famille, on a discuté des projets pour l'été. Moi, j'ai suggéré à papa, maman et à Jérôme que tu étais très très seule et qu'il fallait te rendre visite en Allemagne. Maman a tout de suite trouvé que c'était une bonne idée et qu'ainsi nous serions sûrs que tu te portais bien. En plus, elle a dit qu'elle voulait faire la connaissance des Berger et de Leonhard, ton petit ami allemand dont tu nous as parlé. Jérôme a dit « beurk ». Il a souligné qu'il préférait rester chez lui. Il a dit qu'il n'avait pas envie de faire un si long voyage. En réalité, il avait appris que ses copains feraient du kayak en Dordogne en août … Alors papa a remarqué qu'on pourrait très bien faire du VTT et des randonnées en montagne près de Munich, mais ton frère répétait qu'il ne voulait pas y aller. Tant pis ! Alors nous avons décidé que Jérôme resterait chez mémé pendant deux semaines et participerait aux excursions de ses copains et que nous, les autres, partirions pour l'Allemagne.

Est-ce que les Berger seront d'accord de notre visite ? Leonhard sera là aussi ? Réponds-nous vite. On veut te revoir bientôt, sauf Jérôme, cet idiot.

Bises, Luc :-)

Aufgabe 174* Antonia a répondu à l'e-mail de son frère. Traduis ce qu'elle a écrit en français.

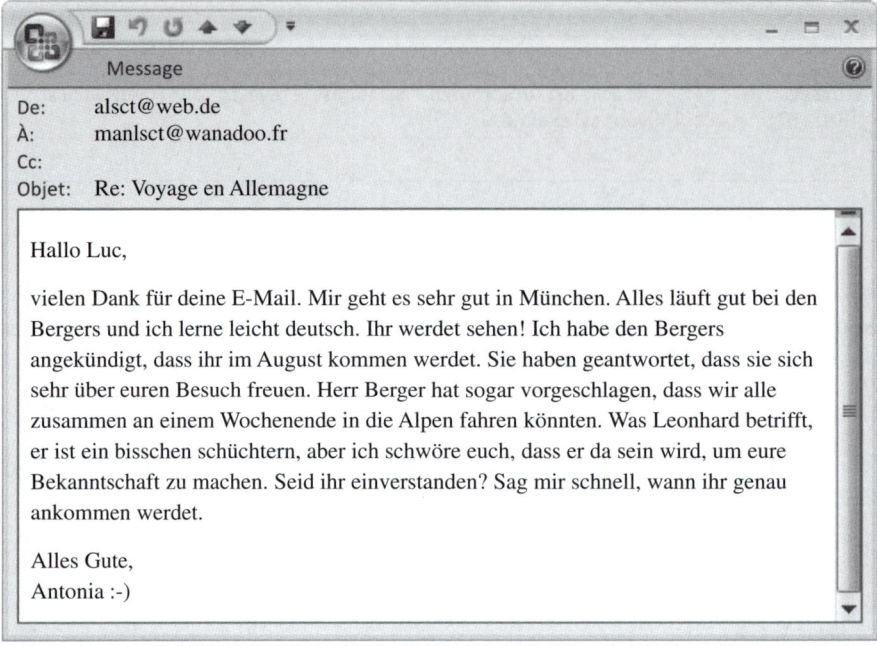

Message

De: alsct@web.de
À: manlsct@wanadoo.fr
Cc:
Objet: Re: Voyage en Allemagne

Hallo Luc,

vielen Dank für deine E-Mail. Mir geht es sehr gut in München. Alles läuft gut bei den Bergers und ich lerne leicht deutsch. Ihr werdet sehen! Ich habe den Bergers angekündigt, dass ihr im August kommen werdet. Sie haben geantwortet, dass sie sich sehr über euren Besuch freuen. Herr Berger hat sogar vorgeschlagen, dass wir alle zusammen an einem Wochenende in die Alpen fahren könnten. Was Leonhard betrifft, er ist ein bisschen schüchtern, aber ich schwöre euch, dass er da sein wird, um eure Bekanntschaft zu machen. Seid ihr einverstanden? Sag mir schnell, wann ihr genau ankommen werdet.

Alles Gute,
Antonia :-)

Aufgabe 175* Réponds en quelques phrases aux questions suivantes.
Utilise le discours indirect.

a) Qu'est-ce que tes profs disent de votre classe ?

_____

_____

b) Qu'est-ce que tes parents ont dit quand tu as voulu sortir la dernière fois ?

_____

_____

c) Qu'est-ce que tu dirais si un bon copain te demandait 100 euros ?

_____

_____

Was musst du bei den adverbialen Bestimmungen beachten?

Wie die Pronomen werden auch die adverbialen Bestimmungen in der indirekten Rede an die Perspektive des Erzählers angepasst:

- **Ortsangaben**
  ici   → là
                     → là-bas
                     → à cet endroit

- **Zeitangaben**

hier	→ la veille
hier soir	→ la veille au soir
aujourd'hui	→ ce jour-là
demain	→ le lendemain
demain matin	→ le lendemain matin
après-demain	→ le surlendemain
maintenant	→ à ce moment
la semaine prochaine	→ la semaine suivante

Wo stehen die Orts- und Zeitangaben in der indirekten Rede?

Die Orts- und Zeitangaben werden in der indirekten Rede in der Regel an das Satzende gestellt. Die Stellung am Satzanfang dient der besonderen Hervorhebung.

gabe 176   À La Rochelle, il y a un grand aquarium où l'on peut voir beaucoup d'animaux marins de notre planète. Pendant un échange scolaire à La Rochelle, un groupe d'élèves a visité l'aquarium rochelais. Comme il a plu du matin au soir ce jour-là, les jeunes sont restés longtemps « vingt mille lieues sous la mer ».

Voilà ce qu'ils ont raconté à Alain, qui n'a pas participé à l'excursion parce qu'il était malade. Mets les paroles de ses copains au discours indirect.

a)   CHARLOTTE : « Aujourd'hui, j'ai vu Nemo, le petit poisson clown ! »

_____

b)   EDITH : « L'audioguide raconte des anecdotes étonnantes sur la vie des animaux marins ! »

_____

_____

c)   SYLVIE : « J'ai laissé mes impressions sur le livre d'Or de l'aquarium. »

_____

_____

d)   THOMAS : « Les billets d'entrée ne sont pas chers. »

_____

e)   DANIEL : « J'ai aussi des poissons tropicaux chez moi. »

_____

f)   FRÉDÉRIC : « Je me suis perdu parmi les 65 aquariums. »

_____

g)   KEVIN et LUC : « Dans la boutique, nous avons acheté des cartes postales et des petits cadeaux pour nos parents. »

_____

_____

h)   ADELINE : « Je n'oserais pas plonger au milieu des requins. »

_____

i)   MARC : « J'ai pris un ascenseur pour arriver au fond de la mer. »

_____

j)   VICTOR : « L'année dernière, mon copain y est aussi allé avec la famille de son correspondant ! »

_____

_____

k)   YAN : « Le prof nous a demandé de ne pas prendre de photos. »

_____

l)   ANNE : « Je vais bientôt y retourner. »

_____

gabe 177 Le jeudi avant Pâques, Valérian a parlé de ce qu'il avait fait mercredi et ce qu'il allait encore faire les jours qui venaient. Commence les phrases par *il a dit que…* et utilise *la veille, ce jour-là,* etc. au lieu de *mercredi, jeudi* etc.
Fais attention de mettre les verbes du discours indirect au temps qui convient.

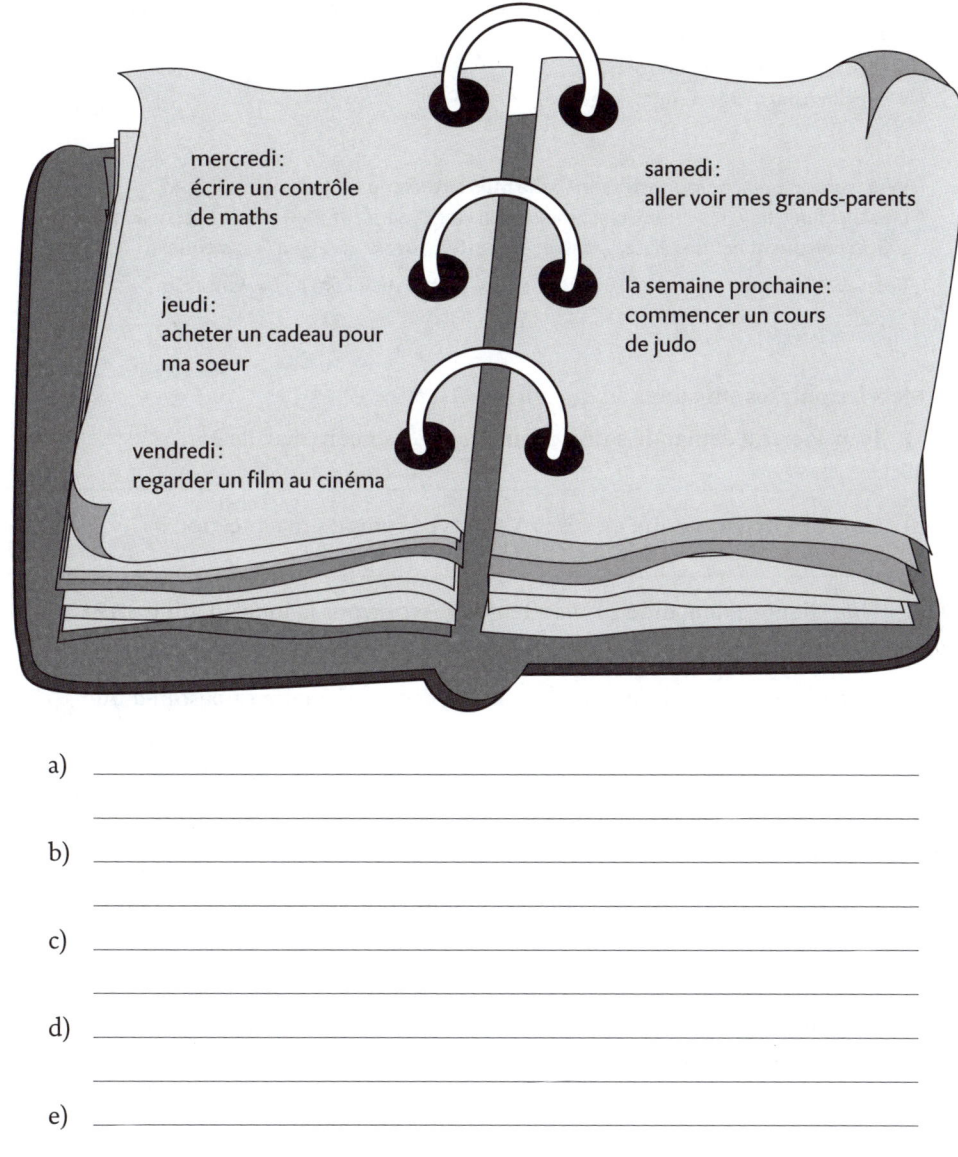

a) _____

_____

b) _____

_____

c) _____

_____

d) _____

_____

e) _____

_____

12.2 Indirekte Fragen

Indirekte Fragen geben das wieder, was andere (oder du selbst) fragen oder gefragt haben. Die Regeln, die für die **Umformung der Zeiten** aus einem direkten in einen indirekten Aussagesatz aufgestellt wurden, gelten ebenfalls für die Bildung der indirekten Fragen.

Für die richtige Umformung der direkten Frage in die indirekte Frage ist es wichtig, die beiden Arten von Fragen zu unterscheiden:
- **Entscheidungsfragen** (ohne Fragewort)
- **Ergänzungsfragen** (mit Fragewort)

Wie werden Entscheidungsfragen in die indirekte Rede umgeformt?
Entscheidungsfragen werden in der indirekten Frage mit *si* eingeleitet. Die Satzstellung im *si*-Satz entspricht der des Aussagesatzes. Das *est-ce que* der direkten Frage entfällt.

Beispiel: Thierry demande à Sophie : « Est-ce que tu as faim ? » / « As-tu faim ? »
              Thierry demande à Sophie s̲i̲ elle a faim.

Aufgabe 178   Mets les phrases suivantes au *discours indirect*.

a)   Jean-Pierre a demandé à une copine : « Tu es encore malade ? »

_____

b)   Le prof a demandé aux élèves : « Vous avez compris ma question ? »

_____

c)   Une cliente a demandé à la vendeuse : « Avez-vous la jupe en taille 38 ? »

_____

d)   Le chauffeur de taxi a demandé à un voyageur : « Vous avez besoin d'un taxi ? »

_____

e)   Une femme s'est demandé : « Est-ce que mon mari m'aime encore ? »

_____

f)   La vedette a demandé à son public : « Vous souhaitez écouter mon nouvel album ? »

_____

g)   Le touriste a demandé à l'information : « Est-ce qu'il y aura une visite guidée à 15 heures ? »

_____

Aufgabe 179   Ton correspondant David te rend visite. Ta grand-mère, elle aussi, passe quelques jours chez vous et fait sa connaissance. Elle pose beaucoup de questions. Comme David ne parle pas bien allemand, tu fais l'interprète. Introduis tes phrases avec *elle veut savoir* ou *elle te demande*.

	la grand-mère	toi
a)	Wo wohnst du?	*Elle te demande ...*
b)	Wie viele Geschwister hast du?	
c)	Wie alt bist du?	
d)	Seit wann bist du in Deutschland?	
e)	Warum sprichst du kein Deutsch?	
f)	Wie findest du die deutschen Gerichte?	
g)	Welche deutsche Stadt würdest du gerne besichtigen?	
h)	Wem hast du schon Postkarten geschrieben?	

> **Wie werden Fragen mit *qu'est-ce qui* bzw. *qu'est-ce que* in die indirekte Rede gesetzt?**
> Möchtest du direkte Fragen mit *que* in die indirekte Frage umwandeln, so musst du *ce qui* bzw. *ce que* verwenden:
> - *qu'est-ce qui* → *ce qui* (für Subjekt)
> - *qu'est-ce que* → *ce que* (für Objekt)
>
> *Beispiel:*   Je me demande : « Qu'est-ce qui s'est passé ? »
>   Je me demande ce qui s'est passé.
>
>   J'aimerais savoir : « Qu'est-ce que tu fais ? »
>   J'aimerais savoir ce que tu fais.

Aufgabe 180   La mère pose toujours des questions à sa fille. Mets les phrases suivantes au discours indirect et introduis-les par *elle demande* ...

a)   « Qu'est-ce que c'est ? »

     Elle demande ... _____

b)   « Qu'est ce que tu vas faire ? »

     _____

c)   « Qu'est ce qui se trouve dans ton sac à main ? »

     _____

d)   « Qu'est-ce que tu regardes à la télé ? »

     _____

e)   « Qu'est-ce que tu as écrit dans ton journal intime ? »

     _____

Aufgabe 181*   Traduis les phrases suivantes.

```
a) Ich frage dich, was du morgen machst.
b) Paul will wissen, was dich interessiert und was du
   gerade liest.
c) Du weißt noch nicht, was morgen passieren wird.
d) Erklär mir, was du zu Weihnachten haben möchtest.
```

a) _____

b) _____

c) _____

d) _____

abe 182* **Exercice combiné :** Lis le texte et réponds aux questions que le professeur a posées à sa classe.

Le Québec

Le Québec est une province de l'est du Canada. Elle se trouve entre la province de l'Ontario, la baie d'Hudson et le Saint-Laurent, un des grands fleuves de la planète. Au sud-est, elle a des frontières communes avec les États-Unis. Le Québec est trois fois plus grand que la France métropolitaine. La capitale de la province du Québec s'appelle aussi Québec. Mais la plus grande ville est Montréal.

Avant l'arrivée des Français, le territoire appartenait à des tribus *(Stämme)* indiennes. En 1534, presque une demi-siècle après la découverte de l'Amérique par Christophe Colomb, Jacques Cartier a mis pied dans cette région. C'était un explorateur français qui a pris possession du territoire au nom du roi de France.

Aujourd'hui, le Québec est le seul territoire en Amérique du Nord – hormis *(außer)* l'archipel français de Saint-Pierre-et-Miquelon – qui n'est pas anglophone. Plus de 80 % des Québecois parlent français.

a) Qu'est-ce que le Québec ?
   RÉPONSE : _____

b) Où est-ce que se trouve le Québec ?
   RÉPONSE : _____

c) Comment s'appelle la capitale du Québec ?
   RÉPONSE : _____

d) Qui vivait sur le territoire du Québec avant l'arrivée des Français ?
   RÉPONSE : _____

e) Qui était Jacques Cartier ?
   RÉPONSE : _____

f) Pour qui est-ce qu'il est allé en Amérique du Nord ?
   RÉPONSE : _____

g) Quelle langue parle la majorité *(Mehrheit)* des Québecois ?
   RÉPONSE : _____

Maintenant, mets les questions du professeur au *discours indirect*.

Le prof a demandé

   a) *ce qu'était le Québec.*

   b) _____

   c) _____

   d) _____

   e) _____

   f) _____

   g) _____

Aufgabe 183

Exercice combiné : Qu'est-ce que le prof a demandé ?

Transforme ces questions indirectes en questions directes.

a) Le prof a demandé aux élèves s'ils avaient fait leurs devoirs.

   Le prof a demandé aux élèves : « Est-ce que vous avez fait vos devoirs ? »

b) Le prof voulait savoir pourquoi il y avait trop de fautes dans leurs contrôles.

c) Il a demandé aux parents de ses élèves si leurs enfants faisaient régulièrement les exercices.

d) Il voulait savoir s'il fallait faire plus d'exercices.

e) Il se demandait s'il était trop sévère.

f) Le prof voulait savoir de ses élèves ce qu'on pourrait faire pour changer la situation.

g) Il leur a demandé s'ils étaient prêts à mieux participer au cours.

abe 184*   **Exercice combiné :** 10 questions pour un champion. Coche la bonne réponse (☒).

1. | Quelle ville ne se trouve pas au bord de la mer ? | |
   |---|---|
   | ☐ Marseille | ☐ Bordeaux |
   | ☐ Brest | ☐ Lyon |

   50 €

2. | Comment est-ce qu'on appelle aussi l'équipe française de foot ? | |
   |---|---|
   | ☐ les Bleus | ☐ les Rouges |
   | ☐ les Tricolores | ☐ les Noirs |

   100 €

3. | Où est-ce qu'on fabrique traditionnellement le Camembert ? | |
   |---|---|
   | ☐ en Bretagne | ☐ en Normandie |
   | ☐ en Provence | ☐ en Alsace |

   200 €

4. | Le pont du Gard, qu'est-ce que c'est ? | |
   |---|---|
   | ☐ un château | ☐ une forteresse |
   | ☐ un aqueduc romain | ☐ une cathédrale |

   500 €

5. | Quel fleuve est aussi une frontière ? | |
   |---|---|
   | ☐ la Seine | ☐ le Rhin |
   | ☐ le Rhône | ☐ la Loire |

   1.000 €

6. | Où séjourne le parlement européen ? | |
   |---|---|
   | ☐ à Bruxelles | ☐ à Genève |
   | ☐ à Strasbourg | ☐ à Luxembourg |

   5.000 €

7. | Quand est-ce qu'on a construit le tunnel sous la Manche ? | |
   |---|---|
   | ☐ 1968 | ☐ 1981 |
   | ☐ 1994 | ☐ 2004 |

   10.000 €

8. | Comment est-ce que s'appellent les habitants de Toulouse ? | |
   |---|---|
   | ☐ Toulousains | ☐ Toulouses |
   | ☐ Toulousiers | ☐ Toulouseurs |

   25.000 €

9.

Qui n'a jamais été premier ministre français ?	
☐ Georges Pompidou	☐ Jacques Chirac
☐ François Mitterand	☐ Dominique de Villepin

50.000 €

10.

Qui, parmi les chanteurs français, a été champion de poker ?	
☐ Manu Chao	☐ Jean Ferrat
☐ Zaz	☐ Patrick Bruel

100.000 €

Transforme les questions au discours indirect.

1. _Le showmaster a demandé au candidat ..._

2.

3.

4.

5.

6.

7.

8.

9.

10.

abe 185* **Exercice combiné :** Les SMS, c'est cool. Est-ce que tu comprends le langage des SMS ? Traduis les messages SMS en français parlé.

Koi29 ?
Raoul

Quoi de neuf ?
_____
_____

Sara t'M. Tle+bo.
Olivier

Sara t'aime.
Tu es le plus
beau.

Tapaenvi2flateuf ?
Jean

_____
_____
_____

Jpepa.
Alexandre

_____
_____
_____

Bjr! Onvao6né ?
Simon

_____
_____
_____

Cavaetr5pa.
Isabelle

_____
_____
_____

Tuvab1 ?
Nicole

_____
_____
_____

Orib
Nathalie

_____
_____
_____

RVa7hokfé
Emma

_____
_____
_____

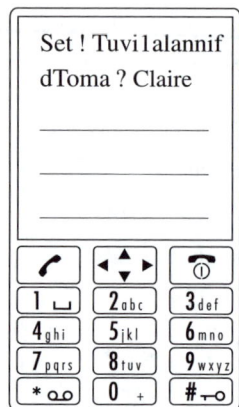

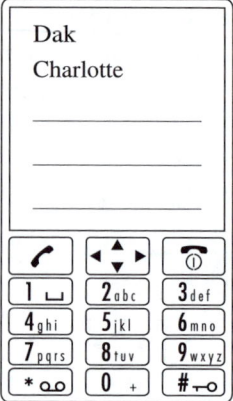

Mets les dialogues de l'exercice au discours indirect.

a) *Raoul voulait savoir d'Olivier ce qu'il y avait de neuf.*

Il a répondu que …

b) *Jean …*

Il …

c) *Simon …*

Elle …

d) *Nicole …*

Elle

e) *Emma …*

Il …

f) *Claire …*

Charlotte …

13   Infinitivkonstruktionen

In französischen Sätzen werden häufig Infinitive verwendet. Es gibt
- Infinitive, die von Hilfsverben oder anderen Verben abhängen und
- Infinitivkonstruktionen, die einen Nebensatz ersetzen.

13.1 Infinitive nach Hilfsverben und anderen Verben

Infinitive, die von Hilfsverben oder anderen Verben abhängen, werden auf verschiedene Weise angeschlossen:
- **ohne Präposition**
- mit der **Präposition** *à*
- mit der **Präposition** *de*
- mit der **Präposition** *par*

Wie du die Infinitive anschließen musst, hängt von dem vorausgehenden Verb ab. Es gibt dafür keine Regeln, weshalb du jede Konstruktion einzeln lernen musst.

Welche Verben schließen den folgenden Infinitiv ohne Präposition an?
Zu dieser Gruppe zählen alle Hilfsverben, aber auch andere Verben:

devoir faire qc	*etw. tun müssen/sollen*
il faut faire qc	*etw. tun müssen*
pouvoir faire qc	*etw. tun können (aufgrund der äußeren Umstände)*
savoir faire qc	*etw. tun können (aufgrund seines Könnens/Wissens)*
vouloir faire qc	*etw. tun wollen*
oser faire qc	*sich trauen, etw. zu tun*
aimer faire qc	*gerne etw. tun*
adorer faire qc	*etw. sehr gerne tun*
préférer faire qc	*bevorzugen, etw zu tun*
laisser faire qc	*etw. tun lassen*

Beispiele: Marcel <u>devrait</u> <u>faire</u> ses devoirs. Mais il <u>préfère</u> <u>jouer</u> au foot.

abe 186*   Théo parle de ce qu'il fait pendant la journée. Traduis le texte suivant.

a)
Am Morgen muss ich um sechs Uhr aufstehen. Wenn meine Mutter mich in die Schule fährt, kann ich bis halb sieben im Bett bleiben.

_____

_____

_____

b) *l'après-midi*

Am Nachmittag mache ich gerne Sport. Ich kann gut schwimmen.

_____

_____

c) *le soir*

Am Abend schaue ich gerne einen Film im Kino an. Leider bevorzugen es meine Freunde, in die Diskothek zu gehen. Ich traue mich nicht, meine Eltern zu fragen, ob ich sie begleiten kann. Sie werden mich nicht in die Diskothek gehen lassen.

_____

_____

_____

_____

_____

Welche Verben schließen den folgenden Infinitiv mit der Präposition *à* an?
Zu diesen Verben zählen unter anderem:

commencer à faire qc	*beginnen, etw. zu tun*
continuer à faire qc	*fortfahren, etw. zu tun; etw. weiterhin tun*
réussir à faire qc	*gelingen, etw. zu tun*
s'habituer à faire qc	*sich daran gewöhnen, etw. zu tun*

Beispiel: Adeline <u>commence à</u> <u>pleurer</u>.

Aufgabe 187   Traduis les phrases suivantes.

a)   Mein Bruder hat begonnen, Gitarre zu spielen.

_____

b)   Ich weiß nicht, ob er weiterhin auch Klavier spielen wird.

_____

c)   Ich habe mich daran gewöhnt, die Wohnung zu verlassen, wenn er spielt.

_____

d)   Denn es gelingt mir nicht, zu lesen, für die Schule zu arbeiten oder fernzusehen.

_____

_____

Welche Verben schließen den folgenden Infinitiv mit der Präposition *de* an?
Zu diesen Verben zählen unter anderem:

essayer de faire qc	*versuchen, etw. zu tun*
arrêter de faire qc	*aufhören, etw. zu tun*
finir de faire qc	*aufhören, etw. zu tun*
avoir besoin de faire qc	*etw. tun müssen*
demander à qn de faire qc	*jdn. bitten, etw. zu tun*
proposer à qn de faire qc	*jdm. vorschlagen, etw. zu tun*
interdire à qn de faire qc	*jdm. verbieten, etw. zu tun*
venir de faire qc	*gerade etw. getan haben*
être en train de faire qc	*gerade dabei sein, etw. zu tun*
être content de faire qc	*zufrieden sein, etw zu tun*

Beispiel: Finalement, il <u>a arrêté de</u> <u>m'énerver</u>.

Beachte: Die Konstruktion *venir de faire qc* kommt nur im *présent* oder im *imparfait* vor.

Beispiel: Je viens de réussir à mon bac.   *Ich habe <u>gerade</u> mein Abitur bestanden.*
Je venais de réussir à mon bac.   *Ich hatte <u>gerade</u> mein Abitur bestanden.*

abe 188*   Écris une phrase pour chaque verbe.

a) venir de : _____

_____

b) demander de : _____

_____

c) essayer de : _____

_____

d) être en train de : _____

_____

e) interdire de : _____

_____

f) proposer de : _____

_____

Welche Verben schließen den folgenden Infinitiv mit der Präposition *par* an?
Hier musst du dir insbesondere zwei Verben merken:

commencer par faire qc	*anfangen, etw. zu tun (in einer Reihenfolge)*
finir par qc	*enden mit etw. (in einer Reihenfolge)*

Beispiel: Dans la salle de bain, il commence par se laver et finit par se brosser les dents.

Aufgabe 189   **Exercice combiné :** Sans préposition ou avec préposition ? Mets les verbes dans la bonne colonne *(Spalte)*.

demander	commencer	oser	arrêter	savoir	finir
essayer	être en train	interdire	réussir	oublier	apprendre
devoir	être content	préférer	vouloir	s'habituer	pouvoir
continuer	avoir besoin	aimer	proposer	venir	renoncer

infinitif sans préposition	infinitif avec *à*	infinitif avec *de*	infinitif avec *par*

Aufgabe 190   **Exercice combiné :** Mets les prépositions qui conviennent (ø, *à* ou *de*).

Je viens _____ acheter un nouveau logiciel. Hier soir, j'ai

essayé _____ l'installer sur mon ordinateur.

Malheureusement, je n'ai pas réussi _____ remettre

l'ordinateur en marche. Mais il ne faut pas _____ s'énerver

trop tôt ! Car tout à coup, il a commencé _____ booter tout seul.

Je dois _____ apprendre _____ avoir plus de patience. J'ai écrit un e-mail à mon

corres. Jérémie était en train _____ naviguer sur Internet quand il a reçu l'e-mail.

Il a préféré _____ télécharger une chanson, puis il m'a répondu. Nous étions

contents _____ être de nouveau en contact.

13.2 Infinitivkonstruktionen anstelle von Nebensätzen

Wann steht im Französischen eine Infinitivkonstruktion anstelle eines Nebensatzes?
Infinitive sind im Französischen ein elegantes Mittel der Satzverkürzung. Damit Infinitive einen Nebensatz ersetzen können, gilt in der Regel, dass das **Subjekt des Nebensatzes mit dem des übergeordneten Satzes identisch** ist.

Wie werden Infinitivkonstruktionen mit *après* und *avant* verwendet?
Zwei Handlungen, die nacheinander geschehen sind, können durch *avant de* + **Infinitiv** bzw. *après* + *avoir/être* + *participe passé* verbunden werden (sofern das Subjekt der beiden Handlungen identisch ist!).

Beispiele: Chloé monte dans l'avion. Avant, Chloé doit éteindre son portable.
→ Avant de monter dans l'avion, Chloé doit éteindre son portable.
Bevor Chloé ins Flugzeug steigt, muss sie ihr Handy ausschalten.

Chloé éteint son portable. Après, Chloé monte dans l'avion.
→ Après avoir éteint son portable, Chloé monte dans l'avion.
Nachdem Chloé ihr Handy ausgeschaltet hat, steigt sie ins Flugzeug.

Aufgabe 191 Utilise les constructions *avant de* ou *après avoir/être*.

a) Avant _____ (boire un bon vin),
les grands-parents descendent à la cave.

b) Après _____ (passer son bac),
Pascal fait un tour du monde.

c) Après _____ (aller au café),
nous allons au ciné.

d) Avant _____ (aller chercher
sa copine à la gare), Antonin achète des fleurs.

e) Après _____ (arriver au théâtre),
Nadine remarque qu'elle a perdu son billet d'entrée.

f) Avant _____ (sortir),
Jacques met son manteau.

g) Après _____ (avoir l'accident),
Danielle n'ose plus faire du ski.

h) Avant _____ (s'habiller),
Nicole se lave rapidement.

Aufgabe 192* Friderike et Barbara de Berlin passent quelques jours à Paris. Hier, elles ont visité beaucoup de lieux. Décris leur journée. Choisis parmi les constructions *après avoir* et *avant de*.

sortir du musée du Louvre

rester un peu auprès de la pyramide en verre

visiter le petit arc de triomphe sur la place du Carrousel

se reposer au jardin des Tuileries

aller à l'Obélisque sur la place de la Concorde

se promener sur les Champs-Elysées

monter à l'arc de triomphe sur la place de l'étoile

rentrer à l'hôtel en métro

1. *Après être sorties du musée, Friderike et Barbara …*

2. _____

3. _____

4. _____

abe 193* M. Lagrange a fait les courses. Décris le chemin qu'il a pris. Utilise des phrases avec *avant de* et *après avoir/être*.

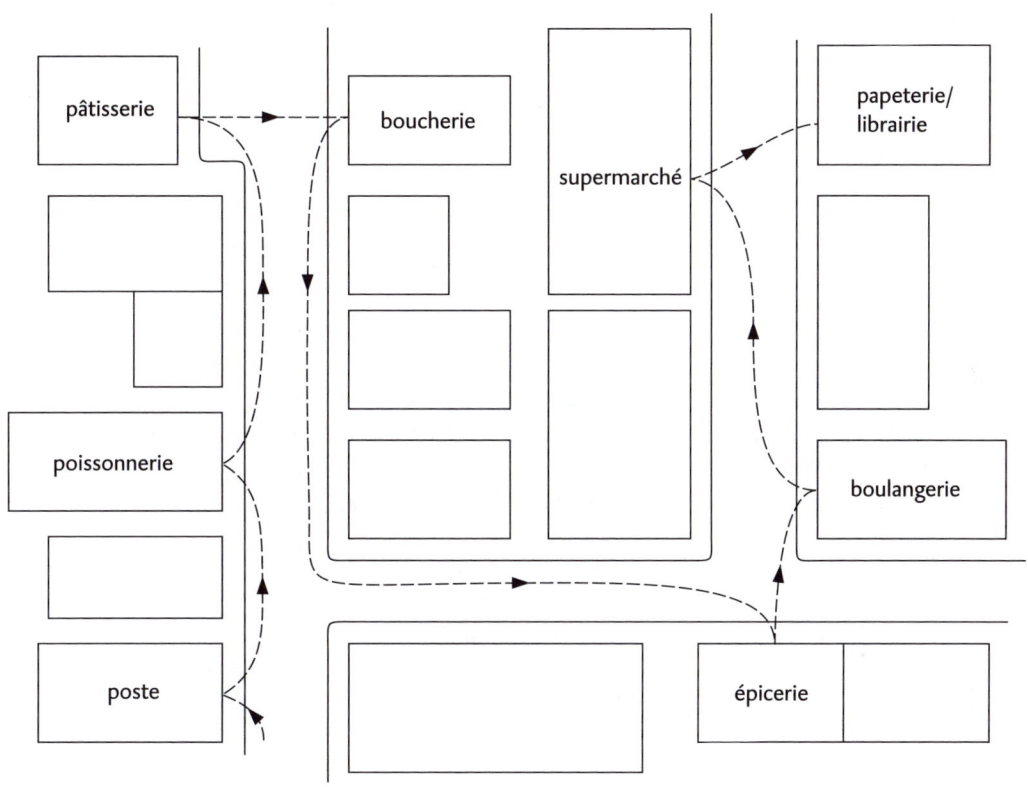

Voilà des verbes que tu peux utiliser :

> acheter, entrer, choisir, prendre, quitter, commander, aller chercher, acheter

1. *Après avoir acheté des timbres à la poste, M. Lagrange est entré dans …*
   _____

2. _____
   _____

3. _____
   _____

4. _____
   _____

Wie werden Infinitivkonstruktionen mit *pour* verwendet?
Infinitivkonstruktionen mit *pour* haben einen finalen Sinn, das heißt, sie drücken einen **Zweck** oder eine **Absicht** aus.

Beispiel: Le film commence à 20h. On veut arriver à l'heure. Nous nous dépêchons.
Nous nous sommes dépêchés <u>pour arriver</u> à l'heure.

oder   <u>Pour arriver</u> à l'heure, nous nous sommes dépêchés.
Wir haben uns beeilt, um pünktlich zu kommen.

Da der Zusammenhang, der von *pour* eingeleitet wird, noch nicht realisiert ist, kann diese Konstruktion nur mit dem **Infinitiv Präsens** gebildet werden. Die **Subjekte** beider zu verknüpfenden Sätze **müssen übereinstimmen**.

Aufgabe 194   Relie les phrases avec une construction avec *pour*.

a)   Lucien invite tout le monde au café. Il veut se faire des amis.

_____

b)   Hélène part pour le Japon. Elle veut apprendre le japonais.

_____

c)   Estelle travaille beaucoup à l'école. Elle veut réussir au bac.

_____

d)   Léon aide son oncle au stand. Comme ça, il peut gagner un peu d'argent.

_____

e)   Victor s'entraîne chaque jour. Il veut devenir un grand footballeur.

_____

abe 195* Écris les solutions dans les mots croisés. Le mot à trouver est le mot général (au pluriel) pour tous les objets qui servent à arriver à un but.

le mot à trouver

1   On les prend pour monter d'un étage à l'autre.
2   On le construit pour pouvoir traverser une rivière.
3   On l'utilise pour se protéger *(sich schützen)* contre la pluie.
4   On y va pour passer son bac.
5   On s'en sert pour savoir quand les trains arrivent et partent.
6   On le lit pour apprendre les nouvelles.
7   On la consulte pour savoir l'heure.
8   On s'y couche pour bien dormir.
9   On l'utilise pour ouvrir une porte.
10 On le fête pour rappeler la date de naissance de quelqu'un.
11 On l'allume pour écouter de la musique ou les informations.
12 Des personnes dont on a besoin pour éteindre un incendie.
13 Une partie du corps dont on a besoin pour manger.
14 On les met pour ne pas être nu.
15 Un véhicule *(Fahrzeug)* pour voler dans l'air.

Aufgabe 196* Victor a beaucoup de projets. Mais pourquoi est-ce qu'il veut les réaliser ?
Invente des raisons. Utilise la construction avec *pour*.

a) Pour _____, il va changer
d'emploi.

b) Pour _____, il n'ira plus à
la cantine.

c) Pour _____, il va l'été prochain
en Espagne.

d) Pour _____, il veut vendre
sa voiture.

e) Pour _____, il range
régulièrement sa chambre.

Wie werden Infinitivkonstruktionen mit *sans* verwendet?
Infinitivkonstruktionen mit *sans* haben modalen Charakter, das heißt sie drücken aus, wie
etwas gemacht wird.

Beispiele: Luc s'amuse bien à Rome. Et il ne dépense pas beaucoup d'argent.
Luc s'amuse bien à Rome <u>sans dépenser</u> beaucoup d'argent.
Luc hat großen Spaß in Rom, <u>ohne</u> viel Geld auszugeben.

Luc s'est bien amusé à Rome. Et il n'a pas dépensé beaucoup d'argent.
Luc s'est bien amusé à Rome <u>sans avoir dépensé</u> beaucoup d'argent.
Luc hatte großen Spaß in Rom, <u>ohne</u> viel Geld ausgegeben zu haben.

Die **Subjekte** beider zu verknüpfenden Sätze **müssen übereinstimmen**!

Aufgabe 197 Relie les deux phrases avec une construction avec *sans*!

a) Les jeunes traversent la rue. Ils ne font pas attention à la circulation.

_____

b) Gilles fait de l'escalade. Il ne pense pas au danger.

_____

c) Monique a passé toute la journée à la plage. Elle ne s'est pas baignée une
seule fois.

_____

_____

abe 198* Lis le texte suivant. Forme au moins cinq phrases avec *sans* pour rendre *(wiedergeben)* le contenu *(Inhalt)* de l'histoire.

> Marie et Lucas qui sont toujours très distraits veulent partir en vacances. Le matin du départ, ils quittent la maison et oublient d'emmener leurs valises ce qu'ils ne vont remarquer que trop tard. Ils montent dans la voiture et partent. Après quelques kilomètres, la voiture s'arrête. Ils n'ont pas fait le plein *(volltanken)* ! À la frontière franco-allemande, on ne les arrête pas. Ils ont de la chance parce qu'ils n'ont pas leurs papiers sur eux. Le soir, ils arrivent à Marseille. Comme ils n'ont pas réservé de chambre, ils doivent passer la nuit dans un hôtel très cher. Pour ne pas dépenser trop d'argent, ils renoncent au dîner et vont tout de suite au lit. Ils s'endorment à neuf heures le soir et dorment jusqu'à dix heures le matin. Ils n'ont même pas entendu le réveil qui a sonné à sept heures. Ils se lèvent et veulent prendre l'autobus pour aller au port. Ils y montent sans billets parce qu'ils n'ont pas envie de les acheter. Malheureusement, on les contrôle. Ils doivent payer 200 euros. Maintenant, ils n'ont plus envie de continuer leur voyage. Même s'ils n'ont rien vu de la ville, ils rentrent à la maison.

a) *Ils quittent la maison sans emmener leurs valises.* _____

b) _____

c) _____

d) _____

e) _____

f) _____

g) _____

h) _____

13.3 Verneinung von Infinitiven und Stellung der Pronomen

Wie werden Infinitive verneint?
Wenn Infinitive verneint werden sollen, musst du im Französischen beide **Negations-partikel direkt vor den Infinitiv** stellen.

Beispiel:　　Il joue au malade pour ne pas travailler.

Aufgabe 199* Quand est-ce que tu agirais ainsi *(so handeln)* ?
Complète les phrases avec *pour ne pas*.

a) Je passerais toute la journée au lit *pour ne pas devoir aller voir ma tante.* .

b) Je mentirais à mon copain _____ .

c) Je me réveillerais à quatre heures du matin _____

_____ .

d) Je renoncerais au déjeuner _____ .

e) Je vendrais mes CD préférés _____ .

f) Je ferais la cuisine pour mon frère _____

_____ .

Wo stehen die Pronomen, wenn ein Infinitiv im Satz vorkommt?
Allgemein gilt, dass die Objekt- und Adverbialpronomen vor dem konjugierten Verb stehen und von einer eventuellen Negation mit eingeschlossen werden.
Beziehen sich die Pronomen aber inhaltlich auf einen Infinitiv im Satz, so stehen die **Pronomen vor dem Infinitiv**.

Beispiele:　　Je ne sais pas où se trouvent mes chaussettes. Je vais les chercher.
Avant de les chercher dans l'armoire, je regarde dans la machine à laver.
Après ne pas les avoir trouvées dans la machine, je les vois sous la table.

Durch die Dazunahme von Negation und Pronomen können die Infinitivkonstruktionen häufig sehr komplex werden. In der gesprochenen Sprache werden in diesem Fall die Konjunktionen *pour que*, *avant que* und *après que* bevorzugt.

Aufgabe 200* Fais des propositions avec *avant de* (2x), *après avoir/être* (2x), *pour* (1x) et *sans* (1x). Remplace les mots soulignés par des pronoms.

a) Brian a rencontré la jolie Angélina. Avant, il était très malheureux.

Avant de l'avoir rencontrée, Brian était très malheureux. _____

_____

b) Angélina a donné rendez-vous <u>à Brian</u>
   au café en face de l'hôtel de ville.
   Avant, elle a beaucoup réfléchi.

   _____

   _____

   _____

c) Brian n'a pas trouvé <u>ce café</u> sur son plan.
   Puis, il s'est adressé à l'office du tourisme.

   _____

   _____

d) Angélina a mis son portable dans son sac. Elle ne voulait pas perdre <u>son</u>
   <u>portable</u> dans le métro.

   _____

   _____

e) Brian a mis <u>ses lunettes de soleil</u>. Puis, il est allé au rendez-vous.

   _____

f) Angélina a salué Brian. Elle n'a pas fait la bise <u>à Brian</u>.

   _____

Aufgabe 201* **Exercice combiné :** Laquelle des phrases suivantes peux-tu traduire par *avant de, après avoir/être, sans* ou *pour* + infinitif ? Coche-les ([**✗**]). Les lettres indiquent ce qui est important de connaître pour pouvoir utiliser une construction avec l'infinitif. Puis, traduis les cinq phrases en français.

a) **avant de**

   [O] Bevor der Kellner ihm die Rechnung gibt, verlässt er das Café.

   [S] Bevor er in die nächste Bar geht, ruft er seine Freundin an.

   [R] Bevor er dort ankommt, ist seine Freundin schon da.

b) **après avoir/être**

   [U] Nachdem Anne ein Zimmer reserviert hatte, kaufte sie einen Führer.

   [B] Nachdem sie zurückgekehrt war, gab ihr Mann ihr einen Brief.

   [J] Nachdem sie ihn gelesen hatte, musste sie auf die Reise verzichten.

c) **pour**

- E | Michel besucht seine Großmutter, damit er dort reiten kann.
- A | Michel besucht seine Großmutter, damit sie nicht allein ist.
- T | Michel besucht seine Großmutter, damit seine Eltern Freunde aus Amerika einladen können.

d) **sans**

- T | Jean müsste eine Klassenarbeit über den „Fremden" von Camus schreiben, ohne dass er den Roman gelesen hat.
- L | Daher bleibt er zu Hause, ohne dass seine Eltern es wissen.
- R | Am nächsten Tag geht er wieder in die Schule, ohne dass ihn jemand fragt, wo er war.

☐ _____
☐ _____
☐ _____
☐ _____
☐ _____

Aufgabe 202* **Exercice combiné :** Traduis la recette suivante (brownies) en allemand.

INGRÉDIENTS (Zutaten)
175 g de beurre
400 g de sucre
150 g de farine
100 g de cacao
1 sachet (Päckchen) de sucre vanillé
4 œufs
150 g de cerneaux de noix (Nusskerne)

PRÉPARATION : Avant de commencer, préchauffe (vorheizen) le four (Ofen) à 150 °C et beurre (zu « le beurre ») deux moules (Backform) ronds (22 cm). Prends une casserole qui est assez grande pour y mettre tous les ingrédients. Après avoir fait fondre (zerlaufen) le beurre dans cette casserole, laisse-le refroidir. Après avoir ajouté tous les ingrédients, mélange-les bien. Mets la pâte dans les moules et fais-la cuire (zu « la cuisine ») 20 à 25 minutes. Pour ne pas avoir de brownies mous (weich), laisse-les refroidir avant de les servir.

gabe 203 **Exercice combiné :** Trouve la solution aux problèmes de maths suivants.

additionner : *addieren*	diviser : *dividieren*
soustraire : *subtrahieren*	multiplier : *multiplizieren*

a) **324**

 – Divise le chiffre par 4.
 – Après l'avoir divisé une autre fois par 9, additionne 17.
 – Avant de le multiplier par 5, soustrais 8.

 Résultat : _____

b) **7**

 – Après avoir multiplié ce chiffre par 13, soustrais 11.
 – Avant d'additionner 8, divise le chiffre par 8.
 – Pour avoir le résultat final, divise le chiffre par 3.

 Résultat : _____

c) **1027**

 – Avant de soustraire 2, multiplie le chiffre par 2.
 – Après l'avoir divisé par 12, additionne 9.
 – Pour finir, divise le chiffre une autre fois par 12.

 Résultat : _____

Traduis les indications suivantes en français avant de faire le calcul *(Rechnung)*.

d) **113**

 – Zähle 3 hinzu, bevor du die Zahl durch 4 teilst.

 _____

 – Multipliziere die Zahl mit 3.

 _____

 – Nachdem du sie mit 2 multipliziert hast, teile sie durch 6.

 _____

 Résultat : _____

14 Bilan 3

Aufgabe 204 Les parties soulignées du texte suivant sont les réponses à des questions. Formule ces questions. Emploie l'inversion si possible.

En 1969 a paru le livre « Papillon » de Henri Charrière, un roman réputé autobiographique. Quelques années plus tard, le roman a été adapté pour un film, avec les acteurs Steve McQueen et Dustin Hoffman.

Henri Charrière (a) vivait à Paris en 1930. On l'appelait Papillon (b) parce qu'il n'était jamais là où la police le croyait. Mais un jour, (c) on l'a arrêté. On l'a condamné à la prison en Guyane. Papillon n'avait qu'une idée en tête (d) : s'enfuir. Il a construit un bateau et est parti sur la mer avec d'autres prisonniers (e). Ils ont fait un voyage de plusieurs milliers de kilomètres (f), mais ils ont été repris et condamnés à 8 ans de prison (g) sur une île. On l'a mis dans une cage (h) à laquelle il n'y avait pas de fenêtres. Pendant 8 ans, il n'a jamais vu le soleil.

Au bout de deux ans, Papillon a eu le droit de se baigner dans la mer une fois par semaine (i). Il a eu l'idée de se jeter dans la mer et de se laisser porter par les vagues (j). Sur un sac plein de noix de coco, il a réussi à atteindre le continent.

a) _____

b) _____

c) _____

d) _____

e) _____

f) _____

g) _____

h) _____

i) _____

_____

j) _____

abe 205   Forme des propositions conditionnelles avec les verbes entre parenthèses.

Si je vivais au pays de cocagne *(Schlaraffenland),* ...

a) il _____ *(faire)* toujours beau et

le soleil _____ *(briller)* tous les jours.

b) je _____ *(dormir)* sous un arbre

dont les fruits me _____ *(tomber)* dans la bouche.

c) je _____ *(ne jamais être)* malade,

parce que je _____ *(ne jamais avoir)* froid.

d) il _____ *(ne pas falloir)* travailler pour gagner sa vie.

e) on _____ *(ne pas avoir besoin)* d'argent,

parce que tout _____ *(être)* gratuit.

f) je _____ *(se baigner)* dans la mer,

et je _____ *(se reposer)* sur la plage de sable blanc.

g) ma famille et moi, nous _____ *(habiter)* dans une villa

avec vue sur la mer.

h) nous _____ *(être)* toujours contents,

et rien ne nous _____ *(manquer).*

i) je _____ *(ne pas*

avoir) d'obligations *(Verpflichtungen).*

j) un jour, peut-être nous _____

_____ *(s'ennuyer)*...

Aufgabe 206 Décide s'il s'agit d'une proposition temporelle (introduite par *quand*) ou d'une proposition conditionelle réelle (introduite par *si*). Mets les verbes entre parenthèses aux formes correctes.

Papa pense à tout avant de partir en vacances

a) ___S'___ il ___pleut___ (*pleuvoir*), on ___n'ira pas___ (*ne pas aller*) à la plage, mais on _____ (*visiter*) un musée.

b) _____ ce _____ (*ne pas être*) trop cher, nous _____ (*manger*) dans un restaurant.

c) _____ nous _____ (*être*) à la plage, vous _____ (*rester*) à portée de vue (*in Sichtweite*).

d) _____ il y _____ (*avoir*) quelqu'un qui veut vous vendre quelque chose, vous _____ (*ne rien acheter*).

e) _____ le gîte que j'ai loué _____ (*ne pas être*) beau, on en _____ (*chercher*) un autre.

f) _____ il _____ (*faire*) nuit, et que nous _____ (*vouloir*) dormir, vous _____ (*ne pas faire*) de bruit.

g) _____ la ville _____ (*organise*) un spectacle, nous y _____ (*aller*) peut-être.

h) _____ cela _____ (*ne pas coûter*) trop cher, nous _____ (*pouvoir*) faire de la voile.

i) _____ les vacances nous _____ (*plaire*), nous _____ (*revenir*) l'année prochaine.

j) _____ nous _____ (*faire*) les valises avant de rentrer, vous nous _____ (*aider*).

gabe 207   Forme des propositions irréelles selon l'exemple donné.

a)   Ses amis invitent Kevin, parce qu'il est sympa.

Si Kevin n'était pas sympa, ses amis ne l'inviteraient pas.

b)   Julie s'ennuie, parce que Kevin n'est pas là.

_____

_____

c)   Elle regarde la télé, parce qu'elle ne sait pas quoi faire.

_____

_____

d)   Elle se fait des soucis, parce qu'il est tard.

_____

e)   À minuit elle l'appelle, parce qu'il n'est toujours pas là.

_____

_____

f)   Elle ne peut pas le joindre *(erreichen)*, parce qu'il ne va pas au téléphone.

_____

_____

Une heure après, Kevin téléphone et dit :

g)   « Écoute Julie. Je ne peux plus conduire, parce que nous faisons la fête et on boit de l'alcool aussi. »

_____

_____

h)   « Les autres ne rentrent pas non plus, parce qu'ils ne peuvent plus conduire. »

_____

_____

i)   Julie se demande si c'est la vérité, parce que normalement il ne boit pas d'alcool.

_____

_____

j)   Elle est déçue, parce qu'elle ne le croit pas.

_____

k)   À une heure et demie, elle va au lit, parce qu'elle est fatiguée.

_____

_____

l)   Elle n'arrive pas à s'endormir, parce qu'elle n'arrête pas de réfléchir.

_____

_____

Aufgabe 208   Farid écrit un e-mail à Sandra :

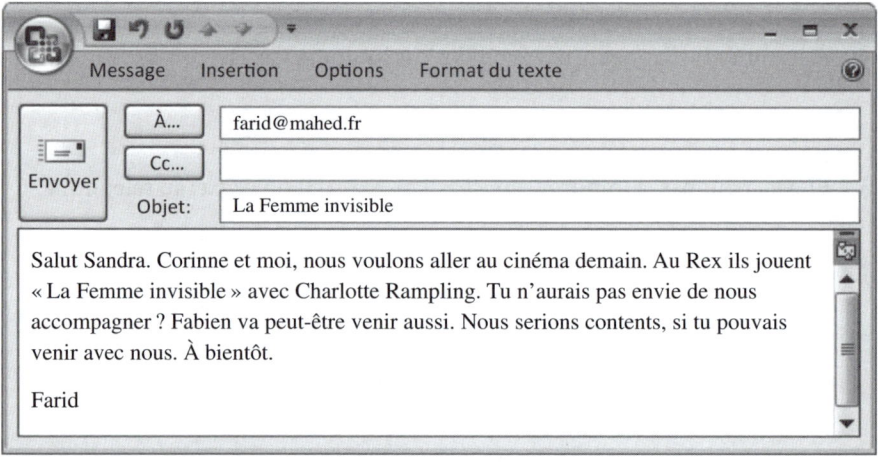

Corinne entre. Elle veut savoir ce que Farid a écrit. Farid répond :

J'ai écrit un e-mail Sandra. Je lui ai dit que _____

_____

_____

_____

_____

_____

_____

_____

Sandra répond tout de suite.

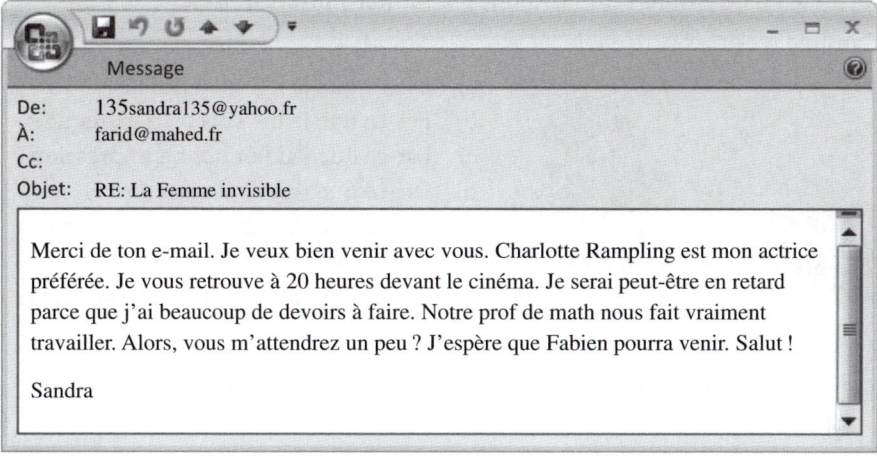

De: 135sandra135@yahoo.fr
À: farid@mahed.fr
Cc:
Objet: RE: La Femme invisible

Merci de ton e-mail. Je veux bien venir avec vous. Charlotte Rampling est mon actrice préférée. Je vous retrouve à 20 heures devant le cinéma. Je serai peut-être en retard parce que j'ai beaucoup de devoirs à faire. Notre prof de math nous fait vraiment travailler. Alors, vous m'attendrez un peu ? J'espère que Fabien pourra venir. Salut !

Sandra

Farid raconte à Fabien ce que Sandra a écrit :

_____

_____

_____

_____

_____

_____

_____

_____

_____

_____

_____

_____

_____

_____

_____

_____

_____

_____

Aufgabe 209 Après un exposé devant la classe, Caroline se pose beaucoup de questions. Reformule les questions selon le modèle. Emploie l'infinitif passé.

Caroline n'est pas sûre d'elle

a) Est-ce que je n'ai rien oublié ?
b) Est-ce que je me suis bien expliqué ?
c) Est-ce que j'ai fait bonne impression ?
d) Est-ce que j'ai parlé assez fort ?
e) Est-ce que j'aurai une bonne note ?
f) Est-ce que j'ai été assez claire ?
g) Est-ce que je n'ai pas parlé trop vite ?

J'ai peur…

a) _d'avoir oublié quelque chose._ _____

b) _____

c) _____

d) _____

e) _____

f) _____

g) _____

Aufgabe 210 Éric et Cécile voudraient visiter les châteaux de la Loire. Complète le dialogue avec des infinitifs.

ÉRIC : J'aurais envie _____ (zu besuchen) les châteaux de la Loire. Je me souviens _____ (sie besucht zu haben) avec Philippe, sans _____ (sicher zu sein) de la date.

CÉCILE : C'est une bonne idée _____ (dort zu verbringen) un week-end. Moi, je suis toujours content _____ (zu verlassen) la ville. Mais il faut _____ (reservieren) une chambre. Je te propose _____ (zu schauen) sur Internet.

ÉRIC : Bon, je vais _____ (einschalten) l'ordinateur. Où est-ce que tu voudrais _____ (gehen) ? À Amboise ?

CÉCILE : Amboise ? C'est la ville où Léonard de Vinci a passé ses dernières années, n'est-ce pas ? J'ai l'impression _____ _____ *(schon dorthin gefahren zu sein)* une fois. Cependant je ne crois pas _____ *(gesehen zu haben)* Blois. _____ _____ *(nachdem man gesehen hat)* un château, ce n'est pas très intéressant _____ *(es besucher)* une deuxième fois.

ÉRIC : Dans ce cas, on pourrait _____ *(anfangen zu suchen)* des informations sur Blois. Voyons. Tiens, je crois _____ *(gefunden zu haben)* un hôtel intéressant. Regarde. Tu veux _____ *(dorthin gehen)* ? Si non, je peux continuer _____ *(zu suchen)*.

CÉCILE : Non, non. Arrête _____ *(zu suchen)*. Cet hôtel est parfait.

Château d'Amboise

Château de Blois

Lösungen

Aufgabe 1

ceux
ces
celles
celui
ce
celle
cette

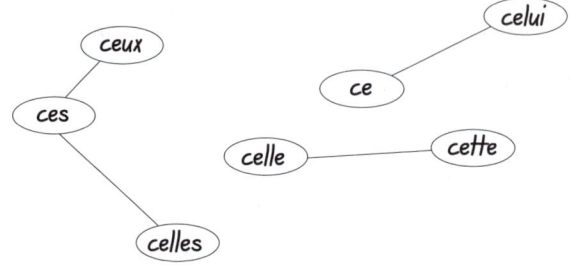

Et quelle est la forme correspondante de *cet* ? **celui**

Aufgabe 2

cette auberge	*celle-ci*	*celle-là*	ces maisons	*celles-ci*	*celles-là*
cet appartement	*celui-ci*	*celui-là*	ces restaurants	*ceux-ci*	*ceux-là*
ce bar	*celui-ci*	*celui-là*	cet hôtel	*celui-ci*	*celui-là*

Aufgabe 3 a)

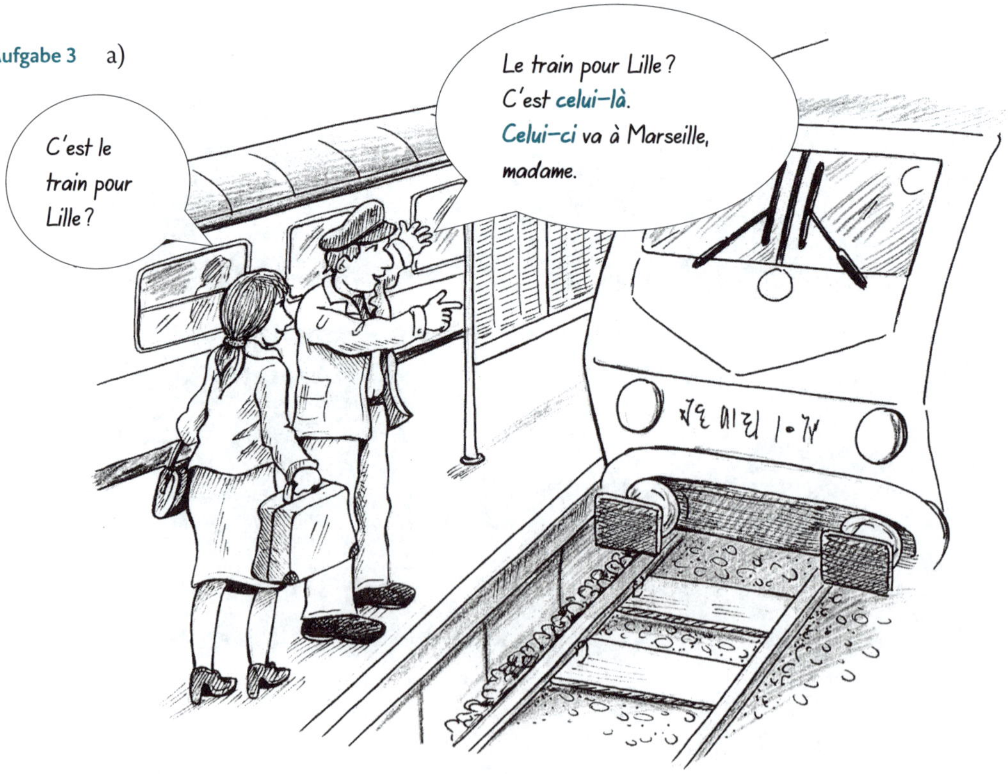

C'est le train pour Lille ?
Le train pour Lille ? C'est celui-là. Celui-ci va à Marseille, madame.

b)

d)

Tu vois la fille aux cheveux noirs[4] ? Je suis amoureux d'elle[5].

De qui est-ce que tu parles ? De celle-ci ou de celle-là ?

e)

On pourrait aller manger quelque chose dans un bar. Qu'est-ce que tu en[6] penses ?

C'est une bonne idée. Est-ce qu'on va dans celui-ci ou dans celui-là ?

Hinweise:

1 *réussir à faire qc*
(Zum Anschluss von Infinitiven an Verben siehe S. 173–176.)
2 *la pêche* : die Fischerei; *le pêcheur* : der Fischer
→ *pêcher un poisson* : einen Fisch fangen
3 *être à qn* : jdm. gehören
4 Wird ein Körperteil als Attribut hinzugefügt, musst du *à* + bestimmten Artikel setzen (z. B. auch: *un garçon aux yeux bleus*).
5 *être amoureux, -se de qn*
6 Das Adverbialpronomen *en* ersetzt Ergänzungen mit *de* (siehe S. 36).

Aufgabe 4 CÉLINE : Je voudrais compléter ma collection de MC Solaar, mais je ne trouve pas le[1] CD qui me manque.

MARIE : Lequel ?[2] **Celui que** tu as perdu dans le bus ?

CÉLINE : Oui, **celui qui** a paru en 2001[3]. C'est mon album préféré. Tu l'aimes aussi ?

MARIE : Non, je préfère **celui qui** se trouve là-bas. C'est son CD actuel.

CÉLINE : Tu te souviens de[4] son dernier concert ?

MARIE : Bien sûr, c'est **celui dont** je me souviens le mieux[5]. Et cela à cause de ces deux garçons !

CÉLINE : Tu parles de **ceux qui** nous ont invitées à[6] boire des cocktails ?

MARIE : Non, non, je parle de **ceux qui** m'ont draguée quand j'ai voulu nous acheter deux coca[7]. En plus, j'ai raté l'interprétation de deux nouvelles chansons.

CÉLINE : Ah oui, je m'en[8] souviens. Ce sont **celles qui** n'avaient pas encore été publiées[9].

MARIE : Exactement. Tiens, voilà une vendeuse ! Demande-lui[10] où[11] se trouve l'album que tu recherches.

Hinweise:

1 Hier steht ausnahmsweise kein de nach der Verneinung, da das folgende Substantiv genau bestimmt ist (hier durch einen Relativsatz).
2 Zu Fragepronomen lequel siehe S. 135.
3 Bei der Angabe von Jahreszahlen steht immer *en* oder *en l'an* (z. B. en 2010/en l'an 2010).
4 *se souvenir de qc* ; aber: *se rappeler qc*
5 *Le mieux* ist der Superlativ zum Adverb *bien* (bien, mieux, le mieux) (siehe S. 70).

6 *inviter qn <u>à</u> faire qc*
   (Zum Anschluss von Infinitiven an Verben siehe S. 173–176.)
7 Das Substantiv *coca-cola* und seine Abkürzung *coca* sind unveränderlich.
8 Das Adverbialpronomen *en* ersetzt Ergänzungen mit *de* (siehe S. 36).
9 *public, que*: öffentlich → *publier*: veröffentlichen
10 Im bejahten Imperativsatz werden die Pronomen nachgestellt.
11 Zur indirekten Frage siehe S. 164–172.

Aufgabe 5*

Pierre de Coubertin	C'est **celui qui** a créé les Jeux Olympiques modernes.
Charles de Gaulle	C'est **celui avec qui** le chancelier allemand Adenauer a fondé[1] l'amitié franco-allemande.
Jean-Baptiste Poquelin	C'est **celui que** tout le monde connaît sous le nom de Molière.
Jeanne d'Arc	C'est **celle qui** a sauvé[2] les Français des Anglais.
François Champollion	C'est **celui qui** a déchiffré[3] les hiéroglyphes égyptiens.
les frères Lumière	Ce sont **ceux à qui** nous devons le cinéma.
Marie Curie	C'est **celle à qui** on a donné au début du XXème siècle[4] deux fois un prix Nobel (physique et chimie).
Gustave Eiffel	C'est **celui dont** le monument est le plus célèbre de Paris.
Albert Uderzo et René Goscinny	Ce sont **ceux qui** ont créé les personnages d'Astérix et d'Obélix.
Louis Braille	C'est **celui qui** a inventé l'écriture[5] pour les aveugles.

Hinweise:
1 *fondateur, trice*: Gründer, in → *fonder*: (be)gründen
2 *sauver qn <u>de</u> qn*
3 *le chiffre*: Zahl, Ziffer → *déchiffrer*: entziffern
4 Die Jahrhunderte werden meist mit römischen Zahlen geschrieben.
5 *écrire*: schreiben; *l'écrivain (m.)*: der Schriftsteller, die Schriftstellerin
   → *l'écriture (f.)*: die Schrift

fgabe 6* a) « C'est **celui en/à la** tête du classement général. »

b) « Non. Autrefois, c'était **celui avec** la lanterne rouge. Mais aujourd'hui, elle n'existe plus. »

c) « C'est **celui avec** le maillot vert. »

d) « Ce sont **ceux de** son équipe. »

e) « Ce sont **celles de** montagne. »

f) « Dans **celle derrière** le peloton. »

ufgabe 7 1 | C | Je parle de ceux qu'aiment les singes.

2 | D | J'aime bien celui qu'Adam et Ève ont mangé.

3 | F | Comment s'appellent ceux qui se trouvent dans les chocolats *mon chéri* ?

4 | B | Je déteste celui dont la traduction allemande est *Pflaume*.

5 | E | Celui à la forme ovale et de couleur verte te plaît ?

6 | A | Dans notre jardin, nous avons aussi ceux avec des points jaunes.

fgabe 8* Individuelle Lösung

la matière la plus détestée
C'est **celle que** … enseigne.
C'est **celle dans laquelle** je m'endors presque toujours.
C'est **celle à** cinq lettres : maths.

tes chaussures les plus vieilles
Ce sont **celles de** foot, de basket, de danse …
Ce sont **celles aux** lacets *(Schnürsenkel)* rouges.
Ce sont **celles qui** se trouvent dans mon armoire à gauche.

la fille la plus sympathique de ta classe
C'est **celle aux** cheveux roux/noirs/blonds/bruns/…
C'est **celle qui** est assise près de la porte/à côté de Marie …
C'est **celle avec** beaucoup d'humour.

ton sport préféré
C'est **celui où** on joue en équipe.
C'est **celui après lequel** on est fatigué.

le prof idéal
C'est **celui qui** est toujours gentil/a beaucoup de patience/…
C'est **celui qui** sourit toujours.
C'est **celui qui** donne de bonnes notes.

les meilleures places dans la salle de classe
Ce sont **celles au** fond de la salle.
Ce sont **celles près de** la porte.
Ce sont **celles qui** sont toujours occupées tout de suite.

Aufgabe 9

a) **C'est** <u>vous</u> qui avez des vacances.
b) **C'est** <u>nous</u> qui devons aller à l'école.
c) **C'est** <u>au Québec</u> que vous allez.
d) **Ce sont** <u>des cartes postales</u> que vous écrivez.
e) **C'est** <u>le paysage</u> qui vous plaît le plus.
f) **Ce sont** <u>des caribous</u>[1] que vous voyez.
g) **C'est** <u>un beau séjour</u> que vous passez.
h) **Ce sont** <u>de</u>[2] <u>bons souvenirs</u> que vous avez.

Hinweise:

1   Substantive auf -*ou* bilden den Plural in der Regel auf -*ous* (Ausnahme: *des bijoux*)
2   Der unbestimmte Artikel *des* wird in der Regel auf *de* verkürzt, wenn dem Substantiv ein Adjektiv vorausgeht.

Aufgabe 10

Mme Cheverry: «J'en ai vraiment[1] marre. **C'est moi qui fais tout.** Je vais donc faire une liste sur laquelle[2] vous allez trouver tous les travaux que vous avez à faire.» Elle écrit: «**C'est toi qui promènes**[3] **le chien. C'est Paul qui met la table. C'est Sylvie qui fait la vaisselle.** En plus, **ce sont eux qui donnent à manger au chien. C'est nous deux qui faisons les courses** ...»
Paul et Sylvie entrent dans la cuisine, des rollers et un skate à la main. «Maman, quand nous sommes rentrés de l'école, nous avons renversé le coca dans le frigo. Est-ce que tu l'as nettoyé?» «Moi? **C'est toi qui le nettoies.** Et à partir de maintenant, **c'est vous qui vous occupez de tous les appareils de cuisine.** Et en plus, **c'est vous qui faites la cuisine.** Et **c'est moi qui me repose** et **qui fais du skateboard.**»

Hinweise:

1   Zur Bildung von Adverbien von Adjektiven, die auf einen hörbaren Vokal enden, siehe S. 62.
2   Zur Verwendung von *lequel* in Relativsätzen siehe S. 27–32.
3   *se promener*: spazieren gehen
    → *promener un chien*: einen Hund Gassi führen

gabe 11   Individuelle Lösung

Hinweis: Achte darauf, dass das Verb im Relativsatz in Genus und Numerus mit dem Subjekt übereinstimmt. Beachte außerdem, dass es *c'est nous* und *c'est vous*, aber *ce sont eux* heißt.

faire la vaisselle	*C'est mon frère qui fait la vaisselle.*
mettre la table	*C'est moi qui mets la table.*
faire les courses	*Ce sont mes parents qui font les courses.*
faire la cuisine	*C'est ma mère qui fait la cuisine.*
préparer le petit déjeuner	*C'est moi et mon frère qui préparons le petit déjeuner.*
passer l'aspirateur	*C'est ma mère qui passe l'aspirateur.*
faire la lessive	*C'est ma mère qui fait la lessive.*
sortir les ordures	*C'est ma petite sœur qui sort les ordures.*
laver la voiture	*Ce sont mon père et mon frère qui lavent la voiture.*
donner à manger au chien	*Ce sont mes sœurs qui donnent à manger au chien.*
réparer les bicyclettes	*C'est mon frère qui répare les bicyclettes.*

gabe 12*   **C'est Pierre qui** lit une BD.

C'est Nicolas qui mange et boit.

C'est Magali qui écrit (une lettre).

Ce sont Henri et Michel qui jouent au foot[1]./**C'est Henri qui** joue au foot[1] avec Michel./…

C'est Nicole qui écoute de la musique[2].

Ce sont Roland et Sylvie qui jouent aux cartes[1]./**C'est Roland qui** joue aux cartes[1] avec Sylvie./…

Hinweise:

1   *jouer à qc* (bei Sport oder Spielen)

jouer de qc (bei einem Instrument) (z. B.: *jouer de la guitare*)

2   *écouter de la musique* ; aber: *écouter la radio*

Aufgabe 13* L'AGENT : Est-ce que je peux vous aider ?

TOI : **Wie kann er Ihnen helfen?**

LA FEMME : Ich will <u>einen Diebstahl</u> zur Anzeige bringen.

TOI : **C'est un vol dont elle veut faire la déclaration.**

L'AGENT : Qu'est-ce qu'on vous a volé ?

TOI : **Was hat man Ihnen gestohlen?**

LA FEMME : Man hat mir <u>die Handtasche</u> geklaut.

TOI : **C'est son sac à main qu'on lui a volé.**

L'AGENT : Est-ce que le sac à main a une particularité ?

TOI : **Hat die Handtasche eine Besonderheit?**

LA FEMME : Wenn man sie ansieht, springt <u>eine Blume</u> ins Auge.

TOI : **Quand on le voit, c'est une fleur qui saute aux yeux.**

L'AGENT : Vous aviez eu de l'argent dedans ?

TOI : **Hatten Sie Geld drin?**

LA FEMME : Nein, aber <u>meine Ausweise und mein Handy</u> befanden sich in der Tasche.

TOI : **Non, mais ce sont ses papiers et son portable qui se trouvaient dans le sac.**

L'AGENT : Où est-ce que le vol s'est passé ?

TOI : **Wo hat sich der Diebstahl ereignet?**

LA FEMME : In einer Bar am Strand.

TOI : **Dans un bar à la plage.**

L'AGENT : Est-ce que c'est le bar qui s'appelle *Chez l'ogre* ?

TOI : **Ist das die Bar, die ‚Chez l'ogre' (‚Zum Menschenfresser') heißt?**

LA FEMME : Nein, es war <u>die Bar</u>, die sich rechts von dieser befindet.

TOI : **Non, c'est[1] le bar qui se trouve à droite de celui-ci.**

L'AGENT : D'accord. Je le connais. Le vol s'est passé aujourd'hui ?

TOI : **Er kennt sie. Hat sich der Diebstahl heute ereignet?**

LA FEMME : Nein, er hat sich bereits gestern Abend ereignet.

TOI : **Non, il s'est passé hier soir déjà.**

L'AGENT : À quelle heure ?

TOI : **Um wie viel Uhr?**

LA FEMME : <u>Um halb neun</u> habe ich bemerkt, dass meine Tasche nicht mehr da war.

TOI : **C'est à huit heures et demie[2] qu'elle a remarqué que son sac à main n'était plus là.**

L'AGENT : Pourquoi n'avez-vous pas déclaré le vol tout de suite ?

TOI : **Warum haben Sie den Diebstahl nicht sofort angezeigt?**

LA FEMME : Habe ich doch gemacht. <u>An der Telefonzelle</u> habe ich einen seiner Kollegen getroffen. <u>An ihn</u> habe ich mich gewandt. Aber leider verstand er kein Deutsch.

TOI : **Mais elle l'a fait. C'est à la cabine téléphonique qu'elle a rencontré un de vos collègues. C'est à lui qu'elle s'est adressée. Mais malheureusement, il ne comprenait pas l'allemand.**

L'AGENT : Vous avez remarqué une personne qui pourrait être le voleur ?

TOI : **Haben Sie eine Person bemerkt, die der Dieb sein könnte?**

LA FEMME : Ja, ich habe <u>zwei Jugendliche</u> gesehen. Sie haben mich nach der Uhrzeit gefragt. <u>Ohne auf eine Antwort zu warten</u> haben sie sich plötzlich umgedreht und sind weggelaufen.

TOI : **Oui, ce sont deux adolescents qu'elle a vus[3]. Ils lui ont demandé l'heure. C'est sans attendre[4] la réponse qu'ils se sont tout à coup retournés et qu'ils ont filé.**

L'AGENT : Qu'est-ce qu'ils portaient comme vêtements ?

TOI : **Was für Kleidung trugen sie?**

LA FEMME : Sie hatten <u>blaue Jeans und schwarze Jacken</u> an. Bei diesem Wetter!

TOI : **Ce sont des jeans bleus et des vestes noirs qu'ils portaient. Par ce temps !**

L'AGENT : J'ai pris des notes et je vais m'en occuper. Pour être sincère, je ne crois pas que nous trouvions[5] ces deux jeunes. Mais peut-être[6] qu'ils ont jeté le sac à main et qu'ils ont laissé au moins les papiers dedans. Si ceux-ci réapparaissent, nous vous informerons.

Hinweise:

1 Die *mise en relief* wird in der Regel nur mit dem Präsens gebildet.

2 Steht *demi* nach, so wird es angeglichen; steht es allerdings voraus und wird mit einem Bindestrich mit dem Substantiv verbunden, dann bleibt es unverändert (z. B.: *Ils vont se rencontrer dans une demi-heure.*).

3 Bei der *mise en relief* ist *que* nur dann ein Relativpronomen, wenn es ein direktes Objekt hervorhebt (ansonsten ist *que* Konjunktion, z. B.: *C'est hier soir que j'ai vu Denis.*). Zur Angleichung des *participe passé* siehe S. 77.

4 Auch Infinitivkonstruktionen (siehe dazu S. 177–187) können hervorgehoben werden. Zu *sans* + Infinitiv siehe S. 182.

5 Nach *ne pas croire que* steht der *subjonctif*.

6 Steht *peut-être* voran, wird es in der gesprochenen Sprache mit dem Rest des Satzes durch *que* verbunden.

Aufgabe 14

$\boxed{\text{F}}$ C'est **ce qui** sert à[1] effacer des fautes écrites avec un crayon.

$\boxed{\text{G}}$ C'est **ce que** le prof prend pour[2] écrire au tableau.

$\boxed{\text{D}}$ C'est **ce qui** est nécessaire pour[2] tracer des lignes.

$\boxed{\text{H}}$ C'est **ce que** tu prends pour[2] faire tes devoirs.

$\boxed{\text{C}}$ C'est **ce qui** sert à[1] nettoyer le tableau.

$\boxed{\text{B}}$ C'est **ce qu'**on utilise pour[2] dessiner.

$\boxed{\text{A}}$ C'est **ce que** tu peux employer pour[2] réviser le vocabulaire.

$\boxed{\text{E}}$ C'est **ce qu'**on utilise pour[2] écrire une lettre.

Hinweise:

1 *servir à̲ faire qc*

2 Zu *pour* + Infinitiv (als Ersatz für einen Nebensatz) siehe S. 180.

Aufgabe 15*

CHANTAL : « C'est terrible **ce qui** s'est passé ce matin[1]. J'étais au lit et dormais quand j'ai entendu sonner mon réveil **qui** se trouve à côté de mon lit. Tu sais, c'est un vieux truc **qui** fait beaucoup de bruit et **que**, jusqu'à maintenant, j'ai toujours très bien entendu. J'étais encore couchée quand la porte **qui** donne sur[2] la terrasse s'est ouverte[3] lentement. **Ce que** j'ai vu m'a fait peur : un grand chien noir aux yeux bleus[4] venait d'entrer[5] dans ma chambre. Je voulais crier mais je ne pouvais pas. Après, j'ai voulu bouger **ce qui** m'était impossible. Mais le chien **qui** m'avait tourné le dos ne s'intéressait plus à moi[6]. Il avait trouvé **ce qu'**il cherchait : quelque chose à manger. Près de la fenêtre se trouve en effet la cage de mon hamster **que** mes parents m'ont acheté le mois dernier[7]. Le chien s'est approché lentement de[8] mon chéri **qui** voulait se cacher. Là, le chien s'est apprêté à sauter... »

MARIE : « Et après ? »

CHANTAL : « Rien. Quand le chien s'est apprêté à sauter, moi **qui** étais[9] toujours au lit, je suis arrivée finalement à crier. Et alors que je criais... je me suis réveillée[3]. **Ce que** je t'ai raconté, je l'ai rêvé ! Le réveil **que** j'ai entendu dans mon rêve a vraiment sonné mais j'ai continué à dormir... La porte **qui** s'était ouverte[3] dans mon rêve était bien fermée. Le hamster, lui, courait tranquillement sur la roue dans sa cage **ce qui** m'a beaucoup rassuré. Je déteste faire[10] des rêves si réalistes ! »

Hinweise:

1 *ce matin* : heute morgen; aber: *ce matin-là* : an jenem Morgen

2 *donner su̲r qc* : auf/zu etw. gehen

3   Reflexive Verben werden im *passé composé* und im *plus-que-parfait* mit *être + accord* gebildet (siehe dazu auch S. 81/82).

4   Wird ein Körperteil als Attribut hinzugefügt, steht *à* + bestimmter Artikel.

5   *venir de faire qc* : gerade etw. getan haben
     être en train de faire qc : gerade (dabei sein) etw. tun

6   Die direkten Objektpronomen *me, te, se, nous, vous* können nicht mit den gleichlautenden indirekten Objektpronomen verbunden werden. Daher wird das indirekte Objekt mit *à* + betontes Personalpronomen nachgestellt (siehe dazu S. 45).

7   *le mois dernier* : im letzten Monat

8   *s'approcher de qc/qn*

9   Hängt das Relativpronomen *qui* von einem betonten Personalpronomen ab, dann richtet sich das Verb des Relativsatzes nach der Person des Personalpronomens (vgl. dazu auch die Anmerkungen zur *mise en relief* S. 9).

10   *détester faire qc* (Zu weiteren Verben, die einen Infinitiv ohne Präposition anschließen, siehe S. 173.)

Aufgabe 16

Aufgabe 17   a)   *Mon premier match de volley* **dont** je me souviens volontiers a fini par[1] une victoire de mon équipe.

b)   En 1783, les frères Montgolfier ont fait *une découverte* **dont** on parle encore beaucoup.

c)   Mon père aime parler de *nos vacances d'il y a huit ans*[2] *sur la Côte d'Azur* **dont** je me souviens encore très bien.

d)   *Le bruit* **dont** les voisins se plaignent vient de la fête de Thomas.

e)   *Le bébé* **dont** Marius s'occupe crie de toutes ses forces.

Hinweise:

1   *finir par qc :* mit etw. enden;
    aber: *finir qc :* etw. beenden (z. B.: *Il a fini ses devoirs.*)

2   vor (zeitlich – Zeitspanne): *il y a* (z. B.: *il y a deux ans*)
    vor (zeitlich – Zeitpunkt): *avant* (z. B.: *avant le départ*)
    vor (örtlich): *devant* (z. B.: *devant la maison*)

Aufgabe 18*   Kéwan est heureux. Ses parents lui ont fait un cadeau **dont** il se réjouit vraiment : un billet d'avion pour la Guadeloupe. Cette île **que** Kéwan et ses parents ont quittée[1] quand il avait cinq ans se trouve dans les Caraïbes. Kéwan **qui** y est né ne se la rappelle[3] plus bien. Ce **dont** il se souvient[2] le mieux[3], ce sont les longues plages de sable et les vieux pêcheurs **qui** savaient raconter beaucoup d'histoires intéressantes. Mais Kéwan sait aussi que la vie n'y avait pas été facile. Ses parents **qui** travaillaient dur[4] n'arrivaient presque pas à gagner leur vie. C'est pourquoi ils ont quitté la Guadeloupe pour la France.

Après des années difficiles, son père a trouvé un bon travail **qu'**un ami lui a donné. Sa mère, elle aussi, est contente parce que les enfants **dont** elle s'occupe pour gagner aussi un peu d'argent l'aiment beaucoup. Il y a tout de même des choses **dont** ses parents se plaignent, surtout le racisme **qu'**on peut parfois rencontrer dans les banlieues de Paris, mais aussi en province.

Mais Kéwan **dont** les professeurs disent qu'il est un garçon gentil et drôle[5] est content de vivre en France métropolitaine **qui** est devenue sa patrie. Mais la Guadeloupe **dont** ses parents parlent souvent est aussi une partie de sa vie. C'est pourquoi il est si content de pouvoir revoir cette île **qu'**il n'a plus vu depuis presque dix ans.

Hinweise:

1   Das *participe passé* muss an das vorausgehende direkte Objekt (hier: *que*) angeglichen werden. Siehe dazu S. 77.

2   *se rappeler qc/qn ;* aber: *se souvenir de qc/qn*

3   *Le mieux* ist der Superlativ zu dem Adverb *bien (bien, mieux, le mieux)*. Siehe auch S. 70.

4   *travailler dur* (Zu weiteren Ausdrücken, bei denen das Adjektiv wie ein Adverb verwendet wird siehe S. 75.)

5   Zum indirekten Aussagesatz siehe S. 152–163.

gabe 19* a) Robespierre apprend la nouvelle **dont il est très content**.

          b) Il veut imposer tous ses principes **dont il est convaincu**.

          c) Il vote même la mort de son ancien ami Danton **dont il est mécontent**.

          d) Les Jacobins, le groupe dont il fait partie, envoient des milliers de victimes à la guillotine **dont ils sont fiers**.

          e) Peu à peu les Français détestent les méthodes du gouvernement **dont ils sont déçus**.

          f) C'est pourquoi un groupe de révolutionnaires modérés renverse Robespierre **dont ils ne sont plus contents**.

          g) Après sa mort en 1794, les Parisiens fêtent la fin de la terreur **dont ils sont très soulagés**.

gabe 20

1 Notre voisin a deux filles	A dont le logiciel est tout neuf.
2 Voilà la pauvre fille	B dont le chien est mort.
3 Pour[1] pouvoir préparer le « kouglof », un gâteau alsacien, ma grand-mère cherche la recette	C dont j'ai oublié les noms.
4 À la discothèque, je vois sortir cette jolie fille	D dont le chef a licencié sa femme.
5 Mon père m'a acheté un nouveau portable	E dont elle ne se souvient plus.
6 J'ai écrit un long mail à ma corres	F dont j'ai fait la connaissance il y a un an.
7 Voilà l'homme	G dont je n'ai même pas pris le numéro de téléphone.

Hinweis:

1   Zu *pour* + Infinitiv als Ersatz für einen Nebensatz siehe S. 180.

Aufgabe 21*

a) Amélie Nothomb est un écrivain français[1] **dont** j'aime beaucoup **le** roman « Robert des noms propres. »

b) Le personnage principal de ce roman est une jeune fille **dont la** vie est assez bizarre.

c) Elle porte un prénom extraordinaire (Plectrude) **dont** peu de gens comprennent **la** signification.

d) Après la mort de ses parents, Plectrude est adoptée par sa tante Clémence **dont les** enfants pensent qu'elle est leur sœur.

e) Elle prend des leçons dans une école de danse **dont les** professeurs sont des professionnels.

f) En classe, elle dit toujours des bêtises **dont les** camarades pensent que ce sont des réponses géniales.

g) À l'école, elle tombe amoureuse d'un garçon, Mathieu Saladin, **dont le** visage est assez laid.

h) À quatorze ans, elle devient « petit rat » à l'Opéra de Paris **dont** le prestige est extraordinaire.

i) Plectrude ne mange plus de produits laitiers **dont** elle craint **les** calories.

j) Lisez ce roman **dont la** fin va vous surprendre.

Hinweis:

1 Die Berufsbezeichnung *écrivain* ist immer maskulin, auch wenn sie sich wie hier auf eine Frau bezieht.

Aufgabe 22

a) Elle ne trouve pas **le CD dont elle a besoin pour sa mère**.

b) Dans la librairie, la vendeuse lui dit que[1] **le livre**[2] **dont elle a besoin pour sa sœur** est épuisé.

c) **Les rollers dont elle a besoin pour son frère** sont beaucoup trop chers.

d) Dans l'animalerie, quand elle veut payer **la souris/le jouet dont elle a besoin pour son chat**, elle n'a pas d'argent sur elle[3].

e) **La bouteille de vin dont elle a besoin pour son père** s'est cassée[4].

f) Dans sa chambre, elle cherche partout **la balle de tennis dont elle a besoin pour son chien** mais elle ne la trouve pas.

Hinweise:

1 Zum indirekten Aussagesatz siehe S. 152–163.

2 *La BD* kann aufgrund der Form *épuisé* nicht die Lösung sein.

3 *elle n'a pas d'argent sur elle ; il a de l'argent sur lui*

4 Reflexive Verben werden im *passé composé* und im *plus-que-parfait* mit *être + accord* gebildet (siehe dazu auch S. 81/82).

fgabe 23

> J'ai trouvé
>
> - cinq jeux vidéo ___*dont trois sont à mon copain.*___ (trois, mon copain)
> - des BD[1] ___*dont plusieurs[2] sont à mon frère aîné.*___ (plusieurs, à mon frère aîné)
> - du chocolat ___*dont deux tablettes sont à ma sœur.*___ (deux tablettes, à ma sœur)
> - des timbres ___*dont quelques-uns sont à mon père.*___ (quelques-uns, à mon père)
> - dix cahiers ___*dont huit sont à ma copine.*___ (huit, à ma copine)
> - des livres ___*dont plusieurs sont à mon voisin.*___ (plusieurs, à mon voisin)
> - trois ours en peluche ___*dont un est à mon petit frère.*___ (un, à mon petit frère)

Hinweise:

1 Abkürzungen wie *BD, CD* und *DVD* bekommen im Plural kein Plural-*s*.

2 *Plusieurs* ist unveränderlich, auch wenn es sich auf ein weibliches Substantiv bezieht.

		juste	faux
gabe 24* a)	La légende autour du roi Arthur est une légende romaine[1].	☐	☒
b)	Le roi Arthur n'a jamais vécu[2].	☐	☒
c)	Une épée donnait son pouvoir au roi Arthur.	☒	☐
d)	Lancelot était un des Chevaliers de la Table Ronde.	☒	☐
e)	Le Graal est un objet tiré de l'Ancien Testament[3].	☐	☒
f)	On ne sait pas comment le roi Arthur est mort.	☒	☐

Hinweise:

1 Geoffroy de Monmouth hat sein Buch zwar auf lateinisch geschrieben, aber er war kein Römer.

2 Man weiß nicht, ob er gelebt hat.

3 Der Gral wird bisweilen mit dem Abendmahlskelch gleichgesetzt, von dem im Neuen Testament gesprochen wird. Aber auch wenn du *la Cène* nicht als das letzte Abendmahl erkennst, kannst du dir die Lösung aufgrund der Nennung von Jesus erschließen, von dem nur im Neuen Testament die Rede ist.

Aufgabe 25*

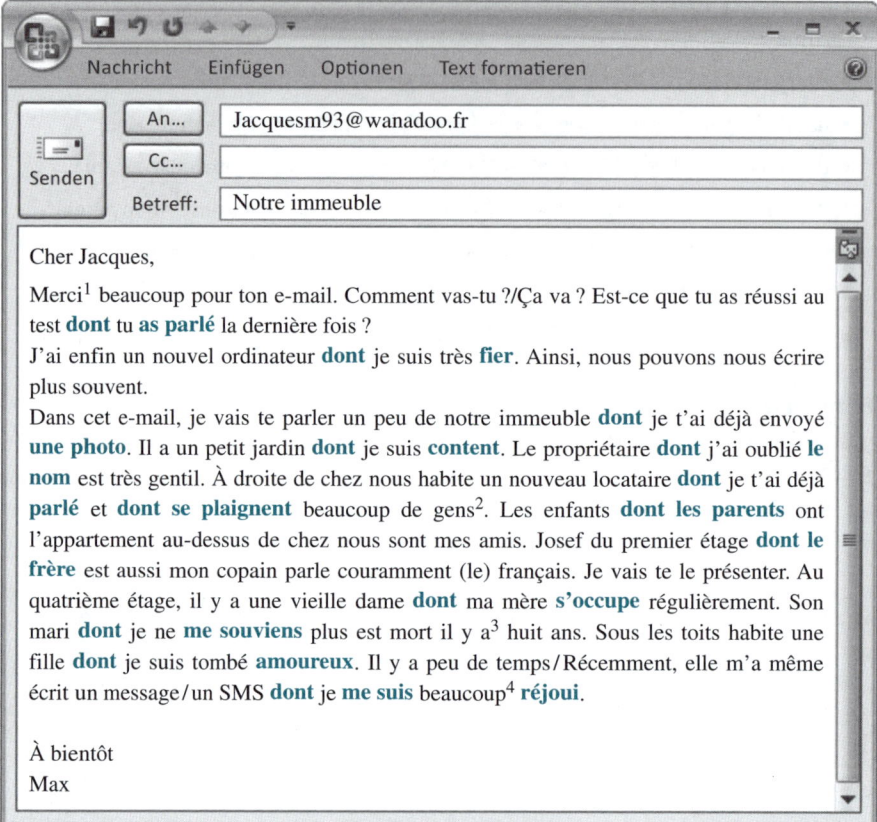

An... Jacquesm93@wanadoo.fr

Cc...

Betreff: Notre immeuble

Cher Jacques,

Merci[1] beaucoup pour ton e-mail. Comment vas-tu ?/Ça va ? Est-ce que tu as réussi au test **dont** tu **as parlé** la dernière fois ?

J'ai enfin un nouvel ordinateur **dont** je suis très **fier**. Ainsi, nous pouvons nous écrire plus souvent.

Dans cet e-mail, je vais te parler un peu de notre immeuble **dont** je t'ai déjà envoyé **une photo**. Il a un petit jardin **dont** je suis **content**. Le propriétaire **dont** j'ai oublié **le nom** est très gentil. À droite de chez nous habite un nouveau locataire **dont** je t'ai déjà **parlé** et **dont se plaignent** beaucoup de gens[2]. Les enfants **dont les parents** ont l'appartement au-dessus de chez nous sont mes amis. Josef du premier étage **dont le frère** est aussi mon copain parle couramment (le) français. Je vais te le présenter. Au quatrième étage, il y a une vieille dame **dont** ma mère **s'occupe** régulièrement. Son mari **dont** je ne **me souviens** plus est mort il y a[3] huit ans. Sous les toits habite une fille **dont** je suis tombé **amoureux**. Il y a peu de temps/Récemment, elle m'a même écrit un message/un SMS **dont** je **me suis** beaucoup[4] **réjoui**.

À bientôt
Max

Hinweise:

1 Im Französischen wird in Briefen/E-Mails nach der Anrede mit einem Großbuchstaben begonnen.

2 Bezieht sich *beaucoup* auf Personen oder Gegenstände, kann es nicht allein stehen, sondern braucht eine Ergänzung, z. B.:
viele (Menschen): *beaucoup de gens/beaucoup de personnes*
ich habe viele (von einer Sache): *j'en ai beaucoup*
ich lerne viele (Gedichte): *j'en apprends beaucoup*
aber: viel lernen: *apprendre beaucoup*

3 vor (zeitlich – Zeitspanne): *il y a* (z. B.: *il y a deux ans*)
vor (zeitlich – Zeitpunkt): *avant* (z. B.: *avant le départ*)
vor (örtlich): *devant* (z. B.: *devant la maison*)

4 sehr: beim Verb: *beaucoup* (z. B.: *s'ennuyer <u>beaucoup</u>*)
bei Adjektiven und Adverbien: *très* (z. B.: *être <u>très</u> heureux*)

fgabe 26

à l'ordinateur	auquel	le forum de discussion	lequel
le logiciel	lequel	aux touches	auxquelles
de la souris	de laquelle	du clavier	duquel
des écrans	desquels	à l'informatique	à laquelle
au message	auquel	des e-mails	desquels
aux sites	auxquels	les programmes	lesquels

fgabe 27

a) Je cherche mes clés de voiture **sans lesquelles** je ne peux pas partir.

b) La finale du championnat du monde **à laquelle** nous avons assisté était magnifique.

c) L'avion **avec lequel** tu voles est vieux.

d) Nicolas adore Internet[1] **grâce auquel** il a découvert le monde.

e) Luc attend son amie au parc central **au milieu duquel** il y a un banc pour les amoureux.

f) Sylvie regarde le rocher **sur lequel** quelqu'un a construit sa maison.

g) Monique cherche son hamster dans le lit **sous lequel** il se cache.

h) Pour[2] devenir vétérinaire, il faut passer un concours très difficile **auquel** beaucoup de candidats échouent.

Hinweise:

1   Das Substantiv *Internet* wird im Französischen immer ohne Artikel verwendet (z. B.: *chercher sur Internet*).

2   Zu *pour* + Infinitiv (als Ersatz für einen Nebensatz) siehe S. 180.

fgabe 28

a) Au milieu de la photo se trouve une église **dont** tu connais sûrement le nom : Notre-Dame de Paris.

b) L'église autour **de laquelle** coule la Seine a été construite sur une des deux îles de Paris **dont** l'île de la Cité est la plus grande[1].

c) Le fleuve[2] au milieu **duquel** on peut reconnaître un bateau traverse toute la capitale.

d) Ce bateau près **duquel** tu vois une partie d'un pont transporte quelques-uns des milliers de touristes **dont** la ville de Paris est très fière.

e) Mais la richesse[3] culturelle de la ville **dont** les maires[4] s'occupent parti-culièrement n'attirent pas seulement des étrangers.

f) Cependant, le tourisme n'est pas la seule chose **dont** il faut parler.

g) La capitale de la France a beaucoup de problèmes comme le chômage, les prix des logements et la violence dans les banlieues en face **de laquelle** plusieurs hommes politiques ont déjà capitulé.

Hinweise:

1 Beim Komparativ steht *que*, beim Superlativ *de*.
(z. B.: *Il est plus grand que Marcel. Il est le plus grand de toute sa classe.*)

2 Als *fleuves* werden die Flüsse bezeichnet, die ins Meer münden *(les cinq fleuves de France: la Seine, la Loire, la Garonne, le Rhin, le Rhône)*, als *rivières* die übrigen.

3 *riche*: reich → *la richesse*: der Reichtum

4 *la mairie*: das Rathaus → *le maire*: der Bürgermeister

Aufgabe 29*   Individuelle Lösung.

Jacques **devant qui/lequel** se trouve un porte-monnaie écoute de la musique.
Quelques enfants **parmi lesquels** se trouve aussi Sylvie jouent au foot.
Robert **au-dessus de qui/duquel** est assis un oiseau lit une BD.
Robert **derrière qui/duquel** se trouve un arbre lit une BD.
Louis et Rachel **entre lesquels** se tient un professeur se disputent.
Chantal **derrière qui/laquelle** se cache Marie chante.
Chantal **en face de qui/de laquelle** Robert lit une BD chante.
Marie **à côté de qui/de laquelle** se trouve une poubelle pleure.
Marie **devant qui/laquelle** se trouve une bouteille cassée pleure.

Aufgabe 30*   a) Le film « Les Choristes » **dont** le titre allemand est « Die Kinder des Monsieur Mathieu » a été un grand succès en Allemagne[1] et en France[1].

b) Au centre du film se trouvent les garçons de l'internat « Fond de l'Étang » **à qui** M. Mathieu enseigne le chant.

c) Avec sa musique, M. Mathieu a trouvé **ce qui** intéresse ses élèves.

d) M. Rachin **qui** est le directeur de l'école n'aime pas que[2] M. Mathieu enseigne le chant aux garçons.

e) Rachin et Mathieu sont des profs **entre lesquels** il y a beaucoup de problèmes.

f) La discipline autoritaire est tout **ce que** le directeur aime.

g) Clément Mathieu est un pédagogue **en qui/lequel** les garçons de l'internat ont confiance[3].

h) Morhange **dont** M. Mathieu est très fier est le meilleur[4] chanteur.

i) Pépinot est le petit garçon **avec qui/lequel** M. Mathieu quitte l'internat.

Hinweise:

1 Bei weiblichen Ländernamen steht die Präposition *en*. Bei männlichen Ländernamen, die mit Konsonant beginnen, *au* (z. B.: *au Portugal, au Canada*).

2 Nach *ne pas aimer que* steht der *subjonctif*.

3 *avoir confiance <u>en</u> qn ;* aber: *faire confiance <u>à</u> qn*

4 *Le meilleur* ist der Superlativ zum Adjektiv *bon (bon, meilleur, le meilleur)*.

gabe 31*   a) Jean-Baptiste Colbert **dont le père** était un simple marchand est devenu un des hommes politiques français les plus importants[1] de son époque.

b) Colbert a développé ses activités commerciales **qui** ont prouvé son talent pour l'organisation et les finances.

c) Colbert était l'homme de confiance du cardinal Mazarin **qui** estimait beaucoup son travail.

d) Colbert est entré au service du roi Louis XIV **auquel** le cardinal Mazarin l'avait recommandé.

e) À la cour du roi, il y avait beaucoup d'intrigues entre les ministres **parmi lesquels** se trouvaient Fouquet, Le Tellier et Louvois.

f) Réduire les importations, soutenir les manufactures, augmenter les exportations, voilà sa méthode commerciale **qu'**on appelle « le mercantilisme ».

g) Colbert savait qu'il y avait des dépenses[2] élevées à la cour royale ainsi que pour financer les guerres que Louis XIV menait **ce qui** provoquait un déficit budgétaire dangereux pour la stabilité de la France.

h) Colbert a travaillé pour renforcer[3] l'autorité du roi **dont les buts** étaient le pouvoir absolu et la centralisation de la France.

Hinweise:

1 Denke daran, bei den Adjektiven im Superlativ den bestimmten Artikel zu wiederholen bzw. zu setzen.

2 *dépenser qc :* etw. ausgeben → *les dépenses :* die Ausgaben

3 *la force :* die Kraft → *renforcer :* verstärken

Aufgabe 32

a) _à[1]_

b) _à[1]_

c) _sur le_

d) _au_

e) _dans les_

f) _en[2]_

g) _dans la_

h) _sur les_

						P	A	R	I	S		
					O	R	L	E	A	N	S	
					P	O	N	T				
			L	O	U	V	R	E				
			A	L	P	E	S					
	N	O	R	M	A	N	D	I	E			
		M	A	N	C	H	E					
C	H	A	M	P	S	–	E	L	Y	S	E	E	S

Hinweise:

1 Bei Städten wird die Präposition *à* verwendet.

2 Bei weiblichen Länder- und Provinznamen steht die Präposition *en*. Bei männlichen Ländernamen, die mit Konsonant beginnen, steht *au* (z. B.: *au Portugal, au Canada*), bei männlichen Provinznamen hingegen *dans le* (z. B.: *dans le Périgord*).

Aufgabe 33*

a) Est-ce que tu pourrais me dire pourquoi tu t'y[1] es identifié[2] ?
   Könntest du mir sagen, warum du dich damit identifiziert hast?

b) Il a assisté à plusieurs cours, mais il ne s'y[1] est jamais intéressé[2] vraiment.
   Er hat an mehreren Stunden teilgenommen, aber er hat sich nie wirklich dafür interessiert.

c) Il y a[3] deux semaines, il a commencé à[4] y réfléchir.
   Vor zwei Wochen hat er begonnen, darüber nachzudenken.

d) Si vous étiez à ma place, est-ce que vous y réagiriez[5] ?
   Wenn ihr an meiner Stelle wäret, würdet ihr darauf reagieren?

e) Penses-y[6].
   Denke daran.

f) Est-ce que ce sont eux qui y ont joué ?
   Sind sie es, die damit/dort gespielt haben?

g) Avant[4] son accident, elle s'y[1] était beaucoup[7] intéressée[2].
   Vor ihrem Unfall hatte sie sich sehr dafür interessiert.

h) On lui a donné l'adresse de l'agence de tourisme et il y a écrit.
   Man hat ihm die Adresse des Tourismusbüros gegeben und er hat dorthin geschrieben.

i) Quand nous avons fait nos devoirs, nous n'y avons pas fait attention.
   Als wir unsere Aufgaben gemacht haben, haben wir nicht darauf aufgepasst.

j) Il n'y avait pas réagi.
   Er hatte nicht darauf reagiert.

k) On lui a offert des drogues mais il y a renoncé.
   Man hat ihm Drogen angeboten, aber er hat sie abgelehnt.

Hinweise:

1 Treffen ein Objektpronomen und ein Adverbialpronomen (*y* oder *en*) aufeinander, dann steht das Adverbialpronomen grundsätzlich an zweiter
  Stelle (siehe S. 45).

2 Reflexive Verben werden im *passé composé* und im *plus-que-parfait* mit
  être + *accord* gebildet (siehe dazu auch S. 81/82).

3 vor (zeitlich – Zeitspanne): *il y a* (z. B.: *il y a deux ans*)
  vor (zeitlich – Zeitpunkt): *avant* (z. B.: *avant le départ*)
  vor (örtlich): *devant* (z. B.: *devant la maison*)

4 *commencer à faire qc :* beginnen, etw. zu tun
  commencer par faire qc : mit etw. beginnen (in einer Abfolge von Handlungen)

5 Zum Gebrauch der Zeiten und Modi im irrealen Konditionalsatz siehe
  S. 141/143.

6 Endet die Imperativform auf Vokal (Verben auf -*er* und *aller*), dann musst
  du vor *y* und *en* ein *s* anhängen (z. B.: *Manges-en. Vas-y.*).

7 sehr: beim Verb: *beaucoup* (z. B.: *s'ennuyer beaucoup*)
     bei Adjektiven und Adverbien: *très* (z. B. : = *être très heureux*)

---

fgabe 34 M. ROMARD : Nous sommes déjà <u>à la gare de Paris</u> ?
MME ROMARD : Oui, **nous y sommes déjà**.
M. ROMARD : Nous allons tout de suite <u>à la sortie</u> ?
MME ROMARD : Oui, **nous y allons tout de suite**.
M. ROMARD : Tu cherches la ligne 5 <u>sur le plan de métro</u> ?
MME ROMARD : Non, **j'y cherche** la ligne 4.
M. ROMARD : Nous avons réservé une chambre <u>à l'hôtel près de la Bastille</u> ?
MME ROMARD : Non, **je n'y ai pas réservé de chambre**[1]. Nous passerons les
  nuits dans une auberge du Ve arrondissement.
M. ROMARD : Tu as pensé <u>à prendre nos papiers</u> ?
MME ROMARD : Oui, **j'y ai pensé**.
M. ROMARD : Mardi, nous allons faire une excursion <u>à Versailles</u> ?
MME ROMARD : Oui, **nous allons y faire une excursion**.
M. ROMARD : Tu veux que nous allions[2] voir la collection « Arts de l'Islam » <u>au
  musée du Louvre</u> ?

MME ROMARD : Oui, **je veux que nous allions**[2] **y voir la collection « Arts de l'Islam »**.

M. ROMARD : Tu as trouvé les horaires des musées <u>dans « Paris Spectacle »</u> ?

MME ROMARD : Oui, **j'y ai trouvé les horaires des musées**.

M. ROMARD : Un de ces jours, tu aimerais certainement te promener sur <u>les Champs-Elysées</u> ?

MME ROMARD : Oui, **j'aimerais m'y**[3] **promener**, si tu m'y[3] achètes des bijoux.

Hinweise:

1 Vergiss nicht, aufgrund der Verneinung den unbestimmten Artikel von *une chambre* durch *de* zu ersetzen.

2 Nach Verben, die einen Wunsch ausdrücken, steht der *subjonctif* (siehe S. 116).

3 Treffen ein Objektpronomen und ein Adverbialpronomen (*y* oder *en*) aufeinander, dann steht das Adverbialpronomen grundsätzlich an zweiter Stelle (siehe S. 45).

Aufgabe 35*   Individuelle Lösung

Ces dernières années[1], j'ai passé la plupart de mes vacances à la maison. Seulement l'année dernière[1], mes parents m'ont emmené faire un voyage au bord de la mer. Nous y avons loué une petite maison de vacances. Je ne me rappelle[2] plus le nom exact du lieu, mais c'était un petit village sur la Côte d'Azur.

J'y ai fait beaucoup de choses. Le matin[3], mon frère et moi, nous nous sommes baignés dans la mer. L'après-midi[3], j'ai participé à un cours de voile. C'était vraiment génial ! Malheureusement, je n'ai pas la possibilité de pratiquer ce sport chez moi. Le soir[3], nous sommes allés plusieurs fois au cinéma (même si, pour être sincère, je n'ai pas beaucoup compris) ou à des fêtes que la ville organisait. Les vacances ont été super cool. J'aime bien le soleil et la mer. Et si je peux faire du sport, c'est encore mieux.

Je vais demander à mes parents si, la prochaine fois, je pourrai y aller seul avec mes copains.

Hinweise:

1 *ces dernières années* : in den letzten Jahren/*l'année dernière* : im letzten Jahr

2 sich an etw. erinnern: *rappeler qc ; se souvenir de qc*

3 morgens/nachmittags/abends: *le matin/l'après-midi/le soir*

fgabe 36

a) Je m'en souviens volontiers. – **des dernières vacances**

b) Nous en revenons vers une heure. – **de l'école**

c) Le professeur d'histoire en parle. – **du Moyen Âge**

d) Nos profs nous obligent à[1] en sortir pendant les récréations. – **de la salle de classe**

e) Comme[2] je ne sais pas nager, j'en ai peur. – **de la piscine**

f) Beaucoup d'élèves en sont fascinés à cause des expériences. – **de la chimie**

g) Si tu as fait attention aux cours, tu ne dois pas en avoir peur. – **des contrôles**

h) J'en ai besoin pour faire un dessin. – **d'un crayon**

i) Notre prof de musique aimerait que tous en jouent[3]. – **d'un instrument**

j) La plupart des élèves en rêvent[4]. – **d'une vie sans école**

k) À la maison, je m'en occupe seulement le soir. – **des devoirs**

Hinweise:

1 *obligatoire* : verpflichtend → *obliger qn <u>à</u> faire qc* : jdn. zu etw. verpflichten

2 Steht der Kausalsatz vor dem Hauptsatz, musst du *comme* verwenden, steht er danach, ist *parce que* üblich.

3 Nach Verben, die einen Wunsch ausdrücken, steht der *subjonctif* (siehe S. 116).

4 Nach *la plupart de* steht das Verb im Plural.

fgabe 37

a) Je ne veux plus en parler.

☐ Ich werde nicht mehr darüber reden.

☒ Ich will nicht mehr darüber sprechen.

☐ Ich wollte dort nicht sprechen.

b) Nous en avons besoin.

☐ Wir haben Freude daran.

☐ Wir besorgten uns etwas davon.

☒ Wir brauchen es.

c) Elle ne sait pas en jouer.

☒ Sie kann es nicht spielen.

☐ Sie spielt es nicht.

☐ Sie wird es nicht spielen können.

d) Je n'en ai pas peur.

[X] Davor habe ich keine Angst.

[ ] Dort bekomme ich keine Angst.

[ ] Dort habe ich keine Angst.

Aufgabe 38 a) Oui, **nous en avons plusieurs**.

b) Oui, **nous en avons deux bouteilles**.

c) Oui, **nous en avons six**.

d) Oui, **nous en avons un kilo**.

e) Oui, **nous en avons deux cents grammes**.

Aufgabe 39 M. ROMARD : Non, **nous n'en avons pas encore**[1] discuté.

M. ROMARD : Oui, **nous en avons besoin**.

M. ROMARD : Moi aussi, **j'en rêverais**.

M. ROMARD : Oui, **j'en ai le courage**.

M. ROMARD : Non, **je n'en ai pas envie**. Le prix des billets est trop élevé.

Hinweis:

1 *déjà → ne pas encore*

Aufgabe 40 M. ROMARD : Est-ce que nous avons encore le temps <u>de prendre des photos de l'Arc de Triomphe</u> ?

MME ROMARD : Oui, **nous en avons encore le temps**[1].

M. ROMARD : Est-ce que nous allons aussi <u>à Notre-Dame</u> ?

MME ROMARD : Oui, **nous y allons aussi**.

M. ROMARD : Est-ce que je peux descendre <u>du bus</u> pour acheter <u>des cartes postales</u> ?

MME ROMARD : Oui, **tu peux en descendre pour en acheter**.

M. ROMARD : Est-ce que les statues de Niki de Saint Phalle se trouvent <u>sur la place de la Concorde</u> ? »

MME ROMARD : Non, les statues de Niki de Saint Phalle **ne s'y trouvent pas**.

M. ROMARD : Est-ce qu'on va <u>dans cette direction</u> pour aller au Père-Lachaise ? »

MME ROMARD : Oui, **on y va** pour aller au Père-Lachaise.

M. ROMARD : Est-ce que nous allons revenir <u>au Louvre</u> ? »

MME ROMARD : Non, **nous n'allons pas y revenir**.

M. ROMARD : Est-ce que tu pourrais aller <u>au kiosque</u> pour acheter cette revue ?
MME ROMARD : Oui, **je peux y aller/j'y vais**.

Hinweis:

1 *avoir <u>le</u> temps/ne pas avoir <u>le</u> temps*

Aufgabe 41*

Cher Yves,

ma femme et moi, nous avons passé quelques
jours à Paris. Depuis des années, j'avais
l'intention d'y aller. Nous y avons visité
beaucoup d'églises et de musées intéressants.
Les Parisiens, eux aussi, étaient très gentils.
J'y penserai quand un automobiliste dont la
voiture a le numéro 78 m'énervera. Comme tu
le vois, nous en rentrons avec beaucoup de
bons souvenirs. Nous en parlerons sûrement
longtemps.

Cordialement, François

Yves Lavoine

9, rue du 14 juillet

12000 Rodez

Aufgabe 42   a)   Le propriétaire la leur a louée.

☐ Le propriétaire a loué son bateau à Jean.

☒ Le propriétaire a loué sa maison à Jean et Marie.

☐ Le propriétaire a loué sa maison à Jean.

b)   Ils la lui ont payée.

☒ Ils ont payé une caution au propriétaire.

☐ Ils ont payé une caution aux propriétaires.

☒ Ils ont payé une caution à la propriétaire.

c)   Il ne la leur a pas rendue.

☒ Il n'a pas rendu la caution à Jean et Marie.

☐ Il n'a pas rendu la caution à Jean.

☐ Il n'a pas rendu la caution à Marie.

d) L'avocat la lui a écrite.

☐ L'avocat a écrit un message au propriétaire.

☐ L'avocat a écrit une lettre à Jean et Marie.

☒ L'avocat a écrit une lettre au propriétaire.

e) Le propriétaire la leur a envoyée.

☒ Le propriétaire a envoyé une photo avec les dégâts à Jean et Marie.

☐ Le propriétaire a envoyé des photos avec les dégâts à Jean et Marie.

☐ Le propriétaire a envoyé la caution à l'avocat.

Aufgabe 43

a) Ahmed et Suzanne **le lui** demandent.

b) Il **le leur** permet.

c) Il **les leur** donne.

d) Ils **le leur** promettent.

e) Un vendeur **les lui** offre.

f) Il **la lui** paie[1].

g) À la maison, les deux ne **le leur** disent pas.

h) Ceux-ci ne **le leur** demandent pas.

Hinweis:

1 Bei *payer* kann das *y* auch erhalten bleiben: *je paie/paye, tu paies/payes, il paie/paye, ils paient/payent ; je paierai/payerai ; je paierais/payerais*

Aufgabe 44

a) Elle **se les** achète.

b) Tu **me les** offres.

c) Je **vous les** vends.

d) Il va **te** l'envoyer.

e) Je **me les** pose.

f) Nous **nous les** lavons.

g) Ils **nous** l'ont montré.

Aufgabe 45

	correcte	fausse
a) Il me le demande depuis des semaines.	☒	☐
b) Nous vous avons le vendu à un bon prix.	☐	☒

    Nous vous l'avons vendu à un bon prix.

c) Je le te vais rendre la semaine prochaine.	☐	☒

    Je vais te le rendre la semaine prochaine.

d) Elles nous les apportent volontiers.	☒	☐
e) Il les raconte à nous.	☐	☒

    Il nous les raconte.

Aufgabe 46

Aufgabe 47 a) « Est-ce qu'il y a encore du coq au vin dans le four ? »

« Non, Pauline, il **n'y en a plus**[1]. Ton frère a tout mangé. »

b) « Chéri, tu apportes encore du vin pour nous ? »

« Oui, je **vous en apporte** volontiers. »

c) « Pauline, est-ce que tu te sers encore de la salade ? »

« Oui, je **m'en sers** encore une fois. »

d) « Paul, tu vas chercher encore de l'eau minérale dans le frigo ? »

« Oui, maman, je **vais y en chercher**. »

e) « Maman, est-ce que je peux inviter ma copine au dîner ? »

« Non, tu **ne peux pas l'y inviter**. On ne sera pas là. »

f) « Grand-mère a offert des sucreries à Pauline et à Paul ? »

« Oui, elle **leur en a offert**. »

g) « Tu as retrouvé ton couteau et ta fourchette sous ta chaise ? »

« Non, je **ne les y ai pas retrouvés**[2]. »

h) « Paul, tu passes ton dessert à ta sœur ? »

« Non, je **ne le lui passe pas**. Elle ne me remercie jamais. »

Hinweise:

1   *encore → ne plus*

2   Das *participe passé* muss an das vorausgehende direkte Objekt (hier: *les*) angeglichen werden. Siehe dazu S. 77.

Aufgabe 48 a) « Est-ce que je vous ai déjà parlé de ma première sortie en mer ? »

« Non, tu ne **nous en** as pas encore parlé. »

b) « Est-ce que les pêcheurs ont déjà vendu leurs poissons au marché ? »

« Oui, ils **les y** ont déjà vendus. »

c) « Allons-nous regarder l'arrivée du ferry au port ? »

« Bof, je n'ai pas envie de **l'y** regarder. »

d) « Allez-vous acheter des pulls marins à la boutique ? »

« Oui, nous allons **y en** acheter. »

e) « Est-ce que tu peux nous donner de l'argent pour aller visiter l'aquarium ? »

« Bien sûr, je veux bien **vous en** donner. »

f) « Quand est-ce que nous avons donné r.-v. aux amis devant le phare ? »

« C'est exactement à 20 heures que nous **leur y** avons donné rendez-vous. »

g) « Avez-vous acheté des souvenirs au musée maritime ? »

« Non, nous n'**y en** avons pas encore acheté. »

h) « As-tu envoyé des cartes postales aux grands-parents ? »

« Mais oui, je **leur en** ai envoyé hier. »

gabe 49* a) Isabelle écrit une lettre à sa meilleure[1] amie.
Isabelle **la lui** écrit.

b) Le professeur demande[2] à un élève d'expliquer la faute à ses camarades[3] de classe.
Le professeur **le lui** demande.

c) Luc présente sa copine/son amie à ses parents.
Luc **la leur** présente.

d) Je vous ai envoyé les livres.
Je **vous les** ai envoyés[4].

e) Yvonne va se laver les mains./Yvonne se lavera les mains.
Yvone va **se les** laver./Yvonne **se les** lavera.

f) Mon chat s'intéresse beaucoup[5] à ma petite sœur.
Mon chat **s'intéresse** beaucoup[5] **à elle**[6].

g) M. Schneider a acheté cette voiture à sa fille.
M. Schneider **la lui** a achetée[4].

h) Hier, le vendeur m'a vendu ces fleurs.
Hier, le vendeur **me les** a vendues[4].

i) Quand est-ce que tu me présente à tes parents ?
Quand est-ce que tu **me présente à eux**[6] ?

j) Ma femme voudrait poser les fleurs sur la table.
Ma femme voudrait **les y** poser.

k) Le guide montre aux touristes le palais où/dans lequel la reine d'Angleterre a passé quelques nuits.
Le guide **le leur** montre.

l) Marc a toujours[7] rencontré ses amis dans le bar « Les trois mousquetaires ».
Marc **les y** a toujours[7] rencontrés[4].

Hinweise:

1 *Meilleur, e* ist der Komparativ zum Adjektiv *bon (bon, meilleur, le meilleur)*.

2 *demander <u>à</u> qn <u>de</u> faire qc*

3 *le cam<u>a</u>rade*

4 Das *participe passé* muss an das vorausgehende direkte Objekt angeglichen werden. Siehe dazu S. 77.

5 sehr: beim Verb: *beaucoup* (z. B.: *s'ennuyer <u>beaucoup</u>*)
    bei Adjektiven und Adverbien: *très* (z. B. : *être <u>très</u> heureu*x)

6 *Se + lui* und *me + leur* ist nicht möglich, daher muss das indirekte Objekt mit *à* + Personalpronomen wiedergegeben werden (siehe S. 45).

7 Zur Stellung der Adverbien in zusammengesetzten Zeiten siehe S. 66.

Aufgabe 50

Brigitte regarde des bagues dans une bijouterie.

LA VENDEUSE : Bonjour Mademoiselle, je peux vous aider ?

BRIGITTE : Je voudrais essayer cette bague-là.

LA VENDEUSE : Laquelle ? **Celle-ci** ou **celle-là** ?

BRIGITTE : **Celle qui** a une pierre.

LA VENDEUSE : Ah, c'est **celle avec** le diamant ?

BRIGITTE : Non, **celle-ci** est trop chère, je parle de **celle en** cristal de roche.

La vendeuse lui donne **celle que** Brigitte a montrée.

BRIGITTE : Dommage, **celle-ci** est trop petite. Je peux essayer **celle qui** se trouve dans le coffret ?

LA VENDEUSE : Dans quel coffret ? Dans **celui-là** ?

BRIGITTE : Non, dans **celui que** j'ai vu dans la vitrine.

LA VENDEUSE : Nous avons beaucoup de coffrets dans la vitrine.

BRIGITTE : Je parle de **ceux que** vous avez exposés juste à côté de l'entrée.

LA VENDEUSE : À droite ou à gauche ?

BRIGITTE : **Ceux qui** se trouvent à gauche.

La vendeuse apporte tous les coffrets qui se trouvent du côté gauche de l'entrée, et Brigitte les regarde.

BRIGITTE : Toutes ces bagues sont laides.

LA VENDEUSE : Mais ce sont toutes **celles que** vous m'avez demandé de vous montrer.

BRIGITTE : Oui, je sais. Mais **celle que** vous portez au doigt me plaît beaucoup.

LA VENDEUSE : Je suis désolée, mais **celle-ci** n'est pas à vendre.

BRIGITTE : C'est dommage. Alors, je reviendrai une autre fois.

LA VENDEUSE : J'espère que non.

Aufgabe 51

a) • Tu as fait ton premier grand voyage en train ou en voiture ?
   • C'est en voiture que j'ai fait mon premier grand voyage.

b) • Elle pense plus souvent à Rayan ou à Thomas ?
   • **C'est à Rayan qu'elle pense plus souvent.**

c) • Qui fait ce bruit là-bas ? Ce sont des jeunes ou des chats ?
   • **Ce sont des chats qui font ce bruit là-bas.**

d) • Qu'est-ce que tu préfères le pull ou l'anorak ?
   • **C'est l'anorak que je préfère.**

e) • Qui a oublié ses clés ? Toi ou Emma ?
   • **C'est moi qui ai oublié mes clés.**

f) • Qui va gagner, le Paris Saint-Germain ou l'Olympique Marseille ?
    • **C'est l'Olympique Marseille qui va gagner.**
    Deux heures plus tard, après la victoire du Paris Saint-Germain :
    • Qui a dit que l'Olympique Marseille allait gagner ? Toi ou moi ?
    • Ouais, **c'est moi qui ai dit que l'Olympique Marseille allait gagner**.

g) • Vous allez au théâtre ou à l'opéra ?
    • **C'est à l'opéra que nous allons.**

h) • Qui a commandé la pizza, toi ou moi ?
    • **C'est toi qui as commandé la pizza.**

i) • Qu'est-ce que tu aimes le plus chez elle, son rire ou sa beauté ?
    • **C'est son rire que j'aime le plus chez elle.**

gabe 52 Individuelle Lösungen

a) Ce que je veux, c'est moins de devoirs.
b) Ce qui me rend heureux, ce sont des bonnes notes.
c) Ce qui m'énerve, c'est la voix de mon prof d'anglais.
d) Ce que j'adore, c'est le sport.
e) Ce que j'aime, c'est faire du shopping.
f) Ce qui m'intéresse, c'est la musique rap.
g) Ce que je déteste, c'est la chimie.
h) Ce qui me plaît, ce sont les sorties avec mes copains.

gabe 53 a) C'est un objet **qui** est souvent en métal et en bois.
        C'est un objet **dont** on se sert pour ouvrir des bouteilles de vin.
        Solution : C'est **un tire-bouchon**.

b) C'est un appareil **qu'**on porte dans sa poche.
    C'est un appareil **qui** est important surtout pour les jeunes.
    C'est un appareil **dont** on a besoin pour communiquer.
    Solution : C'est **un portable**.

c) Ce sont des personnes **qui** sont importantes pour tout le monde.
    Ce sont des personnes **qu'**on aime.
    Ce sont des personnes **dont** on se souviendra toujours.
    Ce sont des personnes **qui** protègent leurs enfants.
    Solution : Ce sont **les parents**.

d) C'est un appareil **dont** on se sert dans les bureaux et à la maison.
C'est un appareil **qui** fonctionne avec de l'électricité.
C'est un appareil **que** seul un spécialiste peut installer correctement.
C'est un appareil **qu'**il faut protéger contre des virus.
Solution : C'est **un ordinateur**.

e) C'est un homme **que** tout le monde connaît.
C'est un homme **dont** la ville d'origine se trouve en Corse.
C'est un homme **qui** menait des guerres contre plusieurs pays européens.
C'est un homme **qu'**on a exilé sur l'île de Sainte-Hélène où il est mort.
Solution : C'est **Napoléon Bonaparte**.

Aufgabe 54 KEVIN : Pour moi, la femme idéale, c'est une femme :
a) **avec qui** je peux rire.
b) **sans qui** je ne veux pas vivre.
c) **en qui** j'ai confiance.
d) **à côté de qui** je me sens bien.

MORGANE : Pour moi, le mari idéal, c'est un mari :
c) **sur qui** je peux toujours compter.
b) **avec qui** je veux devenir vieille.
a) **sans qui** je me sens seule.
d) **grâce à qui** je suis toujours heureuse.

Aufgabe 55 Chère Marie-Jeanne,
Enfin, je me suis décidé à faire le cours de français **dont** Marcel m'avait parlé. Dans ce cours, il y a des gens **qui** sont plus âgés que moi, mais **avec qui** je m'entends très bien. Mon professeur est un Belge **dont** l'accent est un peu bizarre, mais **auquel** je me suis habituée assez vite. Le premier jour déjà, j'ai compris qu'il y avait beaucoup de choses **dont** je ne me souvenais plus. Le vocabulaire et la grammaire **que** j'avais appris au collège, tout était oublié. Hier, le prof nous a montré un film en français **qui** m'a posé beaucoup de problèmes. Ensuite, il nous a donné quelques documents **que** nous avons dû lire et **dont** nous avons discuté en groupes. C'était une discussion **à laquelle** je ne pouvais pas beaucoup contribuer parce que les textes étaient très difficiles. Heureusement, il y avait des annotations **qui** accompagnaient les textes, **sans lesquelles** je n'aurais rien compris. Finalement, je sais maintenant qu'il va falloir beaucoup travailler, si je veux passer l'examen **dont** la date n'est pas encore fixée.
Je t'embrasse. Joëlle

Aufgabe 56   ELLE : Tu as pensé à réparer la voiture ?

LUI : Oui, j'**y** ai pensé.

LUI : Tu t'occupes des valises ?

ELLE : Oui, je m'**en** occuperai. Elles sont au grenier ?

LUI : Non, elles n'**y** sont pas, elles sont en bas, dans le garage. D'ailleurs, qu'est-ce qu'on fait avec le chien ?

ELLE : Ben, on le laisse chez grand-mère, comme la dernière fois.

LUI : Parle-lui **en** d'abord.

ELLE : Je lui **en** ai déjà parlé. Elle est d'accord.

LUI : Bon, alors on va l'**y** amener tout à l'heure. On pourrait faire les courses en même temps. Il nous manque du pain, par exemple.

ELLE : Non, il nous **en** reste encore, mais il nous faut du fromage. Tu veux du comté ?

LUI : Oui, prends-**en** deux cents grammes.

ELLE : Tu me donnes un peu d'argent ?

LUI : Je n'**en** ai plus. J'ai tout dépensé pour la réparation de la voiture.

ELLE : Donc, il faut aller à la banque. Heureusement, j'**y** ai pensé.

Aufgabe 57   JULIE : Maman, Charles **m**'a dit que sa chienne avait fait des petits chiots. Je peux **en** adopter un ?

SA MÈRE : Écoute Julie, on **en** a parlé plusieurs fois. Je sais qu'un petit chien **te** ferait plaisir, mais pour papa et **moi**, il n'**en** est pas question. Un chien n'est pas un jouet : il faut **lui** donner à manger, il faut **le** promener, il faut l'apporter au docteur quand il est malade. Qui va s'occuper de **lui** ? Qui va **le** garder quand tu es à l'école ? Tout ce travail, nous ne pouvons pas **le** faire. Ton père et **moi**, nous travaillons aussi.

JULIE : Mais maman, je **te** promets que tout s'arrangera. Je m'**en** occuperai, tu verras.

SA MÈRE : Vois avec papa. Essaie de **le** convaincre, mais mon avis, tu **le** connais maintenant. Tu sais ce que j'**en** pense.

Aufgabe 58

1	2	3	4	5	6
d	e	b	c	a	f

Aufgabe 59 THÉO : Tu sais que Martin veut partir en Afrique après le bac ? Il te l'a dit ?

TOI : **Il me l'a dit hier.**

THÉO : Il l'a déjà dit à ses parents et à son frère ?

TOI : **Non. Il va le leur dire à Noël.**

THÉO : Son projet est un peu fou, tu ne trouves pas ?

TOI : **Je le lui ai dit aussi, mais je lui en reparlerai/je vais lui en reparler.**

THÉO : Je suis certain que son projet ne marchera pas.

TOI : **Explique-le-lui aussi. Tu es son ami/copain, et tu trouveras bien un moyen de lui en parler.**

THÉO : Bon, je vais faire de mon mieux.

Aufgabe 60

	verbe	adjectif	adverbe	phrase
a) Les élèves dorment <u>tranquillement</u>.	✗	☐	☐	☐
b) La grammaire m'intéresse <u>vraiment</u> peu.	☐	☐	✗	☐
c) Nous lisons un roman <u>très</u> intéressant.	☐	✗	☐	☐
d) Mon examen de chimie s'est <u>assez</u> mal passé.	☐	☐	✗	☐
e) Elle a <u>facilement</u> trouvé les Vosges sur la carte.	✗	☐	☐	☐
f) Mes profs sont <u>plutôt</u> sévères.	☐	✗	☐	☐
g) Le conducteur de bus conduit <u>rapidement</u>.	✗	☐	☐	☐
h) <u>Heureusement</u>, le contrôle a été facile.	☐	☐	☐	✗

Aufgabe 61

R	D	T	P	A	M	H	U
B	E	A	U	C	O	U	P
C	M	R	A	B	I	E	N
E	A	D	T	O	N	M	A
N	I	E	S	M	S	L	O
E	N	C	O	R	E	D	R

1 beaucoup – peu

2 bien – mal

3 encore – ne … plus

4 demain – hier

5 tard – tôt

6 moins – plus

abe 62*

Chère Marianne,

J'espère[1] que tu vas *bien*. Tu m'as raconté que tu avais été[2] en vacances. *Comment* est-ce qu'elles se sont passées[3]? Moi, je dois aller à l'école. *Demain*, je vais avoir un contrôle de maths et jusqu'à *maintenant*, je n'ai encore rien fait. Tu sais, samedi, c'était l'anniversaire de ma meilleure[4] copine. Nos parents nous ont permis d'aller[5] en boîte. Comme nous sommes rentrées *très tard*, j'ai dormi jusqu'à dix heures. Mais après, j'étais *trop* fatiguée pour travailler pour l'école. J'espère que tout ira *bien* pour le contrôle.

Je t'embrasse. À *bientôt*, Lilli

Hinweise:

1 Im Französischen wird in Briefen/E-Mails nach der Anrede mit einem Großbuchstaben begonnen.

2 Zum Gebrauch der Zeiten in einem indirekten Aussagesatz, der durch ein Verb in der Vergangenheit eingeleitet wird, siehe S. 154.

3 Reflexive Verben werden im *passé composé* und im *plus-que-parfait* mit *être + accord* gebildet (siehe dazu auch S. 81/82).

4 *Meilleur, e* ist der Komparativ zum Adjektiv *bon (bon, meilleur, le meilleur)*.

5 *permettre de faire qc*

gabe 63

deutsches Adjektiv	Adjektiv, männlich	Adjektiv, weiblich	Adverb
neugierig	curieux	curieuse	curieusement
vollständig	complet	complète	complètement
schüchtern	timide	timide	timidement
stark	fort	forte	fortement
leise	silencieux	silencieuse	silencieusement
unglücklich	malheureux	malheureuse	malheureusement
herkömmlich	traditionnel	traditionnelle	traditionnellement
sorgfältig	soigneux	soigneuse	soigneusement

deutsches Adjektiv	Adjektiv, männlich	Adjektiv, weiblich	Adverb
schwierig	difficile	difficile	difficilement
ruhig	calme	calme	calmement
gefährlich	dangereux	dangereuse	dangereusement
kalt	froid	froide	froidement
leicht	facile	facile	facilement
ernst	sérieux	sérieuse	sérieusement

Aufgabe 64

Si l'on[1] parle d'ours, on pense **normalement** aux ours blancs ou à ceux[2] qui vivent dans les forêts de l'Amérique du Nord. Mais est-ce que tu savais qu'il y a encore quelques ours dans les Pyrénées? Au milieu du XXe siècle[3], ils y avaient presque **complètement** disparu. Mais dans les années 90 du dernier siècle, on a commencé[4] à les réintroduire. **Malheureusement**, beaucoup de gens sont mécontents[5]. Ils disent que les ours sont dangereux pour l'homme. Certes, il y a eu des cas où des ours ont attaqué des moutons ou ont même blessé des hommes **sérieusement**. Mais **normalement**, on les rencontre **difficilement**. Presque **timidement**, l'ours se cache dans les forêts. Si on le rencontre tout de même, il faut prendre quelques précautions. Ne le regardez surtout pas **curieusement** mais retirez-vous **calmement**. C'est important parce que l'ours s'énerverait **facilement** si vous couriez. Mais à la fin, est-ce que tu ne trouves pas que c'est beau que ces animaux vivent en Europe[6]?

Hinweise:

1 Das *l'* ist hier weder Artikel noch Objektpronomen, sondern dient nur zur leichteren Aussprache.

2 Zu den Demonstrativpronomen siehe S. 1–8.

3 Im Französischen werden die Jahrhunderte in der Regel mit römischen Zahlen geschrieben. Da es sich dabei um Ordnungszahlen handelt (z. B. *le vingtième siècle*), die abgekürzt werden, wird noch ein *^{e}* oder *^{ème}* angehängt (*XXe siècle* oder *XXème siècle*).

4 *commencer <u>à</u> faire qc*: beginnen, etw. zu tun
commencer <u>par</u> faire qc: mit etw. beginnen (in einer Abfolge von Handlungen)

5 *être content, e <u>de</u> qc*

6 Wie bei den weiblichen Ländernamen musst du auch bei den Bezeichnun-
gen der Kontinente die Präposition *en* setzen *(en Europe, en Amérique, en
Asie, en Afrique, en Australie)*.

fgabe 65

froid, e (kalt)	
froideur : *Kälte*	
froidement	

dangereux, se (gefährlich)	
danger : *Gefahr*	
dangereusement	

difficile (schwierig)	
difficulté : *Schwierigkeit*	
difficilement	

jaloux, se (eifersüchtig)	
jalousie : *Eifersucht*	
jalousement	

long, longue (lang)	
longueur : *Länge*	
longuement	

sourd, e (taub)	
surdité : *Taubheit*	
sourdement	

fgabe 66

deutsches Adjektiv	Adjektiv, männlich	Adjektiv, weiblich	Adverb
genau	précis		*précisément*
höflich	poli		*poliment*
absolut	absolu		*absolument*
riesig	énorme		*énormément*
bösartig	méchant		*méchamment*
intelligent	intelligent		*intelligemment*
hübsch	joli		*joliment*
vorsichtig	prudent		*prudemment*
freundlich	gentil		*gentiment*
offensichtlich	évident		*évidemment*
ausreichend	suffisant		*suffisamment*

fgabe 67 a) Ma voisine me salue toujours **gentiment**.

b) Marc n'aime pas rouler **prudemment**.

c)   Sylvie rit **drôlement**.

d)   Le chien m'a fait **énormément** peur.

e)   **Evidemment**, c'est faux.

f)   C'est **absolument** fou ce qu'il a fait.

g)   Cédric ne s'entraîne pas **suffisamment** pour devenir un bon athlète.

h)   Tu crois **vraiment** ?

Aufgabe 68

X	U	A	F	A	C	I	L	E	W	O
B	I	E	P	R	U	D	E	N	T	U
C	N	A	R	F	G	E	N	T	I	L
A	E	V	I	D	E	N	T	T	A	O
R	E	R	E	G	E	L	O	E	G	S
S	I	A	V	U	A	M	I	N	O	B
O	D	I	F	F	E	R	E	N	T	A

les adverbes :

faussement	facilement
absolument	évidemment
prudemment	lentement
franchement	gentiment
nettement	vraiment
mal	bien
différemment	légèrement

Aufgabe 69   Un personnage inconnu marche **machinalement** dans la rue[1]. Il se demande **tristement** où[2] il peut dormir, parce qu'il est sans domicile fixe. Il rêvait de réussir dans la « ville de lumière » : s'habiller **élégamment**, sortir **longuement** avec des amis, faire **facilement** la connaissance de filles … Mais maintenant il est **extrêmement** triste. Partout, il cherche **désespérément** un travail pour[3] sortir de sa misère. **Malheureusement**, il ne trouve pas d'emploi[4]. Il n'a pas d'amis[4], c'est pourquoi il est **absolument** seul. **Normalement**, il devrait être en contact avec sa famille. Il dit **fièrement** non à la possibilité de mendier. **Finalement**, il reste dans la rue[1] sans perspective d'avenir.

Hinweise:

1   *dans* la rue ; *sur* la route

2   Zur indirekten Frage siehe S. 164–166.

3   Zu *pour* + Infinitiv (als Ersatz für einen Nebensatz) siehe S. 180.

4   Nach der Verneinung steht *de* + Substantiv.

Aufgabe 70*   Individuelle Lösung

Je voudrais présenter le livre « Vendredi ou la vie sauvage ». Michel Tournier, un auteur français, y raconte l'histoire du célèbre Robinson Crusoé.

Après une tempête, il se retrouve seul sur une île. Il doit apprendre à y sur-
vivre. Après un certain temps, l'Indien Vendredi arrive sur l'île. Maintenant,
Robinson a du moins un copain.

Le livre me plaît parce que j'aime les aventures et les pays exotiques. J'ai trouvé
intéressent de voir comment Robinson et l'Indien qui viennent de deux
cultures très différentes se débrouillent.

Même si je n'ai pas tout compris, j'ai pu suivre l'histoire. C'est pourquoi je
peux recommander ce livre à tous.

Aufgabe 71 a) Pour être un bon conducteur, il faut être **prudent** et conduire **prudemment**.
b) « Savoir » est un verbe **irrégulier**. Il faut le conjuger **irrégulièrement**.
c) Alice est une **bonne** élève. Elle travaille **bien**.
d) Le TGV roule très **rapidement**. C'est un train **rapide**.
e) La solution du problème est **évidente**. C'est **évidemment** facile à comprendre.
f) Notre voisine est **curieuse**. Elle écoute **curieusement** derrière la porte.

Aufgabe 72 a) **Hier**, M. Bertrand a eu un accident.
b) **Apparemment**, l'autre n'a pas fait attention.
c) **Heureusement**, les deux ne sont pas blessés.
d) **Malheureusement**, la voiture de M. Bertrand ne roule plus.
e) **Bien sûr**, l'autre doit payer.
f) **Demain**, M. Bertrand va avoir une autre voiture.

Aufgabe 73 a) Je suis **assez** content du[1] résultat.
b) À mon avis, il est **complètement** fou.
c) Elle n'est pas **très** gentille avec[2] son fils.
d) Quelquefois, il est **trop** courageux.
e) C'est un cas **extrêmement** rare.
f) En maths, mon copain sait **vraiment** peu de choses.
g) Ma mère comprend **assez** bien l'italien.

Hinweise:
1 *être content de qc*
2 *être gentil, le avec qn*

Aufgabe 74
a) Les élèves dorment tranquillement.
b) Le professeur s'énerve difficilement.
c) Il explique calmement les problèmes aux élèves.
Il explique les problèmes calmement aux élèves.
d) Il parle très bien l'anglais.
e) Il s'occupe sérieusement des problèmes de ses élèves.

Aufgabe 75
a) Le boxer s'est défendu **courageusement**.
b) Le bébé a dormi **tranquillement**.
c) Notre prof a **bien** expliqué la grammaire.
d) Pierre et Philippe ont travaillé **ensemble**.
e) J'ai cherché mon chien **désespérément**.
f) Ma mère a **mal** pris son licenciement.
g) Mes copains m'ont invité **gentiment**.
h) Pendant sa maladie, Sophie a **beaucoup** dormi.
i) Nous avons **trop** bu.

Aufgabe 76*
a) Ma grand-mère n'est pas souvent partie en vacances.
b) Elle se sentait bien à la maison.
c) Pour[1] pouvoir s'occuper de[2] ses enfants, elle a renoncé complètement à[3] un autre travail.
d) Grâce à son extraordinaire intelligence, elle a appris facilement plusieurs[4] langues.
e) Ma mère dit qu'elle dansait élégamment.

Hinweise:
1 Zu *pour* + Infinitiv (als Ersatz für einen Nebensatz) siehe S. 180.
2 *s'occuper de qc/qn*
3 *renoncer à qc* (Zum Anschluss von Infinitiven an Verben siehe S. 173–176.)
4 *Plusieurs* ist immer unveränderlich, auch wenn es sich auf ein weibliches Substantiv bezieht.

Aufgabe 77
a) J'aime sortir tous les soirs **élégamment**.
b) J'adore **vraiment** le rap français.
c) Je sais me faire des amis **facilement**.
d) Je voudrais faire **rapidement** ta connaissance.

e) Je viens de tomber **passionnément** amoureuse d'un garçon de ma classe.
f) Je sais prendre les problèmes **légèrement**.
g) Je déteste faire le ménage **soigneusement**.
h) Je n'ai pas envie d'expliquer **longuement** ce que je veux.
i) À cause d'un accident de ski, je dois faire de la gymnastique **régulièrement**./
   À cause d'un accident de ski, je dois faire **régulièrement** de la gymnastique.

gabe 78* Individuelle Lösung

Je suis complètement fou de football.
J'accepte mal de perdre un match.
J'apprends difficilement les langues.
J'aime bien m'habiller élégamment.
Je sais bien jouer de la guitare.
Malheureusement, je n'ai pas de frères et sœurs.

fgabe 79

| Adjektiv (dt.) | Adjektiv (frz.) | Adverb | Steigerung | |
			Komparativ	Superlativ
einfach	simple	simplement	plus simplement	le plus simplement
ruhig	calme	calmement	plus calmement	le plus calmement
schnell	rapide	rapidement	plus rapidement	le plus rapidement
trocken	sec, sèche	sèchement	plus sèchement	le plus sèchement
lustig	drôle	drôlement	plus drôlement	le plus drôlement
langsam	lent, e	lentement	plus lentement	le plus lentement
kalt	froid, e	froidement	plus froidement	le plus froidement
schwierig	difficile	difficilement	plus difficilement	le plus difficilement

| Adjektiv (dt.) | Adjektiv (frz.) | Adverb | Steigerung | |
			Komparativ	Superlativ
gefährlich	dangereux, se	dangereusement	plus dangereusement	le plus dangereusement
vorsichtig	prudent, e	prudemment	plus prudemment	le plus prudemment
nett	gentil, le	gentiment	plus gentiment	le plus gentiment
wirklich	vrai, e	vraiment	–	–
offensichtlich	évident, e	évidemment	–	–

Aufgabe 80

1. – Elle regarde **moins souvent** la télé.
2. – Elle fait **moins vite** ses devoirs.
3. + Elle rentre **plus tard** le soir.
4. + Elle se lève **plus tôt** le matin.
5. – Elle prépare **moins régulièrement** les repas.
6. – Elle comprend **moins facilement** la grammaire.
7. – Elle a **moins envie** de danser.
8. + Elle mange **plus**.
9. + Elle travaille **mieux** à l'école.
10. – Elle dort **moins profondément**.

Aufgabe 81

Parle **plus fort**.
Salue **plus gentiment/poliment**.
Écris **plus soigneusement**.
Travaille **plus**.
Marche **plus lentement**.

Rentre **plus tôt** à la maison.
Fais tes devoirs **plus régulièrement**.
Réfléchis **plus souvent**.
Ris **plus souvent**.
Mange **moins**.

Aufgabe 82* Individuelle Lösung

a) Je vais jouer (jouerai) le plus longuement possible à mon jeu d'ordinateur préféré.
b) Je vais apprendre (j'apprendrai) le plus vite possible mon vocabulaire.

c) Je vais courir (courrai) le plus souvent possible autour du lac.
d) Je vais nettoyer (nettoierai) le plus soigneusement possible ma bicyclette.
e) Je vais m'habiller (m'habillerai) le plus bizarrement possible.
f) Je vais faire (ferai) du skate le plus élégamment possible.

gabe 83 a) Simon salue **moins gentiment que** Louis.
b) Simon parle **moins lentement que** Louis.
c) Simon court **aussi vite que** Louis.
d) Simon joue **mieux** de la guitare **que** Louis.
e) Simon va **aussi souvent** en boîte **que** Louis.
f) Simon réfléchit **moins longuement que** Louis.
g) Simon accepte **aussi mal** une mauvaise note **que** Louis.
h) Simon joue **plus élégamment** au tennis **que** Louis.
i) Simon écoute **aussi attentivement que** Louis.
j) Simon rit **plus drôlement que** Louis.

gabe 84

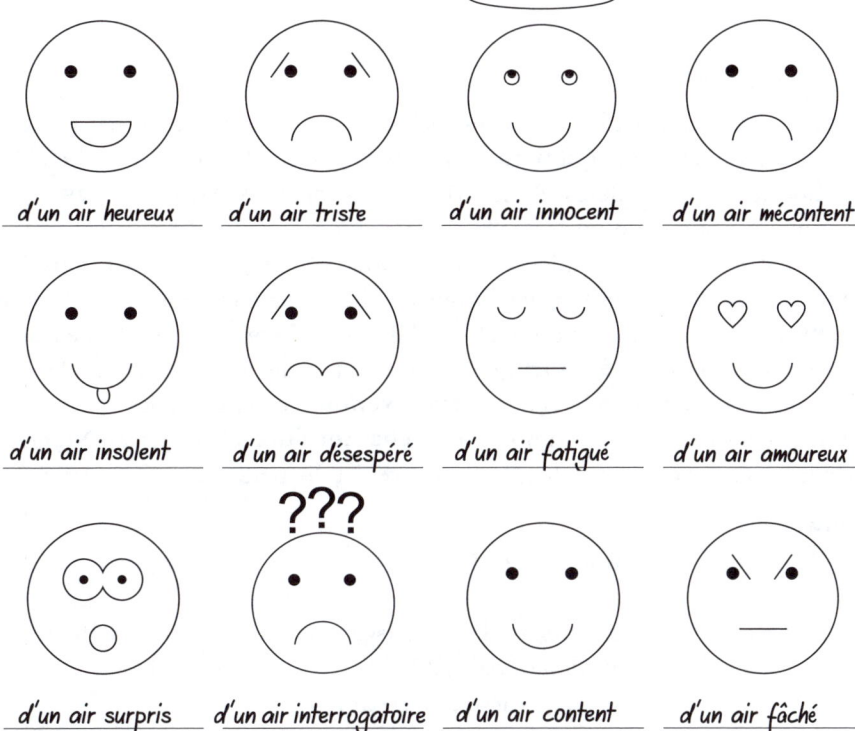

d'un air heureux   d'un air triste   d'un air innocent   d'un air mécontent

d'un air insolent   d'un air désespéré   d'un air fatigué   d'un air amoureux

d'un air surpris   d'un air interrogatoire   d'un air content   d'un air fâché

Aufgabe 85

a) Les pompiers répondent **d'un ton énérvé** aux questions des journalistes.

b) Françoise et Michelle présentent leur exposé **d'une façon/d'une manière intéressante**.

c) Le chanteur donne des autographes **d'un air ennuyé**.

d) Le champion attaque son adversaire **d'une façon/d'une manière aggressive**.

Aufgabe 86* Individuelle Lösung

a) d'un ton gentil : …, est-ce que je pourrais te parler, s'il te plaît ? Ces derniers temps, tu as fait tes devoirs peu soigneusement. Je sais que parfois, les devoirs ne sont pas très intéressants. Mais tu es un garçon intelligent et ce serait vraiment dommage si tu devais redoubler la classe.

b) d'un ton énervé : Écoute, je t'ai dit déjà mille fois que tu devais faire tes devoirs plus soigneusement ! Quand est-ce que tu vas le comprendre !

c) d'un ton désespéré : …, je ne sais plus quoi faire. Pourquoi est-ce que tu ne fais pas tes devoirs plus soigneusement ?

Aufgabe 87* Individuelle Lösung

Ma mère a été au marché. Elle a voulu acheter un gâteau. Au stand pâtisserie, il y avait des gâteaux qui **sentaient** vraiment très **bon**. Ma mère en[1] a choisi un au chocolat et elle a demandé le prix[2]. La vendeuse **a parlé** très **bas**. C'est pourquoi ma mère a compris que le gâteau coûtait 13 euros. Quand elle a payé, elle a remarqué que la vendeuse voulait avoir 30 euros ! Elle le **vendait** très **cher**. Au stand suivant, ma mère voulait acheter des poissons. Mais ils **sentaient mauvais**. C'est pourquoi, elle ne les a pas achetés[3]. Au troisième stand, une femme âgée **a parlé** si **fort** que ma mère a presque eu mal aux oreilles. De plus, elle a constaté que le vendeur **avait vendu** à cette dame les fraises trop **cher**. Quand un garçon a commencé à[4] **chanter faux**, elle a préféré[5] rentrer. Mangeons donc seulement du gâteau, il a coûté tellement cher …

Hinweise:

1   Zu *en* bei Zahlenangaben siehe S. 37.

2   *demander qc à qn*

3   Das *participe passé* muss an das vorausgehende direkte Objekt (hier: *les*) angeglichen werden. Siehe dazu S. 77.

4   *commencer à̱ faire qc :* beginnen, etw. zu tun

> *commencer par faire qc* : mit etw. beginnen (in einer Abfolge von Handlungen)
>
> 5 *préférer faire qc* (Zum Anschluss von Infinitiven an Verben siehe S. 173 – 176.)

Aufgabe 88
a) Les chansons qu'ils ont **chantées** sont de Céline Dion.
b) La lettre que tu as **écrite** arrivera dans deux jours.
c) Nicole qui a **acheté** une nouvelle voiture a eu un accident.
d) Le repas que tu as **préparé** est délicieux.
e) Les photos qu'il m'a **montrées** ne me plaisent pas.
f) Le seul tableau que ce peintre a **créé** se trouve au Louvre.
g) La musique que tu as **écoutée** date des années soixante.
h) L'artiste qui a **annoncé** une tournée en France est tombé malade.

Aufgabe 89*
a) L'**industrie** qui s'est développée au XIXe siècle est une des causes de la **destruction** de la nature.
b) Le changement du **climat** et les **marées noires** qu'on a vues aussi sur les côtes françaises nous incitent à faire quelque chose pour la **protection** de l'**environnement**.
c) Mais quoi faire contre la **pollution** que notre civilisation a provoquée et que nous provoquons toujours ?

Aufgabe 90
a) René **l'**a **réservée**.
b) René **l'**a **confirmée**.
c) Je **l'**ai **payée**.
d) Mes parents **l'**ont **acheté**.
e) Je **les** ai **achetés**.
f) Je **les** ai **réservées**.
g) René **les** a **contrôlés**.
h) René et moi, nous **les** avons **rendus**.
i) Je **l'**ai **donné** à la voisine.
j) René **les** a **arrosées**.
k) René **les** a **louées**.
l) René et moi, nous **les** avons **retirés**.

Aufgabe 91* Il y a peu de temps, j'ai **reçu** une invitation au Parc Disney que je souhaitais depuis très longtemps. Ma copine me l'a **donnée** pour mon anniversaire. Malheureusement, ma mère m'a **obligée** à[1] emmener ma petite sœur. Le samedi après mon anniversaire[2], nous sommes **arrivées** très tôt devant les portes du Parc qu'on a **ouvert/ouvertes** ce jour-là déjà à sept heures du matin[3]. Jusque là, ma petite sœur nous a **accompagnées** sans rien dire. Mais ensuite, elle **a commencé** à nous dire ce qu'elle voulait voir : « Cherchons la princesse que nous avons **vue** sur l'affiche. » Comme par hasard cette princesse se trouvait près de nous, je l'ai **montrée** à ma sœur. Ensuite, elle voulait voir le château, saluer Mickey, jouer au pirate, etc. Ma copine Sara, par contre, voulait nous montrer un endroit particulier du Parc. Elle l'a **découvert** la dernière fois qu'elle y **a été**. Tout à coup, nous **avons été** devant une grande pierre qui représentait une tête de mort. Au moment où[4] je l'ai **vue**, j'**ai eu** une idée. Maintenant, je savais comment faire pour que ma petite sœur me laisse tranquille ce jour-là …

Hinweise:

1   *obligatoire :* verpflichtend → *obliger qn à faire qc :* jdn. zu etw. verpflichten
2   Wochentage stehen mit dem Artikel, wenn eine Wiederholung gemeint ist (z. B.: *Le samedi, je vais toujours voir ma grand-mère.*) oder wenn der Wochentag näher bestimmt ist (z. B.: *Nous retournerons le lundi de Pâques*). Andernfalls steht kein Artikel (z. B.: *Vendredi, nous avons écrit un contrôle d'anglais.*).
3   *à sept heures du matin*
4   *le moment où*

Aufgabe 92*   Individuelle Lösung

Je lui ai montré cette pierre et lui ai dit qu'elle était vivante. Dans le passé cette pierre avait mangé beaucoup de petits enfants qui avaient été très égoïstes et qui ne pensaient qu'à eux. Ma petite sœur a pâli et a fait un signe de tête pour nous dire qu'elle avait compris. Elle ne nous a plus dérangé de toute la journée.

Aufgabe 93*

☒ laver	☐ courir	☐ arriver	☒ demander
☐ venir	☒ réveiller	☒ regarder	☒ bouger
☒ mettre	☒ lever	☐ naître	☒ contrôler
☒ adresser	☐ mourir	☒ acheter	☒ présenter

Individuelle Lösung

a) Pendant nos vacances sur le terrain de camping, nous **nous lavons** toujours à l'eau froide. **(objet direct)**

b) Nous **nous demandons** s'il a oublié notre rendez-vous. **(objet indirect)**

c) Mes parents **se réveillent** à cause du bruit que nous faisons. **(objet direct)**

d) Les deux qui sont assis à la table à côté de nous, **se regardent** déjà depuis le début de la soirée sans se parler **(objet direct)**.

e) Je **me mets** à la place de ma meilleure copine. **(objet direct)**

f) Quand je rentre de l'école, mon chien **se lève** du sofa et court vers moi. **(objet direct)**

g) Il faut apprendre à **se contrôler**. **(objet direct)**

h) Comme nous ne savons plus où nous sommes, mon père **s'adresse** à un homme qui passe. **(objet direct)**

i) Avec mon prochain argent de poche, je veux **m'acheter** le nouveau jeu vidéo. **(objet indirect)**

j) Dans cette lettre, je **me présente** à ma nouvelle corres française. **(objet direct)**

gabe 94*	a) Georges a joué avec sa sœur, après, il lui a préparé un repas et enfin, il lui a raconté une histoire.	*Georges s'est occupé de sa sœur.*
	b) Il a rit de leur comportement et il a mal parlé d'eux.	*Il s'est moqué d'eux.*
	c) Il a cherché un agent de police et il lui a posé une question.	*Il s'est adressé à un agent de police.*
	d) Jacques dormait. Tout à coup, il a ouvert les yeux.	*Jacques s'est réveillé.*

e)	Après le déjeuner, mon frère a repoussé sa chaise et a quitté sa place.	*Mon frère s'est levé.*
f)	Il a couru derrière un arbre. Il ne voulait pas que quelqu'un le trouve.	*Il s'est caché.*
g)	M. Est est allé chez un vendeur de voitures. Deux heures plus tard, il avait une nouvelle voiture.	*M. Est s'est acheté une nouvelle voiture.*
h)	Le professeur a perdu son calme et a commencé à crier.	*Le professeur s'est énervé.*

Aufgabe 95

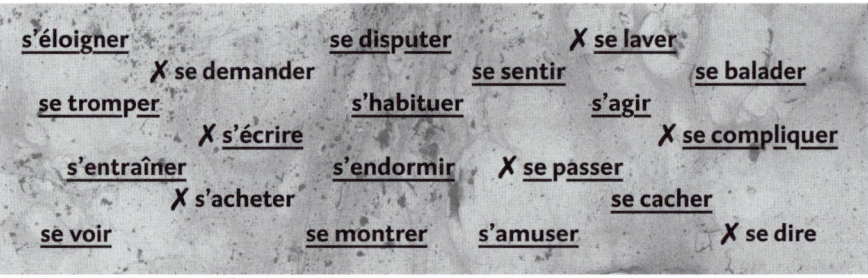

s'éloigner   se disputer   ✗ se laver
✗ se demander   se sentir   se balader
se tromper   s'habituer   s'agir
✗ s'écrire   ✗ se compliquer
s'entraîner   s'endormir   ✗ se passer
✗ s'acheter   se cacher
se voir   se montrer   s'amuser   ✗ se dire

Aufgabe 96
a) Chantal **s'est réveillée**.
b) Elle **s'est levée**.
c) Elle **s'est lavée**.
d) Elle **s'est brossé** les dents.
e) Elle **s'est habillée**.
f) Elle **s'est mise/assise** à table.
g) Elle **a regardé** sur le calendrier.
h) Elle **s'est couchée**.

Aufgabe 97* À 6 h 20, la radio **s'est allumée** et je **me suis réveillé**. Mais peu après, je **me suis endormi** de nouveau.

À 6 h 50, ma mère **m'a réveillé**. Je **me suis levé**, je **me suis brossé** les dents, je **me suis lavé** et je **me suis habillé**.

À 7 h 05, j'**ai pris** le petit déjeuner. Malheureusement, j'**ai renversé** le bol de chocolat et ma mère **s'est énervée**. Nous **nous sommes disputés**.

À 7 h 15, je **suis parti**. Comme[1] j'avais froid[2], je **suis retourné** à la maison et j'**ai mis** un manteau plus chaud.

À 7 h 45, je **suis reparti**. Comme[1] j'étais en retard, j'**ai couru**[3] et je **n'ai pas fait** attention à une fille en vélo. Elle **est tombée** et elle **s'est blessée**. Elle **s'est plainte** de douleurs dans la jambe. Je **me suis inquiété**. Nous **sommes allés** chez un médecin. Heureusement, elle **n'a pas eu** de blessures graves. Elle **s'en est réjouie**. Je **me suis excusé** pour l'accident. Après ce choc, nous **nous sommes achetés** des petits pains au chocolat.

À 8 h 40, je **suis arrivé** à l'école. Comme[1] le cours avait déjà commencé, le proviseur **s'est adressé** à moi[4]. Je **me suis défendu**. Il **m'a donné** tout de même une heure de colle.

Hinweise:

1 Steht der Kausalsatz vor dem Hauptsatz, musst du *comme* verwenden.
2 *avoir froid/chaud*
3 *avoir couru, avoir marché, avoir nagé, avoir bougé*
4 *Se + me* ist nicht möglich, daher muss das indirekte Objekt mit *à* + Personalpronomen wiedergegeben werden (siehe S. 45).

gabe 98*   Individuelle Lösung

Fragebogen

a) Wie oft hast du dir heute die Hände gewaschen?
   Aujourd'hui, je me suis lavé les mains trois fois.

b) Wo habt ihr, deine Freunde und du, das letzte Mal Spaß gehabt?
   Nous nous sommes amusés en boîte.

c) Wann ist dein Bruder/deine Schwester am Wochenende ins Bett gegangen?
   Ma sœur s'est couchée à sept heures parce qu'elle était malade.

d) Hast du schon einmal im Meer gebadet?
   Oui, je m'y[1] suis baigné(e) souvent.

e) Deine beste Freundin und du, wie viele SMS habt ihr euch gestern geschrieben?
   Nous nous sommes écrit cinq SMS.

f) Hast du dich als Kind für Autos interessiert?
   Non, je ne m'y[1] suis pas intéressé(e). Je préférais les ours en peluche.

g) Hast du dich in den letzten Tagen um deine Hausaufgaben gekümmert?
   Oui, ces derniers jours, je m'en[1] suis occupé(e).

h) Hat sich deine Klasse auf der letzten Schulfahrt wohlgefühlt?
   Oui, elle s'y[1] est sentie très bien.

i) Wie oft hat dein Sportverein im vergangenen Monat trainiert?
   Mon association sportive s'est entraînée cinq fois.

j) Was für ein Auto haben sich deine Eltern gekauft?
   Mes parents se sont acheté une Renault[2].

k) Hast du dich schnell an das Französische gewöhnt?
   Non, je ne m'y[1] suis pas habitué(e) très vite.

l) Wie oft hat sich deine Familie in der letzten Woche gestritten?
   Elle s'est disputée trois ou quatre fois.

m) Hat sich gestern jemand über dich lustig gemacht?
   Oui, mon frère s'est moqué de moi parce que je suis tombé(e) dans l'escalier[3].

n) Haben sich im letzten Jahr einige Kameraden das Leben selbst schwer gemacht?
   Marie et Céline se sont compliquées la vie : Elles ont toujours provoqué la prof.

o) Was hast du dich in der letzten Zeit am häufigsten gefragt?
   Je me suis demandé(e) si je réussirais au contrôle de français.[4]

p) Wo hat sich im vergangenen Schuljahr dein Sitzplatz befunden?
   Ma place s'est trouvée près de la porte.

Hinweise:

1 Treffen ein Reflexivpronomen und ein Adverbialpronomen (*y* oder *en*) aufeinander, so steht das Adverbialpronomen stets hinter dem Reflexivpronomen.
2 Markennamen von Autos sind im Französischen immer weiblich.
3 auf der Treppe: *dans l'escalier*
4 Zur indirekten Frage siehe S. 164–166.

Aufgabe 99* 1 neu einsetzende Handlung, die abgeschlossen ist
2 neu einsetzende Handlung (1970, nach der Niederlassung von Airbus)
3 neu einsetzende Handlung (nach der Niederlassung von Airbus)
4 neu einsetzende Handlung (nach dem Bau des Airbus), die abgeschlossen ist

5 Beschreibung (er konnte vor und nach der Namensgebung so viele Passagiere transportieren)

6 neu einsetzende Handlung (nach dem Bau des ersten Airbus)

7 Beschreibung (Die Rechtfertigung liegt immer noch vor.)

8 Beschreibung (Der Platz war schon vorhanden und ist es immer noch.)

9 Beschreibung (Das System war einfach und ist es immer noch.)

10 neu einsetzende Handlung, die abgeschlossen ist

11 neu einsetzende Handlung, die abgeschlossen ist

12 Beschreibung (Die Flugzeuge heißen immer noch so.)

13 Beschreibung (Man wollte schon, bevor man gehandelt hat.)

14 Beschreibung (Man plante schon, bevor man es umsetzte.)

15 neu einsetzende Handlung, die abgeschlossen ist

16 Beschreibung (Der Name ließ schon zuvor daran denken und macht es immer noch.)

17 neu einsetzende Handlung, die abgeschlossen ist

18 neu einsetzende Handlung (nach der Ablehnung), die abgeschlossen ist

19 Beschreibung (Der Name ließ schon zuvor daran denken und macht es immer noch.)

20 Beschreibung (Die 8 visualisierte die Fenster schon schon vorher und tut es immer noch.)

21 Beschreibung (Die Chinesen und Japaner waren schon vorher dieser Ansicht und sind es immer noch.)

22 Beschreibung

23 Beschreibung (Sie hofften schon vorher.)

24 neu einsetzende Handlung, die abgeschlossen ist

25 neu einsetzende Handlung (Probleme traten erst in der Folge auf.)

26 neu einsetzende Handlung (nach dem Auftreten der Probleme)

27 Beschreibung (Die Probleme gab es schon vor der Veröffentlichung.)

28 neu einsetzende Handlung (beim Verkünden der Lieferverzögerungen)

29 Beschreibung (Nicht erst ab der Veröffentlichung musste mit Verlusten gerechnet werden.)

30 neu einsetzende Handlung (nach der Veröffentlichung.)

31 neu einsetzende Handlung, die abgeschlossen ist (nach der Veröffentl.)

32 neu einsetzende Handlung, die abgeschlossen ist (nach der Veröffentl.)

be 100* Individuelle Lösung

Toulouse est le centre européen de l'Aéronautique et de l'Espace. La compagnie Airbus y a aussi des usines.

Les noms des premiers avions d'airbus ont suivi un système simple. On prenait le chiffre du dernier avion et on ajoutait dix.

L'A380 est pour le moment le plus grand avion d'Airbus. En 2006, on a rencontré des problèmes pour lesquels on a cherché des solutions.

Le chiffre 8 qui se trouve dans le nom A380 veut nous dire quelque chose. Le 8 rappelle les deux rangées de hublots de l'avion. De plus, le 8 est un porte-bonheur pour les passagers qui viennent de la Chine ou du Japon.

Aufgabe 101* « Tu sais, pour mon anniversaire, mon père m'**a offert** un billet pour[1] aller voir un match de rugby. Et aujourd'hui, c'**était** le grand jour : Je **suis allé** au stade. Tu peux t'imaginer que j'**étais** très nerveux avant le match. Mon équipe, celle de Toulouse, **rencontrait** celle de Narbonne. Les Toulousains **avaient** l'avantage d'avoir gagné les trois derniers matchs. Les Narbonnais, par contre, **ont subi** une grande défaite à domicile le week-end dernier. C'est pourquoi ils **manquaient** un peu de confiance en[2] eux, mais ils **avaient** la volonté de gagner ce match.

Comme d'habitude, les joueurs toulousains **portaient** des tricots rouges et noirs. Tu te rappelles[3] le jour où[4] nous **nous sommes vus** la première fois ? Ce jour-là, je t'**ai montré** une photo de mon chien. Il **était en train** de déchirer mon tricot de supporter.

Mais je **voulais** te parler du match. À la 6e minute, un joueur des Narbonnais **a marqué** le premier essai. J'**ai été** très triste. Dans le rugby, un essai est une sorte de but que tu connais du foot. C'est comme cela qu'une équipe peut marquer des points. Pendant les minutes qui **ont suivi**, les Toulousains **étaient** paralysés. Les Narbonnais, par contre, **avaient** de nombreuses occasions. À la 26e minute, un joueur narbonnais **a dû** quitter le terrain en raison d'une blessure. L'entraîneur l'**a remplacé** par un jeune joueur que je **ne connaissais pas**. Après le match, j'**ai appris**, que c'était la première fois qu'il **jouait** en première division. Trois minutes après le remplacement, l'équipe de Narbonne **s'est laissée** surprendre. À partir de ce moment-là, le match **a tourné** à l'avantage des Toulousains. Ils **ont résisté** un peu mieux en mêlée. Juste avant la mi-temps, notre star **a encaissé** une pénalité et **a remis** les deux formations à égalité. En seconde mi-temps, les Toulousains **étaient** l'équipe prédominante. Ils **profitaient** de la moindre erreur de leurs adversaires. À la 73e minute, un joueur narbonnais **a donné** l'occasion aux Toulousains d'assurer leur victoire. Plaqué par son adversaire, il **a perdu** le ballon. À la dernière minute de la rencontre, un joueur narbonnais **a tenté** une ultime pénalité, mais il l'**a manquée**.

Après le match, les Narbonnais **étaient** très déçus. Mais nous, les supporters de l'équipe toulousaine, on **a fêté**. »

Hinweise:

1. Zu *pour* + Infinitiv (als Ersatz für einen Nebensatz) siehe S. 180.
2. *avoir/manquer confiance en qn*
3. *se rappeler qc ;* aber: *se souvenir de qc*
4. *le jour où*

Aufgabe 102* a) Lucien a regardé

☐ un match de foot au stade.

☒ un match de rugby au stade.

☐ un match de rugby à la télévision.

b) Le résultat du dernier match :

☐ Toulouse et Narbonne ont gagné.

☐ Toulouse et Narbonne ont perdu.

☒ Toulouse a gagné et Narbonne a perdu.

c) Pourquoi est-ce que Lucien parle de son chien ?

☐ Parce que le porte-bonheur de l'équipe de Toulouse est aussi un chien.

☒ Pour rappeler à son copain qu'il connaît le tricot des Toulousains.

☐ Parce que son chien l'a mordu le jour même.

d) Un « essai » est

☐ une attaque contre un joueur de l'équipe adversaire.

☐ une partie des tricots.

☒ une possibilité de faire des points.

e) Au début du match,

☐ l'équipe de Toulouse a mieux[1] joué que les Narbonnais.

☒ l'équipe de Narbonne a mieux[1] joué que les Toulousains.

☐ le niveau des deux équipes était le même.

f) En première mi-temps

☒ un joueur narbonnais n'a plus été capable de continuer le match.

☐ un joueur toulousain a été blessé.

☐ un jeune joueur s'est disputé avec l'entraîneur.

g) Qui a gagné le match ?

[X] L'équipe de Toulouse.

[ ] L'équipe de Narbonne.

[ ] Aucune des deux équipes. Ils ont eu le même nombre de points.

Hinweis:

1   *Mieux* ist der Komparativ zum Adverb *bien (bien, mieux, le mieux).*
    (Zu den unregelmäßigen Adverbien siehe S. 70.)

Aufgabe 103

a)	**ich habe genommen**	j'ai pris	**j'avais pris**
b)	**er trank**	il buvait	**il avait bu**
c)	**du lebst**	tu vis	**tu avais vécu**
d)	**wir essen**	nous mangeons	**nous avions mangé**
e)	**ihr saht**	vous voyiez	**vous aviez vu**
f)	**du hebst hoch**	tu lèves	**tu avais levé**
g)	**sie sterben**	ils meurent	**ils étaient morts**
h)	**sie wird öffnen**	elle va ouvrir	**elle avait ouvert/ elle était allée ouvrir**
i)	**wir liefen**	nous courions	**nous avions couru**
j)	**es regnete**	il pleuvait	**il avait plu**
k)	**ihr verbietet**	vous interdisez	**vous aviez interdit**
l)	**wir schlafen**	nous dormons	**nous avions dormi**
m)	**sie sind**	ils sont	**ils avaient été**

Aufgabe 104

Molière

Molière **avait invité** beaucoup d'amis. Comme il était très fatigué, il **était allé** au lit très tôt. Quelques heures plus tard, un domestique **était venu** dans sa chambre et l'**avait réveillé**. Les invités **avaient beaucoup bu** et ils **avaient commencé** à discuter. Ils **avaient parlé** du sens de la vie. Et comme ils **avaient trop bu**, ils **avaient dit** que la vie n'avait plus de sens. Ils **étaient allés** à la rivière. Molière **s'était levé** et y **avait couru**. Heureusement, il **avait pu** convaincre ses invités qu'il ne fallait pas se suicider.

Alexandre Dumas

Alexandre Dumas le Grand **avait trouvé** la matière pour son roman « Le Comte de Monte Cristo » dans les archives de la police. On **avait accusé** un homme d'être un agent anglais et l'on **avait mis** en prison. Il y **avait vécu** pendant sept années. Après, il en **était sorti** et **avait pris** possession d'un trésor dont le propriétaire **avait été** un prêtre décédé. L'homme **avait tué** alors trois personnes pour se venger des années qu'il **avait passé** en prison. Finalement, on l'**avait aussi tué**.

abe 105
a) Le matin, le réveil qu'il **avait acheté** la veille **n'avait pas sonné**.
b) Au petit déjeuner, les oeufs qu'il **avait mangés** n'étaient pas assez durs pour lui.
c) La tasse à café qu'il **avait prise s'était cassée**.
d) Quand il **avait voulu** partir avec sa voiture, elle **n'avait pas bougé**[1].
e) Le taxi qu'il **avait appelé** n'**était venu** que[2] trois heures plus tard.
f) Au travail, les projets que lui et ses collègues **avaient fait** avaient disparus.
g) Il **avait dû** se défendre auprès de son chef, mais celui-ci **n'avait pas écouté**.
h) Avant de[3] rentrer chez lui, il **avait trouvé** une lettre sur son bureau : son chef l'**avait licencié**.
i) Le soir, il **avait reçu** un SMS de sa femme avec qui[4] il **s'était marié** l'été dernier.

Hinweise:

1   *avoir bougé*
2   *Ne ... que* ist keine Verneinung, sondern bedeutet ‚nur‘.
3   Zu *avant de* + Infinitiv (als Ersatz für einen Nebensatz) siehe S. 177.
4   Zu Relativsätzen, die mit Präpositionen oder präpositionalen Ergänzungen eingeleitet werden, siehe S. 27–30.

be 106*
(A+G) Le garçon est arrivé au sommet. Avant, il avait grimpé la montagne/ la colline à vélo.
(B+J) La jeune fille a cherché son portemonnaie. Avant, un homme lui avait volé le portemonnaie.
(C+K) Des journalistes ont découvert des déchets dans la forêt. Avant, quelqu'un y avait jeté les déchets.
(D+I) La famille est partie en vacances. Avant, ils avaient fait les valises.
(E+F) La jeune fille a fait un grand voyage. Avant, elle avait passé le bac.
(H+L) Il y a eu un embouteillage. Avant, il y avait eu un accident.

Aufgabe 107*

	copine	copain	famille	parents	seul	3 jours	5 jours	1 semaine	2 semaines	3 semaines	Paris	Chamonix	Corse	Nice	Bruxelles
Jean	–	+	–	–	–	–	–	–	+	–	–	–	–	+	–
Cécile	–	–	–	+	–	–	+	–	–	–	–	–	+	–	–
Nicolas	–	–	+	–	–	+	–	–	–	–	+	–	–	–	–
Yvonne	–	–	–	–	+	–	–	–	–	+	–	–	–	–	+
Louis	+	–	–	–	–	–	–	+	–	–	–	+	–	–	–
Paris	–	–	+	–	–	+	–	–	–	–					
Chamonix	+	–	–	–	–	–	–	+	–	–					
Corse	–	–	–	+	–	–	+	–	–	–					
Nice	–	+	–	–	–	–	–	–	+	–					
Bruxelles	–	–	–	–	+	–	–	–	–	+					
3 jours	–	–	+	–	–										
5 jours	–	–	–	+	–										
1 semaine	+	–	–	–	–										
2 semaines	–	+	–	–	–										
3 semaines	–	–	–	–	+										

Aufgabe 108

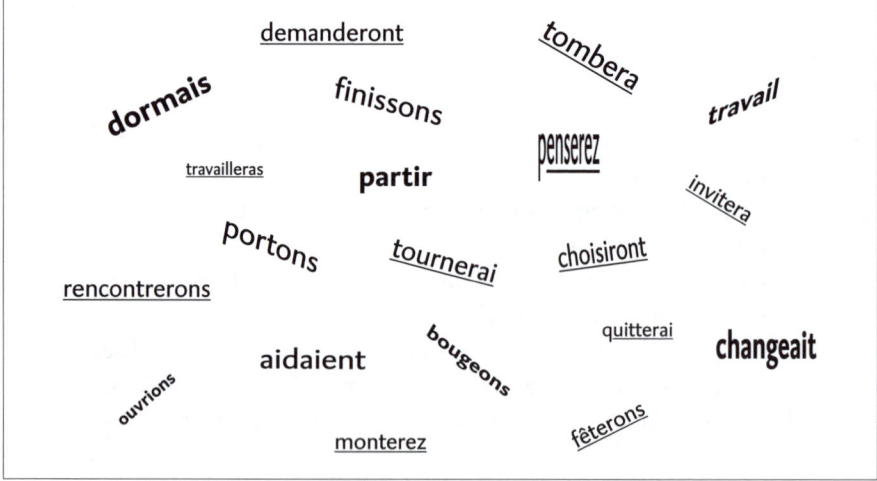

demanderont tombera travail dormais finissons penserez travailleras partir inviter portons tournerai choisiront rencontrerons quitterai changeait ouvrions aidaient bougeons fêterons monterez

Vacances

abe 109   CHANTAL : Allô ?

NICOLE : Allô Chantal, c'est Nicole. Dans deux jours, mes parents **iront** à l'opéra et **rentreront** tard dans la nuit. Ils **verront** une représentation de Aïda, ça **durera** longtemps.

CHANTAL : Ah bon ? Comment en **profiteras**-tu ?

NICOLE : Ma sœur et moi, nous **inviterons** tous nos copains pour faire la fête.

CHANTAL : Génial ! Quand est-ce que votre boum **commencera** ?

NICOLE : La plupart de nos copains **arriveront** vers 20 heures. Je vous **donnerai** à manger et à boire. Tu **prépareras** une salade ?

CHANTAL : Pas de problème. Et j'**apporterai** aussi une mousse au chocolat. Vous **offrirez** aussi des boissons alcoolisées ?

NICOLE : Mais non, mes parents n'y **consentiront** pas. Mais Christian **jouera** de la guitare électrique. Après, nous nous **sentirons** mal et nous **souffrirons** d'un mal de tête affreux.

CHANTAL : Tu es méchante.

NICOLE : Mais non, en fait, je l'aime bien. Tu **dormiras** chez moi ?

CHANTAL : Volontiers. Merci beaucoup. À vendredi donc.

abe 110   a)   Il **se lèvera** à neuf heures.

b)   Il **prendra** une tasse de café dans un bar.

c)   Il **appellera** son copain.

d)   Il **achètera** de nouveaux rollers.

e)   Il **fera** la cuisine.

f)   Il **écrira** un SMS à sa copine.

g)   Il **boira** un thé avec elle.

h)   Il **enverra** un e-mail à son frère.

i)   Il **ira** au cinéma.

j)   Il **lira** un roman.

be 111*   Sätze: individuelle Lösung

a)   nous allons être   **nous serons**
En août, nous serons en Espagne.

b)   elle va avoir   **elle aura**
Elle aura sûrement plus de chance que moi.

c)   tu vas faire   **tu feras**
Est-ce que tu feras du ski pendant les vacances d'hiver ?

d) elle va savoir   **elle saura**
Après avoir téléphoné à sa mère, elle en saura plus.

e) ils vont aller   **ils iront**
Demain, ils iront dans un restaurant très chic.

f) vous allez venir   **vous viendrez**
Vous viendrez nous chercher à la gare?

g) vous allez pouvoir   **vous pourrez**
Sur la Côte d'Azur, vous pourrez faire beaucoup de sports nautiques.

h) tu vas envoyer   **tu enverras**
Est-ce que tu m'enverras une carte postale ?

i) elles vont tenir   **elles tiendront**
Elles tiendront leurs sacs à main dans la main gauche, comme d'habitude.

j) ja vais mourir   **je mourrai**
Je mourrai de faim s'ils ne nous servent pas tout de suite.

k) nous allons recevoir   **nous recevrons**
Nous recevrons nos bulletins la semaine prochaine.

l) tu vas voir   **tu verras**
Il est plus beau que jamais. Mais bon, tu verras.

m) nous allons devoir   **nous devrons**
Nous devrons trouver une excuse pour ne pas avoir fait nos devoirs.

n) elles vont vouloir   **elles voudront**
Elles voudront sûrement aller au ciné.

Aufgabe 112*   Individuelle Lösung

Bonsoir mesdames et messieurs. À Berlin, en Allemagne, il y aura des éclaircies. À Londres, en Angleterre (en Grande-Bretagne), il pleuvra. À Paris, en France, il y aura un orage. À Lisbonne, au Portugal, le soleil brillera. À Rome, en Italie, les températures monteront jusqu'à trente degrés. À Vienne, en Autriche, il fera du vent. À Varsovie, en Pologne, il gêlera. À Moscou, en Russie, il neigera. À Stockholm, en Suède, les températures tomberont à moins dix degrés.

Aufgabe 113*

« Ne t'inquiète pas[1], maman. L'année prochaine, je **passerai** mon examen. J'**aurai** une bonne note. Un patron m'**offrira** un emploi bien payé et je **gagnerai** beaucoup d'argent. Je **mettrai** des vêtements élégants et j'**achèterai** un grand appartement. Je **conduirai** une belle voiture et je **ferai** la fête avec beaucoup de jolies copines. »

« Mon fils réussit à l'université. En juin prochain, il finira déjà ses études. Il obtiendra les meilleures[2] notes. C'est pourquoi il trouvera facilement un emploi bien payé et il gagnera tout de suite beaucoup d'argent. Il s'habillera (se vêtira) élégamment et habitera dans une grande villa. Il s'achètera une grande voiture et on l'invitera à des fêtes avec beaucoup de jolies femmes. Je serai très fièrede lui. »

Hinweise:

1   Beim verneinten Imperativ ist die Stellung der Pronomen wie im Aussage-satz.

2   *Le meilleur* ist der Superlativ zum Adjektiv *bon (bon, meilleur, le meilleur)*.

abe 114*   **Bélier (21 mars – 20 avril) :** Vous **rencontrerez** une personne mystérieuse qui **mettra** fin à votre vie de célibataire.

Taureau (21 avril – 20 mai) : Votre patron vous **offrira** une augmentation de salaire dont[1] vos collègues **seront** très jaloux.

Gémeaux (21 mai – 21 juin) : Vous **reprendrez** le travail après une longue maladie.On vous **aimera** plus qu'avant.

Cancer (22 juin – 22 juillet) : Après un mois de dur travail, vous **vous reposerez** et vous **vous occuperez** plus de[2] votre famille.

Lion (23 juillet – 23 août) : Vous **ferez** un voyage autour du monde et vous **trouverez** beaucoup de nouveaux amis.

Vierge (24 août – 23 septembre) : Vous **éclaicirez** un malentendu avec votre partenaire. Cela vous **aidera** à[3] moins vous disputer.

Individuelle Lösung

Balance (24 septembre – 23 octobre) : Vous **ferez** des rencontres importantes qui vous **aideront** à[3] faire carrière.

Scorpion (24 octobre – 22 novembre) : Vous **rencontrerez** un nouvel amour. Mais la relation **sera** brève.

Sagittaire (23 novembre – 21 décembre) : Au loto, vous **gagnerez** beaucoup d'argent. Malheureusement, beaucoup d'amis vous **envieront**.

Capricorne (22 décembre – 20 janvier) : Vous **vivrez** un moment difficile parce qu'une personne proche **mourra**.

Verseau (21 janvier – 19 février) : Vous **vous engagerez** pour un projet qui **aura** beaucoup de succès. Vous **penserez** même abandonner[4] votre poste de travail.

Poissons (20 février – 20 mars) : Vous **risquerez** de[5] perdre votre bonne humeur. Mais vous **saurez** faire le bon choix.

Hinweise:

1   Zu dem Relativpronomen *dont* siehe S. 18–26.
2   *s'occuper de qc/qn*
3   *aider à faire qc*
    (Zum Anschluss von Infinitiven an Verben siehe S. 173–176.)
4   *penser faire qc :* etw. beabsichtigen
    penser à faire qc : daran denken, etw. zu tun (nicht vergessen)
5   *risquer de faire qc*
    (Zum Anschluss von Infinitiven an Verben siehe S. 173–176.)

Aufgabe 115* Individuelle Lösung

Mon copain passera deux semaines à la montagne. La première semaine, il y fera un cours d'escalade. La deuxième semaine, il participera avec des amis à[1] un tour de rafting. Ils passeront les nuits sous la tente[2].

Mon copain prendra l'avion pour aller aux Antilles. Il y restera trois semaines. Après, il saura sûrement faire de la voile. Il bronzera à la plage et il se baignera. À l'hôtel, il fera probablement la connaissance de beaucoup de gens.

Mon copain passera quelques jours à Rome. Il visitera les sites les plus importants de l'époque romaine. Il assistera aussi à[3] une audience du Pape au Vatican. De plus, il apprendra à[4] parler un peu italien.

Mon copain restera chez lui. Il jouera au foot[5] et il ira souvent à la piscine. Les soirs, il invitera des amis à[6] regarder des DVD[7] ou à[6] jouer aux cartes[5]. Fin d'août, il rendra visite à ses grand-parents.

Pendant les vacances d'été, la famille de mon copain ira en Israël. Ils loueront une voiture et passeront quelques jours dans le désert. Pendant la nuit, ils auront sûrement froid[8], mais pendant la journée, ils devront boire beaucoup. Mon copain fera sûrement des expériences intéressantes.

Hinweise:

1   *participer à qc*
2   *sous la tente :* im Zelt

3   *assister à qc*

4   *apprendre à faire qc*
    (Zum Anschluss von Infinitiven an Verben siehe S. 173–176.)

5   *jouer à qc* (bei Sport oder Spielen)
    jouer de qc (bei einem Instrument) (z. B. *jouer de la guitare*)

6   *inviter qn à faire qc*
    (Zum Anschluss von Infinitiven an Verben siehe S. 173–176.)

7   Abkürzungen wie *BD*, *CD* und *DVD* bekommen im Plural kein Plural-*s*.

8   *avoir froid, avoir chaud*

gabe 116

infinitif		conditionnel I	
verstehen	comprendre	ils	comprendraient
korrigieren	corriger	tu	corrigerais
lesen	lire	elle	lirait
buchstabieren	épeler	vous	épelleriez
schreiben	écrire	nous	écririons
sprechen	parler	je	parlerais
kritisieren	critiquer	il	critiquerait

gabe 117

futur simple	conditionnel I
tu verras	ils tiendraient
vous pourrez	elle jetterait
elles sauront	il recevrait
nous nous lèverons	tu voudrais
il aura	je courrais
j'enverrai	il faudrait
il mourra	vous iriez
	nous serions
	vous achèteriez

Aufgabe 118 Individuelle Lösung

a) **J'aimerais** regarder un film français.
b) **Je préférerais**[1] parler uniquement français.
c) **Je pourrais** faire une excursion.
d) **Je voudrais** participer à[2] tous les cours à l'école.
e) **J'aimerais mieux** manger dans un restaurant.

Hinweise:

1 *préférer faire qc*
   (Zum Anschluss von Infinitiven an Verben siehe S. 173–176.)

2 *participer à̱ qc*

Aufgabe 119*

| **Carole** | **le père** | **la mère** |
| Tournoi de Roland Garros, Canal +, 20.00 h | Grand Prix du Japon, France 3, 20.50 h | Œuvres de Mozart, France 3, 22.30 h |

| **Thierry** | **la grand-mère** | **Vincent** |
| Le commissaire Rimon, Arte, 20.15 h | Les mystères de la Bible, France 2, 20.50 h | Roswell, les aliens …, Canal +, 22.30 h |

Je voudrais absolument regarder le tournoi de tennis à 20.00 h sur Canal +. J'adore le tennis !

Mais moi, j' aimerais voir le dessin animé à 20.15 h sur Arte.

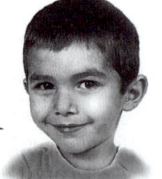

Moi, je m'intéresserais plutôt au concert de Mozart à 22.30 h sur France 3.

Mon fils et moi, on regarderait bien le reportage sur le Grand Prix du Japon à 20.50 h sur France 3 ?

Ah non! Je me déciderais pour le film de science fiction à 22.30 h sur Canal +.

Et moi, je choisirais le film « Les mystères de la Bible » à 20.50 h sur France 2.

Aufgabe 120

conditionnel I	conditionnel II
tu serais	tu aurais été
il aurait	il aurait eu
je ferais	j'aurais fait
nous irions	nous serions allé(e)s
elle achèterait	elle aurait acheté
tu partirais	tu serais parti(e)
ils prendraient	ils auraient pris
vous viendriez	vous seriez venu(e)s
il choisirait	il aurait choisi

Aufgabe 121

a) Nous **n'aurions pas fait** de bêtises.
b) Je **ne serais jamais rentrée** trop tard.
c) Je **n'aurais pas menti** à ma mère.
d) Tu **n'aurais pas dû** faire cela.
e) Je **n'aurais pas bu** d'alcool.
f) Mes parents m'**auraient interdit** cela.
g) J'**aurais respecté** mes parents.
h) Je **ne serais pas sortie** avec un mec pareil.
i) On **aurait pu** prévoir ce malheur.

Aufgabe 122   SYLVIE : Yannick, à ta place, je **n'aurais pas oublié** notre anniversaire de mariage ! J'**aurais invité** ma femme au[1] restaurant. Le matin[2], je **lui aurais offert** des fleurs. J'**aurais chanté** une chanson d'amour. Je **lui aurais aussi écrit** un beau poème. Je **lui aurais acheté** du parfum. L'après-midi[2], nous **aurions fait** une excursion. Le soir[2], nous **serions allés** au théâtre ou au cinéma.

       YANNICK : Mais chérie ! Le mariage, c'était le 30 août, n'est-ce pas ? Attends encore un peu !

Hinweise:

1   *inviter qn <u>à</u> (faire) qc*

2   morgens/nachmittags/abends: *le matin/l'après-midi/le soir*

Aufgabe 123*   Individuelle Lösung

a)   Moi, je serais rentré(e) à la maison et j'aurais demandé à ma mère de[1] me conduire avec sa voiture à l'école.

b)   J'aurais demandé à cette fille si[2] mon copain était toujours son petit ami. Si[2] elle m'avait répondu « non », je serais allé avec elle au cinéma, si[2] elle m'avait répondu « oui », j'aurais refusé.

c)   Je passerais les vacances avec mes copains, parce que ce serait plus amusant que de faire un cours de langue.

Hinweise:

1   *demander à qn de faire qc ; demander à qn si*

2   Zu den Konditionalsätzen siehe S. 139–141.

Aufgabe 124*

   | 1 | arriver à la gare

   | 8 | escalader des rochers gigantesques

   | 7 | manger des poissons et des langoustes dans un port de pêche

   | 9 | repartir en Allemagne en train

   | 2 | faire du bateau

   | 3 | regarder les alignements de mégalithes

   | 6 | se baigner et bronzer sur la plage

   | 4 | se trouver à un point extrême de la France, à la « fin de la terre »

   | 5 | visiter un enclos paroissial célèbre

1 D'abord, nous **serions arrivés** à la gare de Nantes.
2 Nous **aurions fait du bateau** sur le golfe du Morbihan.
3 On **aurait regardé les alignements de mégalithes** à Carnac.
4 À la Pointe du Raz, on **se serait trouvé à un point extrême de la France, à la « fin de la terre »**.
5 À Pleyben, on **aurait visité un enclos paroissial célèbre**.
6 Nous **nous serions baignés et aurions bronzés sur la plage**.
7 On **aurait mangé des poissons et des langoustes dans un port de pêche**.
8 Sur la Côte de granit rose, nous **aurions escaladé des rochers gigantesques**.
9 À la fin, après trois semaines en vélo, on **serait repartis en Allemagne avec le train**.

abe 125* Individuelle Lösung

a) Pour regarder la finale de la coupe du monde de foot de 2006, ma copine est allée dans une pizzeria. Bien sûr, il y avait surtout des Italiens qui voulaient que leur équipe gagne.

b) Le copain de Samuel voulait absolument montrer sa nouvelle bicyclette à ses amis. Mais le ciel était noir et un orage s'annonçait.

c) Vous avez oublié que nous voulions faire une grande fête ? L'autre jour, vous avez déjà oublié l'invitation au restaurant. Vous ne pensez qu'à travailler et le reste ne vous intéresse pas.

d) Pendant les dernières vacances sur le terrain de camping, le petit Guy avait vu son père faire du feu. Maintenant, il voulait faire du feu sur la terrasse. Il y est arrivé mais malheureusement, il y avait beaucoup de vent. Un arbre juste à côté de la maison a pris feu. Heureusement, Larisse, sa sœur aînée, est venue et a pu éteindre le feu.

abe 126

deutscher Infinitiv	Infinitiv	3. Pers. Pl. Indikativ	subjonctif
suchen	chercher	ils/elles **cherchent**	que je **cherche**
legen, setzen, stellen	mettre	ils/elles **mettent**	que nous **mettions**
gelingen, schaffen	réussir	ils/elles **réussissent**	que vous **réussissiez**
lieben	aimer	ils/elles **aiment**	que tu **aimes**

deutscher Infinitiv	Infinitiv	3. Pers. Pl. Indikativ	subjonctif	
fürchten	craindre	ils/elles **craignent**	qu'ils	**craignent**
fühlen, riechen	sentir	ils/elles **sentent**	qu'elle	**sente**
essen	manger	ils/elles **mangent**	que je	**mange**
warten	attendre	ils/elles **attendent**	que nous	**attendions**
schlafen	dormir	ils/elles **dorment**	qu'il	**dorme**
schreien	crier	ils/elles **crient**	que vous	**criiez**
verkaufen	vendre	ils/elles **vendent**	qu'elles	**vendent**
laufen	courir	ils/elles **courent**	que nous	**courions**
verbieten	interdire	ils/elles **interdisent**	qu'ils	**interdisent**
leben	vivre	ils/elles **vivent**	qu'il	**vive**

Aufgabe 127

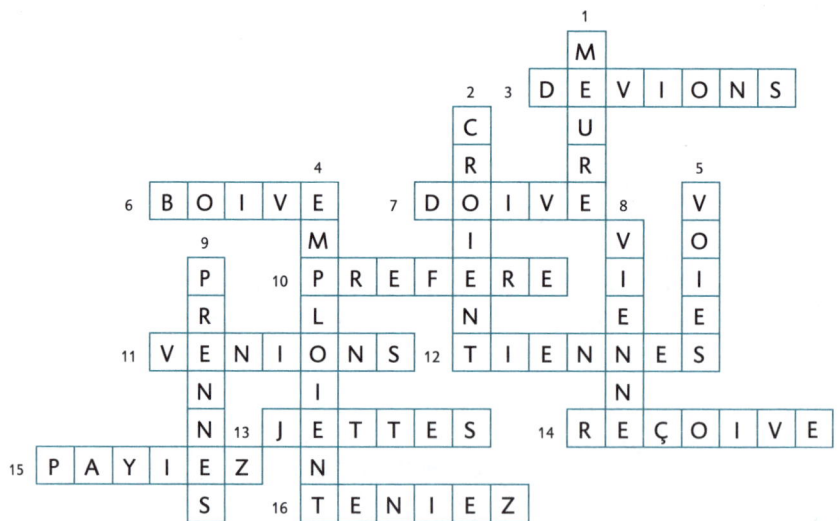

1 er stirbt	**il meurt**	
2 sie glauben	**ils croient**	
3 wir müssen	**nous devons**	
4 sie verwenden	**ils emploient**	
9 du nimmst	**tu prends**	
10 er bevorzugt	**il préfère**	
11 wir kommen	**nous venons**	
12 du hältst	**tu tiens**	

5	du siehst	**tu vois**		13	du wirfst	**tu jettes**
6	ich trinke	**je bois**		14	er bekommt	**il reçoit**
7	er muss	**il doit**		15	ihr bezahlt	**vous payez**
8	er kommt	**il vient**		16	ihr haltet	**vous tenez**

 abe 128

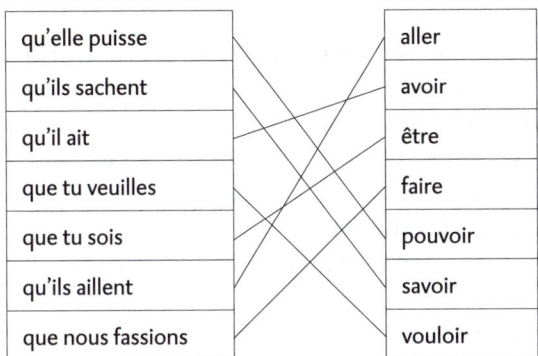

qu'elle puisse		aller
qu'ils sachent		avoir
qu'il ait		être
que tu veuilles		faire
que tu sois		pouvoir
qu'ils aillent		savoir
que nous fassions		vouloir

 abe 129

Je veux

… que mes parents **aient** plus de patience.

… que mon chien **vive** encore longtemps.

… que ma petite sœur m'**énerve** moins.

… que mes profs me **donnent** de meilleures notes.

… que les contrôles **soient** moins difficiles.

… que mon équipe **gagne** le prochain match.

… que je **puisse** faire un cours de snowboard en hiver.

abe 130
a) Je veux que vous **disiez** la vérité.
b) Ma mère demande que je **fasse** du baby-sitting toute la semaine.
c) J'avais proposé que vous **achetiez** trois tickets à la fois.
d) Désirez-vous que nous **partions** ?
e) J'aimerais mieux que tu **n'ailles pas** au concert de techno.

    f)   Les pompiers craignaient que les curieux **gênent** les travaux.
    g)   Mes parents préfèrent que je **ne rentre pas** trop tard.
    h)   Il est nécessaire que nous **protégions** mieux notre environnement.
    i)   Le médecin aimerait que nous **arrêtions** de fumer.

Aufgabe 131*
1. Il faut que vous **payiez d'avance**.
2. Il est nécessaire que vous **jetiez les ordures dans les poubelles réservées à cet effet**.
3. Le gérant veut que tous **évitent de faire du bruit**.
4. Il faut aussi que, à l'intérieur du terrain de camping, les véhicules **roulent à une vitesse limite de 10 km/h**.
5. Le gérant ne veut pas que vous **fassiez du feu**.
6. Il ne veut pas non plus que vous **entriez/sortiez avec le camping-car pendant la nuit**.
7. Il faut que vous **teniez les chiens en laisse**.
8. Il est important que vous **baissiez la musique après 22.00 heures**.
9. Il est important que tout le monde **se présente au bureau avant de partir**.

Aufgabe 132*
1. De quoi est-ce que Marcel est content ? – **Marcel est content que** ses parents et lui **habitent** à[1] Paris.
2. Qu'est-ce qu'il trouve bon ? – **Il trouve bon que** chaque week-end il **puisse** aller dans un autre cinéma.
3. Qu'est-ce qui ne lui plaît pas ? – **Cela ne lui plaît pas que** leur appartement **soit** très petit.
4. De quoi est-ce qu'il est triste ? – **Il est triste que** beaucoup de personnes **vivent** dans la rue[2].
5. De quoi est-ce qu'il se plaint ? – **Il se plaint que** les hommes politiques **n'aident pas** les personnes[3] qui vivent dans la rue[2].
6. De quoi est-ce qu'il est heureux ? – **Il est heureux que** son père **ait** un emploi bien payé.
7. Qu'est-ce qu'il regrette ? – **Il regrette qu'il n'y ait pas** de nature autour de lui./**Il regrette qu'**il **doive** aller dans un stade ou sur un terrain de sport pour faire du sport.

Hinweise:
1   Bei Städten wird die Präposition *à* verwendet.
2   *dans* la rue ; *sur* la route
3   *aider qn (à faire qc)*

abe 133

a) Notre professeur était furieux parce que nous **n'avons pas fait** nos devoirs.

b) Pour que nous **travaillions** mieux, il a fait plus de contrôles.

c) Bien que nous **fassions** peu de fautes, il était toujours mécontent de[1] nous.

d) Sans qu'il le **veuille**, il nous a déprimé.

e) L'autre jour, pendant qu'il **essayait** de[2] faire son cours, nous avons préféré[3] dormir ou écrire des lettres.

f) Nous avons continué ainsi jusqu'à ce qu'il **donne** une heure de colle à une fille.

g) Ensuite, c'est nous qui étions[4] furieux parce que ce **n'était pas** juste.

h) Depuis que mon camarade de classe lui **a parlé**, notre professeur est plus gentil avec nous.

i) C'est mieux de parler avec les professeurs avant que la situation **devienne** intolérable.

Hinweise:

1 *être (mé)content de qn/qc*

2 *essayer de faire qc* (Zum Anschluss von Infinitiven an Verben siehe S. 173–176.)

3 *préférer faire qc* (Zum Anschluss von Infinitiven an Verben siehe S. 173–176.)

4 Bei der *mise en relief* mit *qui* richtet sich das Verb des Relativsatzes nach dem Subjekt, also dem hervorgehobenen Satzglied (siehe S. 9).

be 134*

1	Rachel et Monique ont fini leurs devoirs.	A	Pendant ce temps, son grand frère regarde la télé.
2	Marie aime le soleil.	B	Ils espèrent qu'il va avoir de meilleures notes en français.
3	Julie a passé la nuit chez son copain.	C	Après, leurs copines leur rendent visite.
4	Les parents de Michel lui paient un cours de langue à Lyon.	D	Ses parents ne le savaient pas.
5	François n'a pas beaucoup d'argent.	E	Avant, ses parents lui avaient acheté une nouvelle bicyclette.
6	Louis a fait un grand tour de vélo en Italie.	F	Voilà pourquoi elle passe souvent ses vacances en Espagne.
7	Denis fait la vaisselle.	G	Il a quand même acheté une grande voiture.

1C **Après que** Rachel et Monique **ont fini** leurs devoirs, leurs copines leur rendent visite.

2F **Comme** Marie **aime** le soleil, elle passe souvent ses vacances en Espagne.

3D Julie a passé la nuit chez[1] son copain **sans que** ses parents le **sachent**.

4B Les parents de Michel lui paient un cours de langue à Lyon
pour qu'il **ait** de meilleures notes en français./
parce qu'ils **espèrent** qu'il va avoir de meilleures notes en français.

5G **Bien que** François **n'ait pas** beaucoup d'argent, il a acheté une grande voiture.

6E **Avant que** Louis **fasse** un grand tour de vélo en[2] Italie, ses parents lui avaient acheté une nouvelle bicyclette.

7A **Pendant que** Denis **fait** la vaisselle, son grand frère regarde la télé.

Hinweise:

1 Wenn jd. zu jdm. geht (in sein Haus, seine Praxis, sein Geschäft usw.) oder wenn jd. bei jdm. ist, dann musst du im Französischen immer die Präposition *chez* verwenden (z. B.: *Il va chez le médecin. Elle rentre chez elle.*).

2 Bei weiblichen Ländernamen steht die Präposition *en*. Bei männlichen Ländernamen, die mit Konsonant beginnen, *au* (z. B.: *au Portugal, au Canada*).

Aufgabe 135

a) Nous proposons **d'aller voir** un film avec Gérard Depardieu.

b) Le ministre veut **que les citoyens consomment** plus.

c) **Pour que** leur fils **puisse** participer à[1] l'échange scolaire, les parents renoncent à[1] leurs vacances d'été.

d) Plusieurs clients quittent le restaurant **sans payer**.

e) Après plusieurs années, Mathilde est heureuse **de retrouver** sa copine.

f) Nicolas préfère **que son frère promène** le chien.

g) Mathieu joue souvent au loto[2] **pour faire fortune**.

h) Je suis content **de recevoir** un baiser de Martina, la plus belle fille de ma classe.

i) Ma correspondante est rentrée **avant d'avoir appris** notre langue.

j) M. et Mme Blanc ont peur **que leur fille fasse** des bêtises.

Hinweise:

1 *participer à qc ; renoncer à qc*

2 *jouer à qc* (bei Sport oder Spielen)
jouer de qc (bei einem Instrument) (z. B.: *jouer de la guitare*)

abe 136 a) C'est un bon travailleur.
→ **Il travaille bien.**
b) Il fait ses devoirs avec soin.
→ **Il fait soigneusement ses devoirs./**
Il fait ses devoirs soigneusement.
c) Il trouve les solutions avec facilité.
→ **Il trouve facilement les solutions./**
Il trouve les solutions facilement.
d) Il a une écriture élégante.
→ **Il écrit élégamment.**
e) Il suit les cours avec attention.
→ **Il suit attentivement les cours./**
Il suit les cours attentivement.
f) Ses calculations sont précises.
→ **Il calcule précisément.**
g) Il a une compréhension rapide.
→ **Il comprend rapidement/vite.**
h) Il s'exprime avec clarté.
→ **Il s'exprime clairement.**
i) Il s'adresse aux profs avec politesse.
→ **Il s'adresse poliment aux profs./**
Il s'adresse aux profs poliment.
j) Son comportement est parfait.
→ **Il se comporte parfaitement.**

abe 137 a) Murielle étudie pour l'examen qu'elle va passer.
Murielle étudie soigneusement pour l'examen qu'elle va bientôt passer.
b) Elle a révisé les trois quarts de son programme lourd.
Elle a presque révisé les trois quarts de son programme lourd./
Elle a révisé presque les trois quarts de son programme lourd.
c) Elle sera préparée à la fin du mois.
Elle sera bien préparée à la fin du mois prochain.
d) Elle est sûre qu'elle va réussir.
Elle est tout à fait sûre qu'elle va réussir facilement.
e) Elle sort peu mais se repose dans la journée.
À présent, elle sort très peu mais se repose souvent dans la journée.

f) « Quand on travaille, on n'est pas stressé », dit-elle.
« Quand on travaille régulièrement, on n'est pas trop stressé », dit-elle.

g) « Et le soir, on s'endort parce qu'on sait qu'on a travaillé. »
« Et le soir, on s'endort tranquillement parce qu'on sait qu'on a vraiment bien travaillé. »

h) « Les sorties sont rares en ce moment, mais je trouve que c'est normal. »
« Évidemment, les sorties sont rares en ce moment, mais je trouve que c'est absolument normal. »

Aufgabe 138   ISABELLE : Où est-ce que tu **as passé** tes vacances de Noël?

MARTINE : Nous les **avons passées** à Courchevel en Savoie dans les Alpes.

ISABELLE : Et tu **t'es** bien **amusée** ?

MARTINE : C'était formidable ! Je **suis partie** le samedi matin avec Julie. Nous **avons fait** un long voyage en voiture, c'est moi qui conduisais et nous **sommes arrivées** à 6 heures de l'après-midi. Nous **ne nous sommes pas arrêtées** une seule fois.

ISABELLE : Et vous **avez eu** beau temps ?

MARTINE : Il **a plu** tout le temps pendant le voyage, mais quand nous **sommes arrivées** à Courchevel, le temps **s'est amélioré**. Le lendemain, nous **sommes allées** faire du ski.

ISABELLE : Vous aviez emmené, vos skis ?

MARTINE : Non, nous les **avons loués**. Nous **avons loué** tout le matériel.

ISABELLE : Vous les **avez payés** cher vos skis ?

MARTINE : Oui, mais je **me suis dit** qu'on était en vacances.

ISABELLE : Vous **vous êtes reposées** un peu ?

MARTINE : Non, nous **n'avons pas voulu** passer notre temps à dormir. Mais chut ! Je vais te raconter la suite plus tard, le prof arrive !

Aufgabe 139   Molière **est né** en 1622. Il **a fait** des études de droit à Orléans où son père l'**avait envoyé**. Mais bientôt il **a découvert** sa vraie passion : le théâtre. Il **a créé** l'Illustre Théâtre avec Madeleine Béjart, il **a** même **été emprisonné** parce qu'il **avait accumulé** des dettes qu'il ne **pouvait** pas payer, et il **est parti** jouer en Province pendant treize ans avec la troupe.

En 1658, il **est revenu** à Paris pour jouer devant le roi. Il **est devenu** célèbre avec la pièce *Les Précieuses ridicules*, en 1659. Il **jouait** dans la salle du Palais

Royal et il **avait** beaucoup de succès, il **était** auteur, acteur et directeur de la troupe. Dans ses pièces, il **critiquait** surtout les nobles et les bourgeois, mais aussi l'hypocrisie. La troupe **a joué** *Tartuffe*, en 1664, à Versailles, mais la pièce **a fait** scandale. Le roi **a dû** l'interdire. Molière **a pu** cependant continuer à jouer devant le roi et la cour. *Les Fourberies de Scapin, Les Femmes savantes,* **ont été** aussi de grands succès. Mais il **était** très malade et il **travaillait** trop. Il **est mort** le 17 février 1673, pendant qu'il **jouait** *Le Malade imaginaire.* Il **avait** 51 ans.

abe 140   a)   CONDITIONNEL : devoir faire des économies
         Tu devrais faire des économies.
         FUTUR : comme ça/avoir encore de l'argent à la fin du mois
         Comme ça, tu auras encore de l'argent à la fin du mois.

   b)   CONDITIONNEL : si j'étais toi/arrêter de fumer
         Si j'étais toi, j'arrêterais de fumer.
         FUTUR : tu voir/ça te faire du bien
         Tu verras, ça te fera du bien.

   c)   CONDITIONNEL : moi à ta place/faire du yoga
         Moi à ta place, je ferais du yoga.
         FUTUR : comme ça/être moins nerveuse
         Comme ça, tu seras moins nerveuse.

   d)   CONDITIONNEL : pouvoir faire un régime
         Tu pourrais faire un régime.
         FUTUR : perdre du poids
         Tu perdras du poids.

   e)   CONDITIONNEL : devoir sourire plus souvent
         Tu devrais sourire plus souvent.
         FUTUR : les gens/te trouver plus jolie
         Les gens te trouveront plus jolie.

   f)   CONDITIONNEL : faire mieux/de moins les contredire
         Tu ferais mieux de moins les contredire.
         FUTUR : elles/être plus gentilles avec toi
         Elles seront plus gentilles avec toi.

   g)   CONDITIONNEL : il falloir/travailler plus soigneusement
         Il faudrait travailler plus soigneusement.

FUTUR : tes notes/être meilleures
Tes notes seront meilleures.

h) CONDITIONNEL : pouvoir partir en voyage organisé.
Tu pourrais partir en voyage organisé.
FUTUR : rencontrer beaucoup de gens
Tu rencontreras beaucoup de gens.

Aufgabe 141 MARION : Alors chéri, la fête s'est bien passée ?

SIMON : Pas du tout. C'était une soirée tellement ennuyeuse. C'est très bien que tu **ne sois pas** venue.

MARION : Je regrette que ça se **soit** si mal passé.

SIMON : C'est dommage que Michel **n'ait pas** été là, parce qu'avec lui on rigole toujours. Je trouve curieux qu'il **n'ait pas** été invité. Mais tant pis. Qu'est-ce qu'on va faire aujourd'hui ?

MARION : Je n'ai pas beaucoup de temps. Ma mère veut venir me voir ce soir.

SIMON : Comment ? Ce n'est pas vrai !

MARION : Tu ne veux pas qu'elle **vienne** ?

SIMON : J'aimerais mieux que nous **fassions** quelque chose tous les deux.

MARION : Mais hier, tu es sorti sans moi aussi.

SIMON : C'était différent. Tu as accepté que je **sorte** seul. J'ai proposé que tu **viennes** avec moi. Je ne veux pas que nous **ne nous voyions pas non plus** ce soir. Et en plus, je n'aime pas que tu **fasses** des projets sans m'en parler avant.

MARION : Moi aussi, j'aimerais mieux que nous **passions** la soirée ensemble. Veux-tu rester ici bien que ma mère **soit** là ?

SIMON : Non merci. J'ai peur que ta mère et moi, nous **nous disputions**.

MARION : Mais pourquoi ?

SIMON : J'ai l'impression qu'elle **met** son nez dans nos affaires, qu'elle **parle** sans arrêt et surtout qu'elle **veut** toujours avoir raison. Il faut toujours que je **fasse** attention à ce que je dis. Sinon, elle se sent tout de suite offensée.

MARION : Tu ne penses pas que tu **exagères** un peu ?

SIMON : Pas du tout.

À ce moment, le téléphone sonne. Marion décroche l'écouteur. C'est sa mère. Deux minutes après, Marion dit :

MARION : C'était ma mère. Elle dit qu'elle **ne peut pas** venir. Elle préfère que je **vienne** chez elle.

gabe 142 Marion est allée chez sa mère sans Simon. Il ne voulait absolument pas l'accompagner. Sa mère voit tout de suite que quelque chose ne va pas bien.

LA MÈRE : Mais qu'est-ce que tu as ? Tu **as pleuré** ?

MARION : Non, mais je **me suis disputée** avec Simon après avoir dit que j'**allais** passer la soirée avec toi. Il se plaint chaque fois si j'ai un rendez-vous avec quelqu'un d'autre que je **ne fasse rien** avec lui. Après notre dispute, il **est parti** sans mot dire. Je ne sais pas quoi faire. Qu'est-ce que tu **ferais** à ma place ?

LA MÈRE : Attends jusqu'à demain. Je suis sûre qu'il **se calmera** bientôt. Il est normal qu'il **soit** déçu. Mais c'est important aussi dans un couple qu'on **sache** faire des compromis et qu'on **laisse** de la liberté à l'autre. **Sors** plus souvent avec tes copines !

MARION : J'ai peur qu'on **ait** encore plus de problèmes après.

LA MÈRE : Non, il faut qu'il **s'y habitue**. Tu **verras**, tout **ira** bien.

MARION : Tu as peut-être raison. Mais ce **ne sera pas** facile.

LA MÈRE : Bien sûr. Une relation n'est jamais facile. Mais changeons de sujet maintenant. On **pourrait** regarder un film. Ça te **changera** les idées. J'espère qu'il va te plaire.

gabe 143
a) **Qu'est-ce que** représente cette scène ? – **des personnes à la plage**

b) **Qui est-ce que** le chien mord ? – **Jean**

c) **Qu'est-ce que** fait Marie ? – **elle se baigne dans la mer/elle nage**

d) **Qui (est-ce qui)** est couché sur la serviette ? – **Sara**

e) **Qui est-ce que** le maître-nageur observe ? – **Marie**

f) **Qu'est-ce que** François tient dans la main ? – **une revue/une BD**

g) **Qu'est-ce qui** flotte sur l'eau ? – **un ballon**

h) **Qui (est-ce qui)** est assis près de Sara ? – **François**

i) **Qui est-ce que** tu vois dans l'eau ? – **Marie**

j) **Qu'est-ce qui** se trouve à côté de la chaise du maître-nageur ? – **un château de sable**

gabe 144
a) **Prenons-nous** le bus ?

b) Pourquoi **n'as-tu** pas encore acheté de[1] cadeau ?

c) Alors, qu'**apporterons-nous** ?

d) **Aime-t-elle** les livres ou **préfère-t-elle** les DVD[2] ?

e) **Va-t-elle** nous offrir des cocktails ?

f) **Vas-tu** aussi fêter tes 15 ans³ ?

g) Quels garçons **a-t-elle** invités⁴ ?

h) À quelle heure **vont-ils** arriver ?

i) Laura, **écoutes-tu** ?

Hinweise:

1 Nach einer Verneinung steht in der Regel *de* + Substantiv.

2 Abkürzungen wie *BD*, *CD* und *DVD* bekommen im Plural kein Plural-*s*.

3 *fêter ses ... ans*

4 Auch das Fragewort *quel* kann ein direktes Objekt sein. Daher muss wie bei anderen vorausgehenden Objektpronomen (siehe S. 77) das *participe passé* daran angeglichen werden.

	vrai	faux
Aufgabe 145 a) Vous avez-vous déjà pris le déjeuner ? *Avez-vous déjà pris le déjeuner ?*		X
b) A-t-il pas fait la cuisine ? *N'a-t-il pas fait la cuisine ?*		X
c) Pourquoi n'est-il pas rentré à la maison ? -	X	
d) Que nous allons faire ? *Qu'allons-nous faire ?*		X

Aufgabe 146* **Où y a-t-il** une terrible tempête ?

Pourquoi se trouve-t-il en difficulté ?

Quand reçoivent-ils son SOS ?

Qui arrivent-ils à sauver ?

Qu'a-t-il provoqué ?

Quand a-t-elle reconnu sa responsabilité ?

Combien ont-ils payé ?

Aufgabe 147* a) **Aimez-vous en manger** ?

b) **Y va-t-elle** souvent ?

c) **Vous avait-il déjà rencontré** avant le tournage du film ?

d) **Ne l'avez-vous pas** ?

e) **Y sont-ils sortis** ensemble après les travaux ?

f) **Ne voulez-vous pas leur raconter** une anecdote du set?

g) **En a-t-il?**

Aufgabe 148	une voiture	**laquelle**	du train	**duquel**
	sur une moto	**sur laquelle**	de l'essence	**de laquelle**
	au feu rouge	**auquel**	aux bateaux	**auxquels**
	de la bicyclette	**de laquelle**	des camions	**desquels**
	les chauffeurs	**lesquels**	au péage	**auquel**
	dans la rue	**dans laquelle**	à la station	**à laquelle**

Aufgabe 149*

a) Sur les photos, il y a plusieurs animaux. **Lesquels?** – deux cochons d'Inde, deux tortues, un chien, un chat et un cheval

b) Sur une des photos, il y a des tortues. **Sur laquelle?** – sur celle en haut au milieu

c) Un des chats a un comportement inhabituel. **Lequel?** – celui qui se trouve sur la bicyclette

d) Le cochon d'Inde sur la photo en haut s'intéresse à[1] une boisson. **À laquelle?** – à un jus de pommes/à une bière

e) La photo avec le cochon d'Inde et le cheval fait allusion à un personnage typique. **Auquel?** – au cow-boy

f) Le chien sur la photo porte deux choses sur la tête. **Lesquelles?** – des lunettes (de soleil) et un bonnet

g) Si[2] tu avais la possibilité d'avoir un des animaux représentés, **duquel** est-ce que tu aimerais t'occuper[3]? – (individuelle Lösung) du chat/du chien/des tortues/du cochon d'Inde

Hinweise:

1 *s'intéresser à qc*

2 Zu den Konditionalsätzen siehe S. 139–141.

3 *s'occuper de qc/qn*

Aufgabe 150*

1. **Qui (est-ce qui) a inventé le cinéma?**

☐ Jean-François Champollion	☐ les frères Wright
☒ les frères Lumière	☐ Edouard Cinéma

2. **Comment est-ce qu**'on appelle aussi le cinéma ?

☒	le septième art	☐	le cici
☐	la lumière mouvante	☐	le CN

3. **Qu'est-ce qui** se trouve au centre du film « Le Grand bleu » de Luc Besson ?

☐	la planète Terre	☒	la mer
☐	le ciel	☐	un rêve d'une petite fille

4. **Où est-ce que** se trouve le plus grand cinéma d'Europe ?

☐	à Strasbourg	☒	à Paris
☐	à Toulouse	☐	à Lille

5. **Lequel** des acteurs français suivants a joué dans le film « Da Vinci Code » ?

☐	Jean-Paul Belmondo	☒	Jean Réno
☐	Mathieu Kassovitz	☐	Gérard Depardieu

6. Au festival de Cannes, **qu'est-ce qui** est décerné au meilleur film ?

☒	une palme	☐	un ours
☐	un lion	☐	un oscar

7. **Qui est-ce qui** a joué le rôle d'Obélix dans les film d'Alain Chabat ?

☐	Jean Dujardin	☐	Daniel Auteuil
☒	Gérard Depardieu	☐	Christian Clavier

8. **Qu'est-ce que** le titre d'un film de Claude Chabrol (paru en 2000) contient ?

☐	un mot allemand	☒	le mot « chocolat »
☐	une erreur	☐	seulement des images

9. **Avec qui** l'actrice Cathérine Deneuve a-t-elle eu une relation ?

☐	Gérard Depardieu	☐	Steven Spielberg
☐	François Mitterand	☒	Marcello Mastroianni

10. Le film « Le fabuleux destin d'A. » se joue dans une grande ville. **Dans laquelle ?**

☒ Paris	☐ Lyon
☐ Marseille	☐ Bordeaux

11. **Qui est-ce que** tu ne trouves pas sur le lieu du tournage ?

☐ le metteur en scène	☐ l'acteur
☐ la costumière	☒ l'animateur

12. **Laquelle** des sociétés de production de cinéma suivantes est française ?

☐ Paramount Pictures	☐ Warner Bros. Entertainment
☐ EON Productions	☒ Gaumont

13. **Qui (est-ce qui)** est « Vercingétorix » dans le film de Jacques Dorfmann (2001) ?

☐ un chien gaulois légendaire	☒ un chef gaulois, adversaire de César
☐ un ami d'Obélix	☐ l'amant de Cléopâtre

gabe 151

a) **Si** le professeur a de la fièvre, il restera à la maison.

b) Les parents se fâcheront, **si** Pol rentre avec un mauvais bulletin.

c) **Si** tu manges trop de frites à la cantine, tu deviendras gros !

d) **Si** les élèves veulent organiser une fête, le professeur les aidera[1].

e) **Si** quelqu'un t'offre des drogues, dis non.

f) Nous vous poserons des questions, **si** nous ne comprenons pas ce qu'il dit.

g) **Si** tu sais bien parler le français, tu apprendras plus facilement l'espagnol et l'italien.

h) Son copain lui donnera les devoirs d'anglais **si** elle lui explique le problème de maths.

Hinweis:

1   *aider qn (à faire qc)*

gabe 152

a) Si vous partez en vacances, vous ne serez pas à la maison.

b) Si vous vous mariez, vous ne serez pas seule.

c) Si vous trouvez un emploi, vous gagnerez de l'argent.

d)   Si vous êtes malade, vous vous sentirez mal[1].
e)   Si vous allez en Grande-Bretagne, vous entendrez parler anglais.

Hinweis:
1   *se sentir mal*; aber: *sentir mauvais* (siehe S. 75)

Aufgabe 153*   Individuelle Lösung

a)   S'il pleut, je resterai à la maison et jouerai sur l'ordinateur.
b)   S'il fait beau, j'irai à la piscine et après au cinéma.
c)   S'il neige, je ferai du ski et passerai la soirée devant la télé.

Aufgabe 154   a)   S'ils **avaient** de la chance, ils **gagneraient** un jour au loto.
b)   S'ils **gagnaient** au loto, ils **seraient** millionaires.
c)   S'ils **étaient** millionnaires, ils **profiteraient** de la vie.
d)   S'ils **profitaient** de la vie, ils **partiraient** pour faire un voyage autour du monde.
e)   S'ils **partaient** pour faire un voyage autour du monde, ils **visiteraient** tous les pays exotiques.
f)   S'ils **visitaient** tous les pays exotiques, ils **rencontreraient** beaucoup de gens sympa.
g)   S'ils **recontraient** beaucoup de gens sympa, ils **se feraient** partout des amis.
h)   S'ils **se faisaient** partout des amis, ils **s'amuseraient** bien avec eux.
i)   S'ils **s'amusaient** bien avec eux, ils **ne s'ennuyeraient plus**.
j)   S'ils **ne s'ennuyaient plus**, ils **iraient** très bien.
k)   S'ils **allaient** très bien, ils **ne rentreraient plus jamais** chez eux.

Aufgabe 155*   Individuelle Lösung

Si je faisais un voyage en[1] France, je monterais sur la Tour Eiffel.
Si j'allais au[1] Japon, je participerais à un culte religieux.
Si je passais mes vacances en[1] Suisse, je ferais de l'escalade.
Si je pouvais voyager aux[1] États-Unis, je visiterais quelques parcs nationaux.
Si je'allais en[1] Grande-Bretagne, je voudrais voir la reine.
Si j'allais en[1] Turquie, je chercherais le contact avec les musulmans.
Si j'allais en[1] Grèce, je me baignerais dans la mer.
Si j'avais la possibilité de visiter le Canada, j'irais au[1] Québec.

Hinweis:

1 Bei weiblichen Länder- und Provinznamen steht die Präposition *en*.
Bei männlichen Ländernamen, die mit Konsonant beginnen, steht *au*
(z. B.: *au Portugal, au Canada*). Außerdem: *aux États-Unis*.

Aufgabe 156   a) Si je **n'avais pas été** malade, j'**aurais gagné** la course.

b) Si j'**avais vécu** au Moyen Âge, j'**aurais inventé** l'électricité.

c) Si j'**avais fait** la cuisine, le repas **aurait été** meilleur.

d) Si j'**avais participé** au safari, j'**aurais tué** le lion.

e) Si je **n'avais pas oublié** mon porte-monnaie, j'**aurais acheté** la Ferrari.

f) Si j'**avais été** sur le terrain de foot, j'**aurais marqué** le but.

Aufgabe 157

Chère Louise,

Comment[1] vas-tu ? La semaine dernière, ma correspondante Sandrine de Nantes est venue me voir. Si je n'avais pas eu de photo d'elle, je ne l'aurais pas reconnue. Sandrine est une fille gentille, mais elle sait ce qu'elle veut. Je pense que si notre accueil ne lui avait pas plu, elle serait rentrée tout de suite. Malheureusement, ma mère ne savait pas que Sandrine était végétarienne. Si elle l'avait su, elle ne nous aurait pas préparé de[2] steaks. Ma correspondante ne parle pas très bien allemand. Si, en été, elle voyage seule à Berlin, elle ne comprendra rien. Si j'étais à sa place, je me servirais[3] d'un dictionnaire. Mais je crois que tout le monde a été content. Et je suis sûre que nous n'aurions pas autant rigolé si l'échange n'avait pas été si bien préparé.
Et toi, est-ce que tu aurais envie de me rendre visite ? Viens en août, si tu veux. Je m'en réjouirais.

Je t'embrasse
Sophie

Hinweise:

1 Im Französischen wird in Briefen/E-Mails nach der Anrede mit einem Großbuchstaben begonnen.

2 Nach der Verneinung steht *de* + Substantiv.

3 *se servir de qc*

Aufgabe 158*
a) occuper *(besetzen)* : **l'occupation** *(Besetzung)*
b) l'espoir *(Hoffnung)* : **le désespoir** *(Verzweiflung)*
c) le courage *(Mut)* : **encourager** *(ermutigen)*
d) la reine *(Königin)* : **le roi** *(König)*
e) la chasse *(Jagd)* : **chasser** *(verjagen)*
f) le siège *(Belagerung)* : **assiéger** *(belagern)*
g) libre *(frei)* : **libérer** *(befreien)*
h) vaincre *(besiegen)* : **la victoire** *(Sieg)*
i) l'ami *(Freund)* : **l'ennemi** *(Feind)*
j) le danger *(Gefahr)* : **dangereux** *(gefährlich)*
k) Dieu *(Gott)* : **divin** *(göttlich)*
l) un symbole du pouvoir royal : **couronne** *(Krone)*
m) qc qui est conforme au droit : **légitime** *(legitim)*
n) qn qui vit à la cour d'un roi : **courtisan** *(Höfling)*
o) qn qui aime très fort son pays : **patriote** *(Patriot)*
p) arrêter un ennemi : **capturer** *(gefangen nehmen)*
q) dire que qn est coupable : **accuser** *(anklagen)*
r) venir en aide à qn : **secourir** *(zu Hilfe kommen)*

		vrai	faux
Aufgabe 159*	a) Jeanne est née à Paris.	☐	☒
	Elle est née à Domrémy en Lorraine.		
	b) Elle a vécu au XVème siècle.	☒	☐
	c) À l'époque, les Français avaient occupé toute l'Angleterre.	☐	☒
	Les Anglais avaient occupé une grande partie de la France.		
	d) Charles VII était désespéré de la situation de la France.	☒	☐
	e) Sans qu'il le sache, Jeanne se trouvait à la tête de ses troupes.	☐	☒
	C'est lui qui y a mis Jeanne d'Arc.		
	f) Il a envoyé une armée pour sauver la fille.	☐	☒
	Il ne l'a pas aidée.		
	g) Jeanne d'Arc est morte d'une maladie grave.	☐	☒
	On l'a brûlée.		

Aufgabe 160
A 8 Si Jeanne n'avait pas eu de visions surnaturelles, on n'aurait pas connu cette jeune fille lorraine.
B 6 Moi, si j'avais été à la place de Jeanne d'Arc, je n'aurais pas fait confiance à[1] Charles VII.

C 1 Si Jeanne n'avait pas été à la tête des troupes françaises, les Anglais n'auraient pas perdu Orléans.

D 2 Si le film avec Milla Jovovich dans le rôle de Jeanne d'Arc passe à la télé, nous le regarderons certainement.

E 9 Si Jeanne n'avait pas aidé[2] sa patrie, la France serait restée sous dominance anglaise.

F 5 Si Jeanne avait été plus prudente, les ennemis[3] ne l'auraient pas arrêtée[4].

G 3 Si Jeanne n'avait pas reconnu Charles, il ne lui aurait pas donné son armée.

H 4 Si nous allons à Paris, nous irons voir sa statue, rue de Rivoli.

I 7 Si Jeanne avait reçu plus de soldats, les Anglais auraient aussi quitté Paris.

Hinweise:

1 *faire confiance à qn ;* aber: *avoir confiance en qn*
2 *aider qn (à faire qc)*
3 *l'ami :* der Freund → *l'ennemi :* der Feind
4 Das *participe passé* muss an das vorausgehende direkte Objekt (hier: *l'*) angeglichen werden. Siehe dazu S. 77.

abe 161* a) Si M. Lamy n'avait pas roulé trop vite[1], il n'y aurait pas eu d'accident.

b) Si demain je ne suis plus malade, j'irai te voir.

c) Tu aurais de meilleures[2] notes, si tu travaillais mieux[3].

d) Si Sylvie gagnait plus d'argent, elle irait dans les Alpes pour faire du ski[4].

e) Si nous avions été plus prudents, nous n'aurions pas eu de[5] problèmes de santé.

f) Même si tu m'offrais un million, je ne le dirais pas à mes parents.

g) Si Nathalie se sent mieux[6] aujourd'hui, elle viendra me voir.

h) Si nous étions allés à Arras l'an dernier[7], nous aurions certainement visité sa tour.

Hinweise:

1 Achte darauf, ein Adverb zu setzen (siehe zum Adverb S. 58–76).
2 *Meilleur, e* ist der Komparativ zum Adjektiv *bon (bon, meilleur, le meilleur).*
3 *Mieux* ist der Komparativ zum Adverb *bien (bien, mieux, le mieux).*
   (Zu den unregelmäßigen Adverbien siehe S. 70.)
4 Um sportliche Aktivitäten zu beschreiben, kannst du in sehr vielen Fällen *faire + de +* bestimmter Artikel + Sportartikel/Sportart setzen (z. B.: *faire de l'escalade, faire de la voile, faire du roller*).
5 Nach der Verneinung steht *de* + Substantiv.
6 *se sentir bien/mieux ;* aber: *sentir bon* (siehe S. 75)
7 *l'an* dernier

Aufgabe 162* a) Si j'étais président de la République, je voyagerais dans le monde entier[1].
... je ferais de grands discours.
... je rencontrerais de grands hommes.
... j'aiderais[2] le peuple français.
... je donnerais du travail à tout le monde.

b) Si mes chansons plaisaient à la maison de disque, elle m'inviterait.
Si je pouvais être une star, je m'achèterais une grande maison.
... je ferais un duo avec Jean Jacques Goldmann.
... je donnerais des concerts dans le monde entier[1].
Si je pouvais gagner beaucoup d'argent, j'en donnerais aux pauvres.
Si j'étais connue, je soutiendrais des associations pour la protection de l'environnement.

c) J'aurais été plus heureux dans ma vie, si j'avais travaillé moins[3].
Si j'avais passé plus de temps avec ma famille, mes enfants penseraient peut-être maintenant à me rendre plus souvent visite.
Si j'avais moins[3] travaillé, j'aurais plus profité de[4] la vie.
Si j'avais eu plus de temps libre, je n'aurais voyagé que pour le plaisir.
Si je n'avais pas été si égoïste, je n'aurais peut-être pas divorcé trois fois et nous serions maintenant à deux.
Si je n'avais pas été si riche, je serais, aujourd'hui, un homme meilleur.

Hinweise:

1 *dans le monde entier*
2 *aider qn (à faire qc)*
3 *Moins* ist der Komparativ zum Adverb *peu (peu, moins, le moins)*.
   (Zu den unregelmäßigen Adverbien siehe S. 70.)
4 *profiter de qc*

	Typ 1	Typ 2	Typ 3

Aufgabe 163* a) If my friend comes today, we will go to the beach. — Typ 1: ☒

Si mon ami vient aujourd'hui, nous irons / on ira à la plage.

b) If it rained tonight, I would stay at home. — Typ 2: ☒

S'il pleuvait cette nuit[1], je resterais chez moi / à la maison.

c) What will you do, if she doesn't come? — Typ 1: ☒

Qu'est-ce que tu feras, si elle ne vient pas ?

	Typ 1	Typ 2	Typ 3

d) If we had known your birthday, we would have offered you a gift. **[Typ 3: X]**

Si nous avions connu la date de ton anniversaire, nous

t'aurions donné un cadeau.

e) If John worked hard, he would be more successful. **[Typ 2: X]**

Si John travaillait dur², il réussirait mieux.

Hinweise:

1 heute Morgen/Nachmittag/Abend/Nacht: *ce matin, cet après-midi, ce soir, cette nuit*

2 *travailler dur* (Zu weiteren Ausdrücken, bei denen das Adjektiv wie ein Adverb verwendet wird, siehe S. 75.)

Aufgabe 164

a) **Quand** le professeur explique un problème, Laure n'écoute pas.
b) **Si** elle faisait attention, elle aurait de meilleures notes.
c) **Si** le professeur était plus gentil, elle le respecterait plus.
d) **Quand** Laure rentre de l'école, elle regarde la télé.
e) **Si** elle avait eu des frères ou des sœurs, elle aurait joué avec eux.
f) **Quand** elle va au lit, elle n'a pas encore fait ses devoirs.

Aufgabe 165*

a) S'il pleut ce week-end, je rangerai ma chambre.
b) Si tu as envie, on pourra aller au stade.
c) Quand je vais en boîte, le lendemain, je suis toujours fatigué.
d) Est-ce que tu m'aides, si je t'invite au cinéma ?

Aufgabe 166

a) Les élèves **sont d'avis/trouvent** qu'ils ont trop de devoirs.
b) La cliente **est d'avis/trouve** que les fruits sont trop chers.
c) Le prof **annonce** que la classe va écrire un contrôle.
d) Depuis un an¹, le ministre **répète** que la situation va bientôt changer.
e) Le propriétaire **promet** que le loyer n'augmentera pas.
f) Le vendeur **jure** que la voiture n'a pas encore eu d'accident.
g) La police **apprend** à² cette femme que son mari a volé l'argent.
h) La mère **déclare** que son bébé n'a pas envie de³ boire du lait.

Hinweise:

1 *depuis un <u>an</u>* ; aber: *dans quelques <u>années</u>*
2 *apprendre à faire qc* : lernen, etw zu tun; *apprendre qc* : etw. lernen, etw. erfahren → *apprendre qc à qn* : jdn. von etw. unterrichten
3 *avoir envie <u>de</u> faire qc*
   (Zum Anschluss von Infinitiven an Verben siehe S. 173–176.)

Aufgabe 167

a) Le professeur **annonce** aux parents de ses élèves **que** la classe ira voir une pièce de Molière au théâtre.
b) Il **ajoute que** les pièces de Molière sont toujours très amusantes.
c) Il **souligne que** les élèves vont beaucoup aimer *Le Malade imaginaire*, sa meilleure comédie.
d) Les élèves **déclareront que** c'est une bonne idée.
e) Le délégué de la classe **promettera que** la classe ne fera pas de bêtises.
f) Un garçon **proposera que** toute la classe pourrait aller au MacDo après la représentation.

Aufgabe 168

Michel a raconté que, après six ans, le chat de Jean **avait apporté** pour la première fois[1] une souris vivante à la maison. Il **voulait** faire un cadeau aux parents de Jean. Ils **dormaient** déjà quand le chat **était entré** dans leur chambre à coucher. Michel a dit qu'ils **s'étaient réveillés**[2] et qu'ils **avaient fait** la chasse à la souris. Si celle-ci **ne s'était pas caché** dans le pot d'une plante qui **se trouvait** près de la fenêtre, ils **n'auraient jamais réussi** à attraper l'animal. Michel a ajouté que ses parents **avaient mis** la plante avec la souris sur la terrasse et que le chat **s'en était allé**, tout triste.

Hinweise:

1 *<u>pour</u> la première/deuxième/troisième . . . fois*
2 Reflexive Verben werden im *passé composé* und im *plus-que-parfait* mit *être + accord* gebildet (siehe dazu auch S. 81/82).

Aufgabe 169

a) Ils ont dit que, normalement, ils **ne se plaignaient pas**.
b) Ils ont trouvé que la musique **était** trop forte.
c) Ils ont annoncé que, la prochaine fois, ils **appelleraient** la police.
d) Ils ont dit que **nous avions bu** trop d'alcool.
e) Ils ont ajouté que les escaliers **étaient** sales.
f) Ils ont souligné qu'ils **informeraient nos** parents.
g) Ils ont expliqué qu'il **fallait** avoir du respect envers les autres.

abe 170 a) Laurent a souligné que le sport **était sa** vie. Pour le sport **il renoncerait** même à[1] tous **ses** CD.

b) Barbara a expliqué que, quand **elle était** enfant, **elle avait fait** beaucoup de sport. Mais depuis un an[2], **elle** n'en **faisait**[3] plus souvent.

c) Yves a dit qu'**il adorait** surtout le foot. Il a ajouté que, dans quelques années[2], **il jouerait** dans l'équipe nationale.

d) Fabien a dit qu'**il n'avait jamais compris** pourquoi tout le monde **aimait** le sport. Il pensait qu'il **était** plus intéressant de jouer sur l'ordinateur[4].

e) Caroline a expliqué que, normalement, **elle s'entraînait** au moins trois fois par semaine. Mais malheureusement, **elle s'était cassée**[5] la jambe pendant le dernier match.

f) Philippe a raconté que, à l'âge de trois ans, **ses** parents **lui avaient appris** à faire du ski. Depuis ce temps-là, **il aimait** bien pratiquer ce sport.

Hinweise:

1 *renoncer à qc*

2 *depuis un an* ; aber: *dans quelques années*

3 *faire du sport → en faire*

4 *jouer sur l'ordinateur*

5 Reflexive Verben werden im *passé composé* und im *plus-que-parfait* mit *être + accord* gebildet (siehe dazu auch S. 81/82).

abe 171 David a déclaré qu'**il allait dormir** dans la chambre d'amis.

Pierre a dit que sa copine et **lui, ils avaient** de[1] jolis cadeaux pour **leurs** correspondants.

Cédric a dit qu'**ils allaient** beaucoup **rigoler**.

Sylvie a dit qu'**elle avait** beaucoup de sucreries dans **sa** valise.

Daniel a dit qu'**il ne ferait pas** de bêtises.

Marie a annoncé qu'**ils allaient sortir** tous les soirs.

Valérie a dit qu'**elle avait** une photo de **sa** corres.

Sandrine a dit qu'**elle avait oublié son** passeport.

Céline a dit qu'**ils allaient manger** au self.

Yvonne a dit qu'**ils allaient participer** aux[2] cours.

Hinweise:

1 Der unbestimmte Artikel *des* wird in der Regel auf *de* verkürzt, wenn dem Substantiv ein Adjektiv vorausgeht.

2 *participer à qc*

Aufgabe 172*

Descartes (1596–1650)	« Je pense, donc je suis. »

Descartes a dit qu'il pensait, et que donc il était.

Chateaubriand (1768–1848)	« Je m'ennuie de la vie. »

Chateaubriand a dit qu'il s'ennuyait de la vie.

Voltaire (1696–1778)	« Un jour tout sera bien, voilà notre espérance. Tout est bien aujourd'hui, voilà l'illusion. »

Voltaire a dit qu'un jour tout serait bien, voilà notre espérance. Que tout était bien aujourd'hui, voilà l'illusion.

Louis XIV (1638–1715)	« L'État, c'est moi ! »

Louis XIV a dit que l'État, c'était lui.

La Bruyère (1645–96)	« Il n'y a pour l'homme que trois évènements : naître, vivre et mourir. Il ne se sent pas naître, il souffre à mourir et il oublie de

La Bruyère a dit qu'il n'y avait pour l'homme que trois événements : naître, vivre et mourir. Il ne se sentait pas naître, il souffrait à mourir et il oubliait de vivre.

Voltaire (1696–1778)	« Si Dieu n'existait pas, il faudrait l'inventer. »

Voltaire a dit que si Dieu n'existait pas, il faudrait l'inventer.

Corneille (1606–84)	« Il faut bonne mémoire après qu'on a menti (gelogen). »

Corneille a dit qu'il fallait bonne mémoire après qu'on avait menti.

Balzac (1799–1850)	« La gloire est le soleil des morts. »

Balzac a dit que la gloire était le soleil des morts.

Guitry (1885–1957)	« On se dit au revoir quand on espère bien qu'on ne se reverra jamais, et on se revoit volontiers quand on s'est dit adieu. »

Guitry a dit qu'on se disait au revoir quand on espérait bien qu'on ne se reverrait jamais, et qu'on se revoyait volontiers quand on s'était dit adieu.

les frères **Goncourt** (1822–96/1830–70)	« L'histoire est un roman qui a été, le roman est de l'histoire qui aurait pu être. »

Les frères Goncourt ont dit que l'histoire **était** *un roman qui* **avait été**, *et que le roman était de l'histoire qui* **aurait pu** *être.*

Sartre (1905–80)	« L'enfer, c'est les autres. »

Sartre a dit que l'enfer, **c'était** *les autres.*

Musset (1810–57)	« La vie est un sommeil, l'amour est le rêve. Et vous auriez vécu si vous aviez aimé. »

Musset a dit que la vie **était** *un sommeil, l'amour* **était** *le rêve. Et que nous* **aurions vécu** *si nous* **avions aimé**.

be 173*

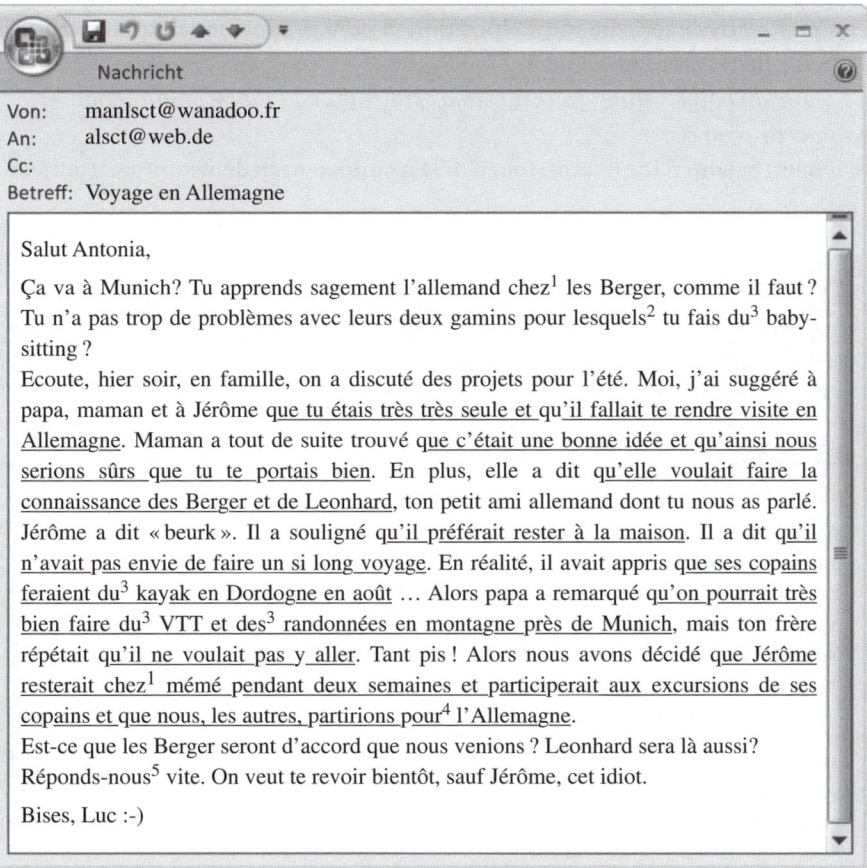

Von: manlsct@wanadoo.fr
An: alsct@web.de
Cc:
Betreff: Voyage en Allemagne

Salut Antonia,

Ça va à Munich? Tu apprends sagement l'allemand chez[1] les Berger, comme il faut ? Tu n'as pas trop de problèmes avec leurs deux gamins pour lesquels[2] tu fais du[3] baby-sitting ?

Ecoute, hier soir, en famille, on a discuté des projets pour l'été. Moi, j'ai suggéré à papa, maman et à Jérôme que tu étais très très seule et qu'il fallait te rendre visite en Allemagne. Maman a tout de suite trouvé que c'était une bonne idée et qu'ainsi nous serions sûrs que tu te portais bien. En plus, elle a dit qu'elle voulait faire la connaissance des Berger et de Leonhard, ton petit ami allemand dont tu nous as parlé. Jérôme a dit « beurk ». Il a souligné qu'il préférait rester à la maison. Il a dit qu'il n'avait pas envie de faire un si long voyage. En réalité, il avait appris que ses copains feraient du[3] kayak en Dordogne en août … Alors papa a remarqué qu'on pourrait très bien faire du[3] VTT et des[3] randonnées en montagne près de Munich, mais ton frère répétait qu'il ne voulait pas y aller. Tant pis ! Alors nous avons décidé que Jérôme resterait chez[1] mémé pendant deux semaines et participerait aux excursions de ses copains et que nous, les autres, partirions pour[4] l'Allemagne.

Est-ce que les Berger seront d'accord que nous venions ? Leonhard sera là aussi? Réponds-nous[5] vite. On veut te revoir bientôt, sauf Jérôme, cet idiot.

Bises, Luc :-)

a) LUC : « Antonia est très très seule. Il faut lui rendre visite en Allemagne. »

b) LA MÈRE : « C'est une bonne idée. Ainsi nous serons sûrs qu'elle se porte bien. En plus, je veux faire la connaissance des Berger et de Leonhard. »

d) JEROME : « Je préfère rester à la maison. Je n'ai pas envie de faire un si long voyage. Mes copains feront du kayak en Dordogne en août. »

g) LE PÈRE : « On pourra/pourrait très bien faire du VTT et des randonnées en montagne près de Munich. »

h) JÉRÔME : « Je ne veux pas y aller. »

i) LES PARENTS et LUC : « Jérôme restera chez mémé pendant deux semaines et participera aux excursions de ses copains et nous autres, partirons pour l'Allemagne. »

Hinweise:

1 Wenn jd. zu jdm. geht (in sein Haus, seine Praxis, sein Geschäft usw.) oder wenn jd. bei jdm. ist, dann musst du im Französischen immer die Präposition *chez* verwenden (z. B.: *Il va chez le boulanger. Il reste chez lui.*).

2 Zu Relativsätzen, die mit Präpositionen oder präpositionalen Ergänzungen eingeleitet werden, siehe S. 27–30.

3 *faire du baby-sitting ; faire du kayak ; faire du VTT ; faire des randonnées*

4 *partir pour*

5 Beim bejahten Imperativ stehen die Pronomen nach dem konjugierten Verb.

Aufgabe 174*

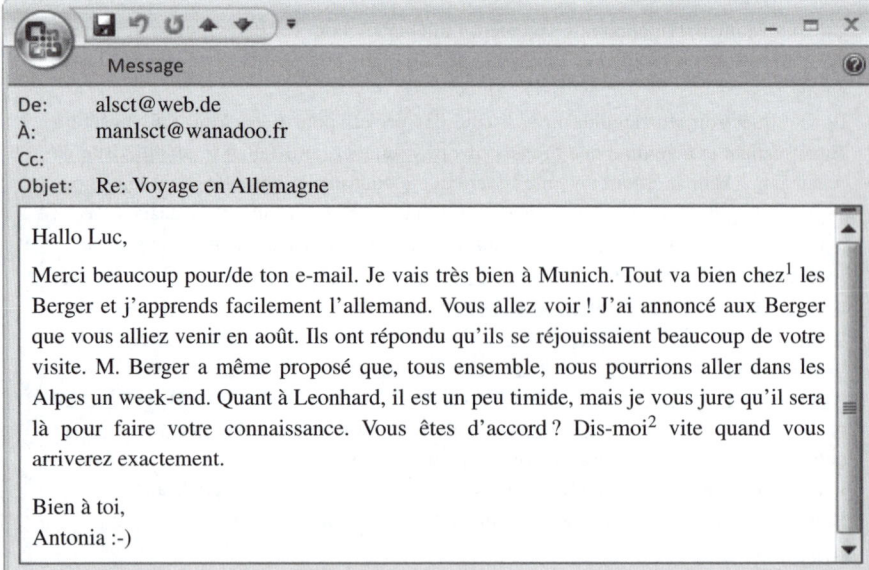

De: alsct@web.de
À: manlsct@wanadoo.fr
Cc:
Objet: Re: Voyage en Allemagne

Hallo Luc,

Merci beaucoup pour/de ton e-mail. Je vais très bien à Munich. Tout va bien chez[1] les Berger et j'apprends facilement l'allemand. Vous allez voir ! J'ai annoncé aux Berger que vous alliez venir en août. Ils ont répondu qu'ils se réjouissaient beaucoup de votre visite. M. Berger a même proposé que, tous ensemble, nous pourrions aller dans les Alpes un week-end. Quant à Leonhard, il est un peu timide, mais je vous jure qu'il sera là pour faire votre connaissance. Vous êtes d'accord ? Dis-moi[2] vite quand vous arriverez exactement.

Bien à toi,
Antonia :-)

Hinweise:

1 Wenn jd. zu jdm. geht (in sein Haus, seine Praxis, sein Geschäft usw.) oder wenn jd. bei jdm. ist, dann musst du im Französischen immer die Präposition *chez* verwenden (z. B.: *Il va chez son copain. Elle reste chez elle*).

2 Beim bejahten Imperativ werden die Pronomen nachgestellt. Denke daran, die Objektpronomen *me* und *te* durch *moi* und *toi* zu ersetzen.

abe 175* a) Les profs nous disent que nous sommes une classe très bruyante et que nous ferions mieux d'écouter au lieu de nous amuser.

b) Quand j'ai voulu sortir la dernière fois, mes parents m'ont dit qu'il fallait que je rentre à la maison à minuit et que je ne devrais pas boire d'alcool.

c) Si un bon copain me demandait 100 Euros, je lui dirais que 100 Euros, c'est beaucoup d'argent et que j'aimerais savoir pourquoi il en a besoin.

gabe 176 a) Charlotte pensait que, **ce jour-là, elle avait vu** Nemo, le petit poisson clown.

b) Edith a dit que l'audioguide **racontait** des anecdotes étonnantes sur la vie des animaux marins.

c) Sylvie a déclaré qu'**elle avait laissé ses** impressions sur le livre d'Or de l'aquarium.

d) Thomas a trouvé que les billets d'entrée **n'étaient pas** chers.

e) Daniel a expliqué qu'**il avait** aussi des poissons tropicaux chez **lui**.

f) Frédéric a dit qu'**il s'était perdu** parmi les 65 aquariums.

g) Kevin et Luc ont dit que dans la boutique, **ils avaient acheté** des cartes postales et des petits cadeaux pour **leurs** parents.

h) Adeline a juré qu'**elle n'oserait pas** plonger parmi les requins.

i) Marc a dit qu'**il avait pris** un ascenseur pour arriver au fond de la mer.

j) Victor a dit que, l'année dernière, son copain y **était** aussi **allé** avec la famille de son correspondant.

k) Yan a dit que le prof **leur avait demandé** de ne pas prendre de[1] photos.

l) Anne a annoncé qu'**elle allait** bientôt **y retourner**.

Hinweise:

1 Nach der Verneinung steht *de* + Substantiv.

Aufgabe 177
a) Il a dit que, **la veille**, il avait écrit un contrôle de maths.
b) Il a dit que, **ce jour-là**, il avait acheté/achèterait un cadeau pour sa sœur.
c) Il a dit que, **le lendemain**, il regarderait un film au cinéma.
d) Il a dit que, **le surlendemain**, il irait voir ses grands-parents.
e) Il a dit que, **la semaine suivante**, il commencerait un cours de judo.

Aufgabe 178
a) Jean-Pierre a demandé à une copine **si elle était** encore malade.
b) Le prof a demandé aux élèves **s'ils avaient compris sa** question.
c) Une cliente a demandé à la vendeuse **si elle avait/s'ils avaient** la jupe en taille 38.
d) Le chauffeur de taxi a demandé à un voyageur **s'il avait** besoin d'un taxi.
e) Une femme s'est demandé **si son** mari **l'aimait** encore.
f) La vedette a demandé à son public **s'il souhaitait** écouter son nouvel album.
g) Le touriste a demandé à l'information **s'il y aurait** une visite guidée à 15 h.

Aufgabe 179

la grand-mère	toi
a) Wo wohnst du?	*Elle te demande* **où** *tu habites.*
b) Wie viele Geschwister hast du?	*Elle veut savoir* **combien de** *frères et de sœurs tu as.*
c) Wie alt bist du?	*Elle te demande* **quel** *âge tu as.*
d) Seit wann bist du in Deutschland?	*Elle te demande* **depuis quand / depuis combien de temps** *tu es en Allemagne.*
e) Warum sprichst du kein Deutsch?	*Elle veut savoir* **pourquoi** *tu ne parles pas allemand.*
f) Wie findest du die deutschen Gerichte?	*Elle te demande* **comment** *tu trouves les repas / les plats allemands.*
g) Welche deutsche Stadt würdest du gerne besichtigen?	*Elle veut savoir* **quelle** *ville allemande tu aimerais visiter.*
h) Wem hast du schon Postkarten geschrieben?	*Elle te demande* **à qui** *tu as déjà écrit des cartes postales.*

gabe 180
a) Elle demande **ce que** c'est.
b) Elle veut savoir **ce qu'elle** va faire.
c) Elle demande **ce qui** se trouve dans **son** sac à main.
d) Elle demande **ce qu'elle** regarde à la télé.
e) Elle veut savoir **ce qu'elle** a écrit dans son journal intime.

abe 181*
a) Je te demande **ce que** tu feras/vas faire demain.
b) Paul veut savoir **ce qui** t'intéresse et **ce que** tu es en train de lire.
c) Tu ne sais pas encore **ce qui** se passera/va se passer demain.
d) Explique-moi **ce que** tu voudrais avoir à Noël.

abe 182* Individuelle Lösung

a) Qu'est-ce que le Québec ?
RÉPONSE : Le Québec est une province et une ville au Canada.

b) Où est-ce que se trouve le Québec ?
RÉPONSE : Le Québec se trouve dans l'est du Canada.

c) Comment s'appelle la capitale du Québec ?
RÉPONSE : Elle s'appelle aussi Québec.

d) Qui vivait sur le territoire du Québec avant l'arrivée des Français ?
RÉPONSE : Des indiens y vivaient.

e) Qui était Jacques Cartier ?
RÉPONSE : Jacques Cartier était un explorateur français.

f) Pour qui est-ce qu'il est allé en Amérique du Nord ?
RÉPONSE : Le roi l'avait envoyé en Amérique pour découvrir et occuper de nouvelles terres.

g) Quelle langue parle la majorité des Québecois ?
RÉPONSE : Elle parle français.

Le prof a demandé
a) ce qu'était le Québec.
b) où se trouvait le Québec.
c) comment s'appelait la capitale du Québec.
d) qui vivait sur le territoire du Québec ...
e) qui était Jacques Cartier.
f) pour qui il était allé en Amérique du Nord.
g) quelle langue parlait la majorité des Québecois.

Aufgabe 183
a) Le prof a demandé aux élèves : « Est-ce que vous avez fait vos devoirs ? »
b) Le prof voulait savoir : « Pourquoi est-ce qu'il y a trop de fautes dans vos contrôles ? »
c) Il a demandé aux parents de ses élèves : « Est-ce que vos enfants font régulièrement les exercices ? »
d) Il voulait savoir : « Faut-il/Est-ce qu'il faut faire plus d'exercices ? »
e) Il se demandait : « Est-ce que je suis trop sévère ? »
f) Le prof voulait savoir de ses élèves : « Qu'est-ce qu'on pourrait faire pour changer la situation ? »
g) Il leur a demandé : « Est-ce que vous êtes prêts à mieux participer au cours ? »

Aufgabe 184*

1. Quelle ville ne se trouve pas au bord de la mer ?

☐ Marseille	☐ Bordeaux	50 €
☐ Brest	☒ Lyon	

2. Comment est-ce qu'on appelle aussi l'équipe française de foot ?

☒ les Bleus	☐ les Rouges	100 €
☐ les Tricolores	☐ les Noirs	

3. Où est-ce qu'on fabrique traditionnellement le Camembert ?

☐ en Bretagne	☒ en Normandie	200 €
☐ en Provence	☐ en Alsace	

4. Le pont du Gard, qu'est-ce que c'est ?

☐ un château	☐ une forteresse	500 €
☒ un aqueduc romain	☐ une cathédrale	

5. Quel fleuve est aussi une frontière ?

☐ la Seine	☒ le Rhin	1.000 €
☐ le Rhône	☐ la Loire	

6. Où séjourne le parlement européen ?

☐ à Bruxelles	☐ à Genève	5.000 €
☒ à Strasbourg	☐ à Luxembourg	

7.

Quand est-ce qu'on a construit le tunnel sous la Manche ?	
☐ 1968	☐ 1981
☒ 1994	☐ 2004

10.000 €

8.

Comment est-ce que s'appellent les habitants de Toulouse ?	
☒ Toulousains	☐ Toulouses
☐ Toulousiers	☐ Toulouseurs

25.000 €

9.

Qui n'a jamais été premier ministre français ?	
☐ Georges Pompidou	☐ Jacques Chirac
☒ François Mitterand	☐ Dominique de Villepin

50.000 €

10.

Qui, parmi les chanteurs français, a été champion de poker ?	
☐ Manu Chao	☐ Jean Ferrat
☐ Zaz	☒ Patrick Bruel

100.000 €

1. Le showmaster a demandé au candidat[1] quelle ville ne se trouvait pas au bord de la mer[2].
2. Il a voulu savoir comment on appelait aussi l'équipe française de foot.
3. Il a demandé au candidat[1] où on fabriquait traditionnellement le Camembert.
4. Il a demandé au candidat[1] ce qu'était le pont du Gard.
5. Il a voulu savoir quel fleuve[3] était aussi une frontière.
6. Il a voulu savoir où séjournait le parlement européen.
7. Il a demandé au candidat[1] quand on avait construit le tunnel sous la Manche.
8. Il a voulu savoir comment s'appelaient les habitants de Toulouse.
9. Il a demandé au candidat[1] qui n'avait jamais été premier ministre français.
10. Il a voulu savoir qui, parmi les chanteurs français, avait été champion de poker.

Hinweise:

1 Zu *demander* sollte immer ein indirektes Objekt hinzugefügt werden.
2 *au bord de* la mer
3 Als *fleuves* werden die Flüsse bezeichnet, die ins Meer münden *(les cinq fleuves de France: la Seine, la Loire, la Garonne, le Rhin, le Rhône)*, als *rivières* die übrigen.

Aufgabe 185*

Koi29 ?
Raoul

Quoi de neuf ?

_____

_____

Sara t'M. Tle+bo.
Olivier

Sara t'aime.

Tu es le plus

beau.

Tapaenvi2flateuf ?
Jean

Tu n'as pas

envie de faire

la fête ?

Jpepa.
Alexandre

Je ne peux

pas.

_____

Bjr ! Onvao6né ?
Simon

Bonjour ! On

va au cinéma ?

_____

Cavaetr5pa.
Isabelle

Ça va être

sympa.

_____

Tuvab1 ?
Nicole

Tu vas bien ?

_____

_____

Orib
Nathalie

Horrible.

_____

_____

RVa7hokfé
Emma

Rendez-vous à

7 heures au

café ?

a) Raoul a voulu savoir d'Olivier ce qu'il y avait de neuf.
Il a répondu que Sara aimait Raoul parce qu'il était le plus beau.

b) Jean a demandé à Alexandre s'il avait envie de faire la fête.
Celui-ci a dit qu'il ne pouvait pas.

c) Simon a demandé à Isabelle s'ils allaient au cinéma ensemble/si elle allait au cinéma avec lui.
Isabelle a répondu que cela allait être sympa.

d) Nicole a demandé à Nathalie si elle allait bien.
Celle-ci a répondu que c'était horrible.

e) Emma a écrit que le rendez-vous serait/qu'ils avaient rendez-vous à sept heures au café.
Luc a répondu qu'il venait.

f) Claire a voulu savoir de Charlotte si elle venait à l'anniversaire de Thomas.
Charlotte a répondu qu'elle était d'accord.

be 186* a) Le matin, je **dois** me[1] **lever** à six heures. Si ma mère me conduit à l'école, je **peux rester** au lit jusqu'à six heures et demie[2].

b) L'après-midi, j'**aime faire** du sport. Je **sais** bien **nager**.

c) Le soir, j'**aime regarder** un film au ciné(ma). Malheureusement, mes amis/ mes copains **préfèrent aller** à la discothèque. Je n'**ose** pas **demander** à mes parents si je **peux** les **accompagner**. Ils ne vont pas me **laisser aller** à la discothèque./Ils ne me **laisseront**[3] pas **aller** à la discothèque.

Hinweise:

1 Die Objektpronomen stehen im Französischen vor dem Infinitiv.

2   Wird bei der Angabe der Uhrzeit *demie* nachgestellt, so muss es mit *e* geschrieben werden (z. B.: à dix heures et dem<u>ie</u>).

      Wird *demi* mit einem Bindestrich vorangestellt, so fehlt das *e* (z. B.: *une demi-heure plus tard*).

3   Bei dem Verb *laisser* steht das Objektpronomen vor diesem, auch wenn ein Infinitiv folgt.

Aufgabe 187

a)   Mon frère a commencé à jouer de la guitare.

b)   Je ne sais pas s'il continuera[1] à jouer aussi du piano.

c)   Je me suis habitué à quitter l'appartement quand il joue.

d)   Car je n'arrive pas à lire, à travailler pour l'école ou à regarder la télé.

Hinweis:

1   Leitet *si* eine indirekte Frage ein, so können im *si*-Satz auch Formen des *conditionnel* oder des *futur* verwendet werden.

      Anders verhält es sich, wenn *si* einen Konditionalsatz einleitet (siehe S. 139–151). Hier ist das *conditionnel* bzw. das *futur* ausgeschlossen.

Aufgabe 188*

Individuelle Lösung

a)   Je viens de terminer mes devoirs.

b)   Mon frère a demandé à ma sœur de lui prêter ses nouvelles BD[1].

c)   Mon copain essaie de se rappeler[2] ce que le prof a dit.

d)   Je suis en train d'apprendre à jouer de la guitare[3].

e)   Mes parents m'ont interdit de passer les nuits chez[4] des copains.

f)   Notre professeur nous a proposé de faire une excursion dans un musée d'art.

Hinweise:

1   Abkürzungen wie *BD, CD* und *DVD* bekommen im Plural kein Plural-*s*.

2   *se rappeler qc* ; aber: *se souvenir de qc*

3   *jouer <u>à</u> qc* (bei Sport oder Spielen)

      jouer <u>de</u> qc (bei einem Instrument)

4   Wenn jd. zu jdm. geht (in sein Haus, seine Praxis, sein Geschäft usw.) oder wenn jd. bei jdm. ist, dann musst du im Französischen immer die Präposition *chez* verwenden (z. B.: *Il n'habite plus <u>chez</u> ses parents.*).

	infinitif sans préposition	infinitif avec *à*	infinitif avec *de*	infinitif avec *par*
	devoir	continuer	demander	commencer
	oser	commencer	essayer	finir
	préférer	réussir	être en train	
	aimer	s'habituer	être content	
	vouloir	apprendre	avoir besoin	
	savoir	renoncer	interdire	
	pouvoir		arrêter	
			proposer	
			oublier	
			venir	
			finir	

gabe 189 *(label to the left of the table)*

gabe 190 Je viens **d'** acheter un nouveau logiciel. Hier soir, j'ai essayé **de** l'installer sur mon ordinateur. Malheureusement, je n'ai pas réussi **à** remettre l'ordinateur en marche. Mais il ne faut pas **ø** s'énerver trop tôt ! Car tout à coup, il a commencé **à** booter tout seul. Je dois **ø** apprendre **à** avoir plus de patience. J'ai écrit un e-mail à mon corres. Jérémie était en train **de** naviguer sur Internet[1] quand il a reçu l'e-mail. Il a préféré **ø** télécharger une chanson, puis il m'a répondu. Nous étions contents **d'**être de nouveau en contact.

Hinweis:
1 *Internet* wird im Französischen immer ohne Artikel verwendet.

gabe 191 a) **Avant de boire** un bon vin, les grands-parents descendent à la cave[1].
b) **Après avoir passé** son bac, Pascal fait un tour du monde.
c) **Après être allé(e)s**[2] au café, nous allons au ciné.
d) **Avant d'aller chercher** sa copine à la gare, Antonin achète des fleurs.
e) **Après être arrivée** au théâtre, Nadine remarque qu'elle a perdu son billet d'entrée.
f) **Avant de sortir**, Jacques met son manteau.
g) **Après avoir eu** l'accident, Danielle n'ose plus faire du ski.
h) **Avant de s'habiller**, Nicole se lave rapidement.

Hinweise:

1 *descendre <u>à</u> la cave*
2 Auch bei den Infinitivkonstruktionen gilt, dass das *participe passé* bei *être* an das Subjekt angeglichen werden muss.

Aufgabe 192*

1. **Après être sorties** du musée, Friderike et Barbara sont restées un peu auprès de la pyramide en verre.

2. **Après avoir visité** le petit arc de triomphe sur la place du Carrousel, elles se sont reposées au jardin des Tuileries.
    oder: **Avant de se reposer** au jardin des Tuileries, elles ont visité le petit arc de triomphe sur la place du Carrousel.

3. **Après être allées** à l'Obélisque sur la place de la Concorde, elles se sont promenées sur les Champs-Elysées.
    oder: **Avant de se promener** sur les Champs-Elysées, elles sont allées à l'Obélisque sur la place de la Concorde.

4. **Après être montées** à l'arc de triomphe sur la place de l'étoile, elles sont rentrées à l'hôtel en métro.
    oder: **Avant de rentrer** à l'hôtel en métro, elles sont montées à l'arc de triomphe sur la place de l'étoile.

Aufgabe 193*

1. **Après avoir acheté** des timbres à la poste, M. Lagrange est entré dans la poissonnerie pour acheter des crevettes.

2. **Après avoir choisi** une tarte aux fraises à la pâtisserie, il a pris des saucisses à la boucherie.
    oder: **Avant de prendre** des saucisses à la boucherie, il a choisi une tarte aux fraises à la pâtisserie.

3. **Après avoir quitté** l'épicerie avec des pommes et des artichauts, il a commandé ses baguettes à la boulangerie.
    oder: **Avant de commander** ses baguettes à la boulangerie, il a quitté l'épicerie avec des pommes et des artichauts.

4. **Après être allé chercher** le papier-toilette au supermarché, il a acheté un journal à la papeterie-librairie.
    oder: **Avant d'acheter** le journal à la papeterie-librairie, il est allé chercher le papier-toilette au supermarché.

abe 194 a) Lucien invite tout le monde au café pour se faire des amis./
             Pour se faire des amis, Lucien invite tout le monde au café.
         b) Pour apprendre le japonais, Hélène part pour le Japon.[1]/
             Hélène part pour le Japon pour apprendre le japonais.
         c) Pour réussir au[2] bac, Estelle travaille beaucoup à l'école./
             Estelle travaille beaucoup à l'école pour réussir au bac.
         d) Léon aide son oncle au stand pour gagner un peu d'argent./
             Pour gagner un peu d'argent, Léon aide son oncle au stand.
         e) Victor s'entraîne chaque jour pour devenir un grand footballeur./
             Pour devenir un grand footballeur, Victor s'entraîne chaque jour.

Hinweise:

1 Aus stilistischen Gründen (um zu vermeiden, dass zwei Ergänzungen mit
   pour aufeinanderfolgen) wird hier der vorangestellte *pour*-Satz bevorzugt.

2 *réussir à qc*

abe 195*

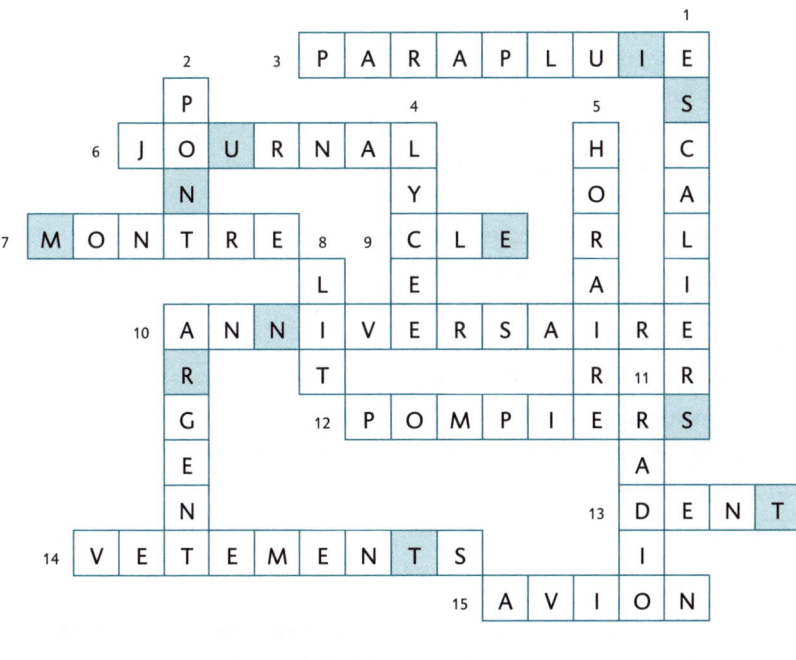

le mot à trouver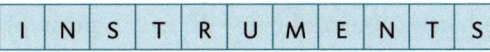

Aufgabe 196* Individuelle Lösung

a) Pour gagner plus d'argent, il va changer d'emploi[1].
b) Pour perdre des kilos, il n'ira plus à la cantine.
c) Pour apprendre l'espagnol, il va l'été prochain en Espagne.
d) Pour pouvoir s'acheter un nouvel appartement, il veut vendre sa voiture.
e) Pour éviter des discussions avec ses parents, il range régulièrement sa chambre.

Hinweis:

1   *changer de qc*

Aufgabe 197 a) Les jeunes traversent la rue **sans faire** attention à la circulation.
b) Gilles fait de l'escalade **sans penser** au danger.
c) Monique a passé toute la journée à la plage **sans se baigner** une seule fois.

Aufgabe 198* Individuelle Lösung

a) Ils quittent la maison sans emmener leurs valises.
b) Ils partent sans faire le plein.
c) À la frontière, les gendarmes les laissent[1] passer sans contrôler leurs papiers.
d) Ils arrivent à Marseille sans avoir réservé de[2] chambre.
e) Ils vont au lit[3] sans avoir mangé.
f) Ils dorment jusqu'à dix heures sans se réveiller une seule fois.
g) Ils prennent l'autobus sans acheter de[2] billets.
h) Ils rentrent à la maison sans avoir visité la ville.

Hinweise:

1   Bei dem Verb *laisser* steht das Objektpronomen vor diesem, auch wenn ein weiterer Infinitiv folgt.
2   Eine Infinitivkonstruktion mit *sans* wird wie eine Verneinung gewertet. Daher steht auch hier *de* anstelle eines Artikels.
3   *aller au lit*

Aufgabe 199* a) Je passerais toute la journée au lit **pour ne pas devoir aller voir ma tante**.
b) Je mentirais à mon copain **pour ne pas lui faire mal**.
c) Je me réveillerais à quatre heures du matin **pour prendre l'avion pour l'Amérique du Sud**.
d) Je renoncerais au déjeuner **pour pouvoir dormir plus longtemps**.

e) Je vendrais mes CD préférés **pour avoir de l'argent pour un nouveau skate**.

f) Je ferais la cuisine pour mon frère **pour ne pas devoir manger ce qu'il a fait**.

be 200*

a) **Avant de l'avoir rencontrée**, Brian était très malheureux.

b) **Avant de lui donner** rendez-vous au café en face de l'hôtel de ville, elle a beaucoup réfléchi.

c) **Après ne pas l'avoir trouvé** sur son plan, Brian s'est adressé à l'office de tourisme.

d) **Pour ne pas le perdre** dans le métro, Angélina a mis son portable dans son sac.

e) **Après les avoir mises**, il est allé au rendez-vous.

f) Angélina a salué Brian **sans lui faire** la bise.

be 201*

a) **avant de**

☐ O Bevor der Kellner ihm die Rechnung gibt, verlässt er das Café.

☒ Bevor er in die nächste Bar geht, ruft er seine Freundin an.

☐ R Bevor er dort ankommt, ist seine Freundin schon da.

b) **après avoir/être**

☒ Nachdem Anne ein Zimmer reserviert hatte, kaufte sie einen Führer.

☐ B Nachdem sie zurückgekehrt war, gab ihr Mann ihr einen Brief.

☒ Nachdem sie ihn gelesen hatte, musste sie auf die Reise verzichten.

c) **pour**

☒ Michel besucht seine Großmutter, damit er dort reiten kann.

☐ A Michel besucht seine Großmutter, damit sie nicht allein ist.

☐ T Michel besucht seine Großmutter, damit seine Eltern Freunde aus Amerika einladen können.

d) **sans**

☒ Jean müsste eine Klassenarbeit über den „Fremden" von Camus schreiben, ohne dass er den Roman gelesen hat.

☐ L Daher bleibt er zu Hause, ohne dass seine Eltern es wissen.

☐ R Am nächsten Tag geht er wieder in die Schule, ohne dass ihn jemand fragt, wo er war.

S | Avant d'aller dans le prochain bar, il appelle sa copine.

U | Après avoir réservé une chambre, Anne achète un guide.

J | Après l'avoir lue *(la lettre)*[1], elle a dû renoncer à[2] son voyage.

E | Michel va voir sa grand-mère pour pouvoir y faire du cheval[3].

T | Jean devrait écrire un contrôle sur « L'Étranger » de Camus sans avoir lu le roman.

Hinweise:

1 Geht ein direktes Objektpronomen voraus, muss das *participe passé* daran angeglichen werden.

2 *renoncer à̲ qc*

3 Um sportliche Aktivitäten zu beschreiben, kannst du in sehr vielen Fällen *faire + de +* bestimmter Artikel + Sportartikel/Sportart setzen (z. B.: *faire de l'escalade, faire de la voile, faire du roller*).

Aufgabe 202*

ZUTATEN

175 g Butter
400 g Zucker
150 g Mehl
100 g Kakao
1 Päckchen Vanillezucker
4 Eier
150 g Nusskerne

ZUBEREITUNG: Bevor du beginnst, heize den Ofen auf 150 °C vor und fette zwei runde Backformen (22 cm) ein. Nimm einen Topf, der groß genug ist, um alle Zutaten hineintun zu können. Lass die Butter, nachdem du sie in diesem Topf zerlaufen lassen hast, kalt werden/abkühlen. Nachdem du alle Zutaten hinzugefügt hast, vermische sie gut. Gib den Teig in die Backformen und lass ihn 20 bis 25 Minuten backen. Um keine weichen Brownies zu haben, lass sie vor dem Servieren abkühlen.

abe 203

a) **324**

- Divise le chiffre par 4.
- Après l'avoir divisé une autre fois par 9, additionne 17.
- Avant de le multiplier par 5, soustrais 8.

Résultat : _90_

b) **7**

- Après avoir multiplié ce chiffre par 13, soustrais 11.
- Avant d'additionner 8, divise le chiffre par 8.
- Pour avoir le résultat final, divise le chiffre par 3.

Résultat : _6_

c) **1027**

- Avant de soustraire 2, multiplie le chiffre par 2.
- Après l'avoir divisé par 12, additionne 9.
- Pour finir, divise le chiffre une autre fois par 12.

Résultat : _15_

Traduis les indications suivantes en français avant de faire le calcul *(Rechnung)*.

d) **113**

- Zähle 3 hinzu, bevor du die Zahl durch 4 teilst.

    Additionne 3 avant de diviser le chiffre par 4.

- Multipliziere die Zahl mit 3.

    Multiplie le chiffre par 3.

- Nachdem du sie mit 2 multipliziert hast, teile sie durch 6.

    Après l'avoir multiplié par 2, divise-le par 6.

Résultat : _29_

Aufgabe 204   a)   Qui vivait à Paris ?/
Qui est-ce qui vivait à Paris ?

b)   Comment est-ce qu'on l'appelait ?/
Comment l'appelait-on ?

c)   Quand est-ce-qu'on l'a arrêté ?/
Quand l'a-t-on arrêté ?

d)   Qu'est-ce que Papillon avait en tête ?

e)   Avec qui est-ce qu'il est parti sur la mer ?/
Avec qui est-il parti sur la mer ?

f)   Qu'est-ce qu'ils ont fait ?/
Qu'ont-ils fait ?

g)   À quoi est-ce qu'ils ont été condamnés ?/
À quoi ont-ils été condamnés ?

h)   Où est-ce qu'on l'a mis ?/
Où l'a-t-on mis ?

i)   Combien de fois est-ce que Papillon a eu le droit de se baigner ?

j)   Quelle idée est-ce qu'il a eu ?/
Quelle idée a-t-il eu ?

Aufgabe 205   Si je vivais au pays de cocagne, …

a)   il **ferait** toujours beau et le soleil **brillerait** tous les jours.

b)   je **dormirais** sous un arbre dont les fruits me **tomberaient** dans la bouche.

c)   je **ne serais jamais** malade, parce que je **je n'aurais jamais** froid.

d)   il **ne faudrait pas** travailler pour gagner sa vie.

e)   on **n'aurait pas besoin** d'argent, parce que tout **serait** gratuit.

f)   je **me baignerais** dans la mer, et je **me reposerais** sur la plage de sable blanc.

g)   ma famille et moi, nous **habiterions** dans une villa avec vue sur la mer.

h)   nous **serions** toujours contents, et rien ne nous **manquerait**.

i)   je **n'aurais pas** d'obligations.

j)   un jour, nous **nous ennuyerions**…

Aufgabe 206   a)   S'il **pleut**, on **n'ira pas** à la plage, mais on **visitera** un musée.

b)   **Si** ce **n'est pas** trop cher, nous **mangerons** dans un restaurant.

c)   **Quand** nous **serons** à la plage, vous **resterez** à portée de vue.

d) **S'**il y **a** quelqu'un qui veut vous vendre quelque chose, vous **n'achèterez rien**.

e) **Si** le gîte que j'ai loué **n'est pas** beau, on en **cherchera** un autre.

f) **S'**il **fait** nuit, et que nous **voulons** dormir, vous **ne ferez pas** de bruit.

g) **Si** la ville **organise** un spectacle, nous y **irons** peut-être.

h) **Si** cela **ne coûte pas** trop cher, nous **pourrons** faire de la voile.

i) **Si** les vacances nous **plaisent**, nous **reviendrons** l'année prochaine.

j) **Quand** nous **ferons** les valises avant de rentrer, vous nous **aiderez**.

gabe 207
a) **Si** Kevin **n'était pas** sympa, ses amis **ne l'inviteraient pas**.

b) **Si** Kevin **était** là, Julie **ne s'ennuierait pas**.

b) **Si** elle **savait** quoi faire, elle **ne regarderait pas** la télé.

c) **S'**il **n'était pas** tard, elle **ne se ferait pas** de soucis.

d) **S'**il **était** déjà là, elle **ne l'appellerait pas**.

e) **S'**il **allait** au téléphone, elle **pourrait le joindre**.

f) « **Si** nous **ne faisions pas** la fête et si on **ne buvait pas** d'alcool, je **pourrais** encore conduire. »

g) « **Si** les autres **pouvaient** encore conduire, ils **rentreraient** aussi. »

h) **Si**, normalement, il **buvait** de l'alcool, Julie **ne se demanderait pas** si **c'était** la vérité/**c'est** la vérité.

i) **Si** elle le **croyait**, elle **ne serait pas** déçue.

j) **Si** elle **n'était pas** fatiguée, elle **n'irait pas** au lit à une heure et demie.

k) **Si** elle **arrêtait** de réfléchir, elle **arriverait** à s'endormir.

gabe 208
J'ai écrit un e-mail à Sandra. Je lui ai dit que toi et moi, nous **voulions** aller au cinéma demain. Je lui ai raconté qu'ils **jouaient** « La Femme invisible » avec Charlotte Rampling au Rex. Je lui ai demandé si elle **n'aurait pas** envie de nous accompagner. J'ai ajouté que Fabien **allait** peut-être venir aussi et que nous **serions** contents, si elle **pouvait** venir avec nous.

Sandra a écrit qu'elle **voulait** bien venir avec nous et que Charlotte Rampling **était** son actrice préférée. Elle a expliqué qu'elle nous **retrouvait** à 20 heures devant le cinéma. Elle a annoncé qu'elle **serait** peut-être en retard parce qu'elle **avait** beaucoup de devoirs à faire. Elle a ajouté que leur prof de math les **faisait** vraiment travailler. Elle a demandé aussi si nous l'**attendrions** un peu. Elle a souligné qu'elle **espérait** que tu **pourrais** venir.

Aufgabe 209 a) Est-ce que je n'ai rien oublié ?
     J'ai peur d'avoir oublié quelque chose.

b) Est-ce que je me suis bien expliqué ?
     J'ai peur de ne m'être pas bien expliqué./
     J'ai peur de ne pas m'être bien expliqué.

c) Est-ce que j'ai fait bonne impression ?
     J'ai peur de ne pas avoir fait bonne impression./
     J'ai peur de n'avoir pas fait bonne impression.

d) Est-ce que j'ai parlé assez fort ?
     J'ai peur de ne pas avoir parlé assez fort./
     J'ai peur de n'avoir pas parlé assez fort.

e) Est-ce que j'aurai une bonne note ?
     J'ai peur de ne pas avoir une bonne note.

f) Est-ce que j'ai été assez claire ?
     J'ai peur de ne pas avoir été assez claire./
     J'ai peur de n'avoir pas été assez claire.

g) Est-ce que je n'ai pas parlé trop vite ?
     J'ai peur d'avoir parlé trop vite./

Aufgabe 210 ÉRIC : J'aurais envie **de visiter/d'aller voir** les châteaux de la Loire. Je me sou-
     viens **de les avoir visités** avec Philippe, sans **être sûr** de la date.

CÉCILE : C'est une bonne idée **d'y passer** un week-end. Moi, je suis toujours
     content **de quitter** la ville. Mais il faut **réserver** une chambre. Je te pro-
     pose **de regarder** sur Internet.

ÉRIC : Bon, je vais **allumer** l'ordinateur. Où est-ce que tu voudrais **aller** ? À
     Amboise ?

CÉCILE : Amboise ? C'est la ville où Léonard de Vinci a passé ses dernières
     années, n'est-ce pas ? J'ai l'impression **d'y être** déjà allée une fois, mais je
     ne crois pas **avoir vu** Blois. **Après avoir vu** un château, ce n'est pas très
     intéressant **de le visiter** une deuxième fois.

ÉRIC : Dans ce cas, on pourrait **commencer à chercher** des informations sur
     Blois. Voyons. Tiens, je crois **avoir trouvé** un hôtel intéressant. Regarde.
     Tu veux **y aller** ? Si non, je peux continuer **à chercher**.

CÉCILE : Non, non. Arrête **de chercher**. Cet hôtel est parfait.

Bildnachweis

Interaktive Aufgaben

Jetzt mal **BUTTER** bei die Fische.

Feedback

Liebe Kundin, lieber Kunde,

der STARK Verlag hat das Ziel, Sie effektiv beim Lernen zu unterstützen.
In welchem Maße uns dies gelingt, wissen Sie am besten. Deshalb bitten wir Sie,
uns Ihre Meinung zu den STARK-Produkten in dieser Umfrage mitzuteilen:

www.stark-verlag.de/feedback

Als Dankeschön verlosen wir einmal jährlich, zum 31. Juli, unter
allen Teilnehmern ein aktuelles Samsung-Tablet. Für nähere Informa-
tionen und die Teilnahmebedingungen folgen Sie dem Internetlink.

Herzlichen Dank!

Haben Sie weitere Fragen an uns?
Sie erreichen uns telefonisch **0180 3 179000***
per E-Mail **info@stark-verlag.de**
oder im Internet unter **www.stark-verlag.de**

Lernen ▪ Wissen ▪ Zukunft

*9 Cent pro Min. aus dem deutschen Festnetz, Mobilfunk bis 42 Cent pro Min. Aus dem Mobilfunknetz wählen Sie die Festnetznummer: **08167 9573-0**

Erfolgreich durch alle Klassen mit den **STARK** Reihen

Training

Prüfungsrelevantes Wissen schülergerecht präsentiert. Übungsaufgaben mit Lösungen sichern den Lernerfolg.

Klassenarbeiten

Praxisnahe Übungen für eine gezielte Vorbereitung auf Klassenarbeiten.

STARK in Klassenarbeiten

Schülergerechtes Training wichtiger Themenbereiche für mehr Lernerfolg und bessere Noten.

Kompakt-Wissen

Kompakte Darstellung des prüfungsrelevanten Wissens zum schnellen Nachschlagen und Wiederholen.

VERA 8

Grundwissen mit Beispielen und Übungsaufgaben im Stil von VERA 8. Mit schülergerechten Lösungen.

Und vieles mehr auf www.stark-verlag.de

Pearson English Readers

Lektüren für verschiedene Niveaustufen zu spannenden Themen. Mit hilfreichen Worterklärungen.

Bestellungen bitte direkt an
STARK Verlagsgesellschaft mbH & Co. KG · Postfach 1852 · 85318 Freising
Tel. 0180 3 179000* · Fax 0180 3 179001* · www.stark-verlag.de · info@stark-verlag.de

Lernen ▪ Wissen ▪ Zukunft
STARK

*9 Cent pro Min. aus dem deutschen Festnetz, Mobilfunk bis 42 Cent pro Min. Aus dem Mobilfunknetz wählen Sie die Festnetznummer: **08167 9573-0**